VERLAG
FRITZ
MOLDEN

David Mitchell

PIRATEN

Geschichte und Abenteuer der Seeräuber auf den Weltmeeren

MIT 86 ILLUSTRATIONEN, DAVON 15 IN FARBE
UND 4 LANDKARTEN

VERLAG FRITZ MOLDEN · WIEN-MÜNCHEN-ZÜRICH

Für Jason und Christopher

Aus dem Englischen übertragen von
HANS JÜRGEN VON KOSKULL

Titel der englischen Originalausgabe
PIRATES

1. Auflage
First published by Thames and Hudson, London, as Pirates

Verlag Fritz Molden, Wien-München-Zürich
Schutzumschlag: Hans Schaumberger, Wien
Lektor: Johannes Eidlitz
Technischer Betreuer: Herbert Tossenberger
Schrift: Garmond Garamond-Antiqua
Satz: Filmsatzzentrum Deutsch-Wagram
Druck: FEP International Ltd, Singapur
ISBN 3-217-00777-8

Printed and bound in Singapore by FEP International Ltd.

Inhalt

1 Mythos und Wahrheit 7

2 Freibeuter der Meere 24

DIE KARIBIK UND DIE SÜDSEE

3 Westward Ho! 41

4 Blutrünstige Fleischjäger 55

5 Die schwarze Piratenflagge und der Seeräuber Blackbeard 80

MADAGASKAR UND DIE KÜSTE VON GUINEA

6 Piraten im Roten Meer 101

7 Piratenkapitäne aus Wales 123

DAS MITTELMEER

8 Die Korsaren auf Malta und an der Barbarenküste 138

9 Die Piraten werden gezähmt 167

10 Libertalia – eine Alternative? 193

Dank des Verfassers

Für ihre freundliche Hilfe und Geduld habe ich zu danken: den Mitarbeitern der London Library, der Library of the National Maritime Museum, der Vaughan Williams Memorial Library und der Canning House Library (Belgrave Square) sowie Mr. und Mrs. Roger Low und Mrs. Julia Trowbridge.

Juni 1975 David Mitchell

1 Mythos und Wahrheit

„Durch das hüfttiefe Wasser wateten sie auf ihn zu ... eine Rotte Seeräuber; baumlange Kerle, die buschigen Brauen beschatteten wie überhängende Klippen die eingesunkenen Augenhöhlen. In den Ohrläppchen trugen sie goldene Ringe, und zwischen den Zähnen hielten sie sichelscharfe Entermesser, von denen das Wasser herabtropfte ... Sie kamen immer näher, bis der mächtige Schädel des Anführers, des großen Herrn der Meere, alles andere in den Hintergrund drängte. Jeder Zoll seines Gesichts war von Schrammen und Narben durchzogen wie das Knie eines wilden Knaben. Seine Zähne hatten die Gestalt von Totenschädeln, und um seinen Hals ringelte sich eine tätowierte Schlange ..."

An dieser Schilderung eines Seeräuberkapitäns – aus *Gormenghast* von Mervyn Peake – haben sich Generationen von Jugendlichen und Erwachsenen begeistert und sie als Vorbild ihrer romantischen Vorstellungen genommen. Der literarische Ursprung dieser Piratenromantik sind ein paar Seeräuberballaden aus dem 16. und 17. Jahrhundert und gewisse Passagen aus einem Buch von Daniel Defoe, des Autors von *Robinson Crusoe,* der unter dem Pseudonym „Captain Charles Johnson" eine *Geschichte der Räubereien und Mordtaten der bekanntesten Piraten* geschrieben hat und mit seinen großartigen Schilderungen des Piraten als eines Tod und Teufel trotzenden Außenseiters der Gesellschaft viele spätere Schriften über dieses Thema anregte.

Von William Lewis, einem Zeitgenossen Blackbeards, berichtet Defoe, bei der Verfolgung eines Handelsschiffs im Golf von Guinea habe sich „ein Vorfall ereignet, der seine Männer zu glauben veranlaßte, er stünde mit dem Teufel im Bund: Ein Schuß kappte seinen Fock- und Großmast, und während Lewis in die Wanten hinaufkletterte, riß er sich ein Büschel Haare aus, warf es in den Wind und rief aus: ‚Guter Teufel, nimm einstweilen dies, bis ich nachkomme!' Und wie man danach beobachten konnte, wurde sein Schiff bei der Verfolgung noch schneller als zuvor".

Charles Bellami, ein anderer Seeräuber, der Anfang des 18. Jahrhunderts lebte, trotzte den Elementen bei einem Sturm, der „alle Herzen in Furcht und Schrecken vor dem höchsten Wesen versetzte, das Wind und Meer beherrscht. Aber bei diesen Teufelskerlen war die Wirkung ganz anders, denn sie versuchten mit ihren Gotteslästerungen, Schwüren und schrecklichen Flüchen den Aufruhr der Elemente zu ersticken ... Bellami rief aus, es täte ihm leid, den Salut des Donners nicht mit seinen Geschützen erwidern zu können. Er mutmaßte, die Götter hätten sich betrunken und durch ihr Taumeln das Unwetter hervorgebracht".

Die Romantiker des 19. Jahrhunderts, besonders Lord Byron in seinem Gedicht *Der Korsar* (1814) und Sir Walter Scott in seinem Roman *Der Pirat* (1822), haben sich eingehend mit diesem Thema beschäftigt. Byrons Phantasie wurde durch die Abenteuer unbedeu-

tender griechischer und türkischer Piraten vor dem griechischen Unabhängigkeitskrieg angeregt, aber seine großenteils autobiographische Darstellung des despotischen Seeräuberkapitäns als eines Opfers und unversöhnlichen Feindes der Gesellschaft war die bekannteste und beliebteste:

Einsam, unnahbar ist der Mann,
Der niemals lächelt, der nicht seufzen kann,
Den jeder fürchtet, wenn nicht gar haßt,
Vor dem der Kühnste zitternd bald erblaßt,
Der alle Seelen zwingt mit harter Hand,
Der alle Herzen hält am festen Band . . .
Wer gab ihm die Macht, wie zwingt er sie?
Ist es nur Klugheit, ist es Magie?
Er zieht die Schwachen so in den Bann,
Daß jeder nur ihm mehr folgen kann.
So ist's gewesen, seit die Welt besteht:
Es müht sich die Menge, und die Menge vergeht;
Doch nicht verachte, wen die schwere Last bedrückt,
Ihn, der die reifen Früchte pflückt.
Oh, kenntet ihr der goldenen Last Gewicht,
Ihr klagtet über eure leicht'ren Lasten nicht!

Die Historiker und Romanschriftsteller nach Byron und Scott beschäftigten sich in der Hauptsache mit den exotischen und malerischen Aspekten dieses Gegenstandes und legten ihren Erzählungen meist eine streng moralische Tendenz zugrunde. Der Bostoner Verleger Charles Ellms faßte 1837 diese romantisierend moralistischen Auffassungen im Vorwort zu seinem Piratenbuch wie folgt zusammen: „Der Seemann verbindet mit dem Begriff des Seeräubers einen abergläubischen Schrecken. Es gibt nur wenige Themen, die die Wißbegier der Menschen stärker fesseln und erregen als die Verzweiflungstaten, finsteren Unternehmungen und diabolischen Schicksale dieser Ungeheuer in Menschengestalt . . . Weib und Wein sind Lebensinhalt des Piraten. Wenn er nicht seinem Räuberhandwerk nachgeht, verbringt er seine Zeit im Rausch mit Ausschweifungen unter Palmen und Gewürzsträuchern in tropischen Zonen. Er genießt köstliche tropische Früchte und hat sich die naiven Töchter Afrikas und Indiens zu Gespielinnen gewählt." Zum Schluß kann sich Ellms nicht versagen, seine Leser zu ermahnen und ihnen einzuschärfen, daß „jeder zivilisierte Mensch und jeder Wilde in seinem Inneren den Sinn für moralische Werte besitzt, der ihn im geheimen verurteilt, wenn er ein verwerfliches Verbrechen begangen hat, auch wenn er sich in einer Lage befindet, in der er keine Bestrafung durch andere Menschen fürchten muß".

In seinem Gedicht *Der letzte Bukanier* hat der christliche Sozialist Charles Kingsley um 1850 ein idealisierendes Bild von der Arbeiter-Kooperative (oder „Alternativgesellschaft") im Zusammenleben der Piraten gezeichnet:

England ist ein schönes Land für die Mächtigen und Reichen,
Doch für einen armen Burschen läßt sich dort kein Herz
erweichen.

Links: Kapitän William Lewis bietet dem Teufel eine Haarlocke an. Eine Illustration aus *The Pirates Own Book* (1837), die typisch für die romantische Vorstellung vom Piraten als einem dämonischen Außenseiter ist.

Einen Hafen auf der Insel Avès haben wir gefunden;
Hinter Spanien liegt im Meer sie, dort kann unser Herz
gesunden.

Vierzig schnelle Schiffe lagen dort in jenem Hafenbecken
Schwer bewaffnet mit Kanonen, alle Feinde abzuschrecken;
Tausend freie, stolze Männer lebten dort nach eignem Recht;
Frei gewählten Kapitänen folgten sie ins Seegefecht.

In seinem von einem aggressiven Patriotismus und einem noch aggressiveren Protestantismus beflügelten Buch *Westward Ho!* nährte Kingsley, für den ein Katholik nur ein Schurke sein konnte, den Mythos, nach dem die Piraten aus der Zeit Elisabeths I. als edle Kreuzfahrer für den reformierten Glauben dargestellt wurden, für die Raub und Plünderung religiöse und vaterländische Pflichten waren.

In der *Schatzinsel* (1833) kommt es Stevenson nicht darauf an, Moral zu predigen, aber er stellt die Piraterie in einem recht romantischen Licht dar. Long John Silvers berühmter Papagei ist „vielleicht schon zweihundert Jahre alt, und wenn irgend jemand bösartiger und verschlagener ist als er, dann muß es der Teufel selbst sein". Neben dem gefürchteten Captain Flint war Blackbeard „nur ein Kind". Silver spricht davon, daß der Pirat „ein rauhes Leben führt und das Kielholen riskiert – aber wenn der Raubzug gelingt, hat jeder viele hundert Pfund und nicht nur Kupferstücke in der Tasche, die natürlich für Rum und Weiber ausgegeben werden. Und wieder geht es hinaus auf See mit nichts als dem Hemd auf dem Leibe". Aber Stevenson erweckt den Eindruck, daß die Piraten oft genug bemüht waren, für ihre Zukunft zu sorgen, und daß ihre Beute nur aus Gold oder anderen Schätzen bestand, nach denen ihnen die Finger juckten. Beides wird von Ellms überzeugend widerlegt.

In seinem sehr unterhaltsamen Buch über das Schicksal des Kapitän Blood (1936) schildert Rafael Sabatini das Leben des Piraten zwar sehr realistisch, stellt aber den Seeräuberkapitän, der seine Mannschaft als Despot beherrscht (Blood war für seine Teilnahme an der Monmouth-Rebellion auf die Westindischen Inseln verbannt worden), wie Byron als Opfer sozialer Ungerechtigkeit dar. John Masefield hat mit Sachkenntnis sehr viel in Prosa über die Piraterie geschrieben, doch am bekanntesten sind wahrscheinlich die beiden Strophen aus seinem Gedicht, in denen er die reiche Beute beschreibt, welche die legendären Piraten als beneidenswert freie Männer in einem politischen und wirtschaftlichen Vakuum angeblich in unvorstellbarer Menge anhäufen:

Die Quinquereme aus Ninive rudert heim
Vom fernen Ophir zum Hafen im sonnigen Palästina;
Beladen mit Elfenbein, mit Affen und Pfauen,
Mit Sandelholz, mit Zedernholz und süßem weißem Wein.

Die stolze spanische Galeone kommt aus dem Isthmus,
Kreuzt durch das tropische Meer vor palmengrünen Küsten
Mit einer Ladung aus Diamanten, Smaragden, Amethysten
Und Topasen, mit Zimt und goldenen Moedoren*.

* Goldmünzen aus dem Orient.

Das Wort „Pirat“ leitet sich vom griechischen „peiran“ ab – anpacken, angreifen –, und in den Gesetzen Solons (ca. 594 v. Chr.) ist von autorisierten Piratengesellschaften die Rede. Nicht selten handelten sie im Regierungsauftrag. Die Stadtstaaten waren zu arm, um Kriegsflotten zu bauen, und warben deshalb Piraten an, die gegen Belohnung ihre Seekriege führten. Die Flotte der Steuereinnehmer von Athen war zum großen Teil mit berufsmäßigen Freibeutern bemannt, die jede Flußmündung, jedes Vorgebirge und jede Untiefe kannten und dazu eingesetzt wurden, die Tribute einzutreiben. Kaufleute, die beraubt worden waren, hatten das Recht, sich mit Gewalt Waren im Wert der verlorenen Ladung wiederzubeschaffen. Oft warteten sie nicht erst auf die Erteilung eines Freibriefs, für den noch dazu Gebühren zu entrichten waren, sondern schlugen auf eigene Faust los.

Die Anteile der Auftraggeber und der Schiffsbesatzungen an der Beute wurden vor der Reise vereinbart, aber es gab reichlich Gelegenheit zum Betrug. Die Schiffskapitäne neigten dazu, „ihre Vollmachten zu überschreiten“, indem sie sich nicht nur gegen den Feind oder die Feinde wendeten, die ihnen in ihrem Vertrag bezeichnet worden waren. Dem Geschädigten konnte man dann versichern, daß die Auftraggeber für solche „Versehen“ nicht verantwortlich waren, und die Gerichte führten kostspielige und zeitraubende Scheinprozesse durch. Aber damit war das Betrügen noch nicht zu Ende. Die Auftraggeber konnten nie gewiß sein, daß nicht ein Teil der Beute vor der Rückkehr des Schiffes versteckt oder unter der Mannschaft verteilt wurde und sich ihr Anteil dadurch verringerte.

Kaperbriefe, also schriftliche Genehmigungen zum Kapern bestimmter Schiffe, wurden in England zum erstenmal im 13. Jahrhundert ausgestellt. Aber noch vierhundert Jahre später waren die Grenzen zwischen legalem Handel, rechtmäßigem Kapern von Schiffen und regelrechter Piraterie oft kaum erkenntlich. Derselbe Mann konnte abwechselnd Kaufmann, Fischer, Pirat und Beauftragter der königlichen Flotte sein. Im Mittelalter kam es oft zu regelrechten Kriegen zwischen rivalisierenden Seeräuberbanden.

Die Kaperfeldzüge boten den halbfeudalen Kleinfürsten, den Tudors und den Stuarts die beste Gelegenheit, etwas gegen ihren chronischen Geldmangel zu tun. Sie kosteten nichts und brachten gute Einnahmen in Form der vom König oder von der Admiralität erhobenen Sondersteuern. Gegen die Piraterie erlassene Gesetze behielten ihre Gültigkeit nur noch auf dem Papier, denn es gab keine Flotte, die ihre Befolgung hätte erzwingen können. Die Flotte selbst bestand praktisch aus Piratenschiffen. Durch die Raubzüge, die sie unternahmen, blieben die Freibeuter in Übung für den nächsten Krieg oder die nächste Kaperreise. Bis zum Ende des 16. Jahrhunderts, wenn nicht noch länger, beherrschte der Adel an der Südküste Englands, an der walisischen Küste und an der Ostküste von Irland die Piraterie, investierte sein Vermögen in den Schiffen und war durchaus in der Lage, die in diesen Unternehmungen beschäftigten Seeleute zu schützen. Wenn jeder, der sich direkt oder indirekt mit der Piraterie beschäftigte, nach dem Gesetz dafür bestraft worden wäre, dann wäre die Südküste Englands praktisch entvölkert worden und die spanische Armada wäre auf keinen Widerstand gestoßen.

Wenn man den Berichten dieser zwielichtigen Gestalten über ihre

Tätigkeit hätte glauben wollen, dann wäre keiner von ihnen wirklich ein Seeräuber gewesen. Schlimmstenfalls hätte man sie als Freibeuter bezeichnen können, die die persönliche Initiative zum patriotischen Handeln ergriffen hatten und daraus auch ihre Vorteile zogen. Die Handlungsfreiheit, die ihnen von ihren Auftraggebern zugestanden wurde, bestätigte sie in dieser Haltung. König Jakob I. („der Friedensstifter") unternahm den Versuch, die Angriffe gegen die spanische Handelsschiffahrt einzuschränken, schickte aber Korsaren ins Rote Meer und den Persischen Golf und verlangte natürlich seinen Anteil an der Beute. Karl I. beauftragte 1630 Kapitän Quail von der *Seahorse* zum „Erwerb von Waren", das heißt zur Plünderung ins Rote Meer zu fahren und auch anderswo jedes Schiff zu kapern, dem er begegnete, „solange es sich nicht um Freunde oder Verbündete Seiner Majestät" handelte. Der Wert der Beute, die die *Seahorse* von dieser Reise mitbrachte, wurde auf etwa 75.000 Pfund geschätzt*.

Im Jahre 1634 liefen auf Befehl des Königs noch zwei weitere Schiffe aus, die den Auftrag hatten, „alle Meere zu befahren und alle Schätze und Handelswaren, Güter oder sonstigen Gegenstände zu erbeuten, die sie Ungläubigen oder Fürsten, Potentaten oder Staaten abnehmen können, die jenseits des Äquators liegen und nicht mit Uns verbündet oder befreundet sind". Das erste gekaperte Schiff gehörte dem Großmogul von Indien und fuhr mit einem Geleitbrief der East India Company in Bombay. In einem Bericht der Company hieß es, der Kapitän und die Mannschaft seien gezwungen worden, das Versteck des Schatzes preiszugeben, indem man ihnen „mit Draht die Finger zusammenband und brennende Lunten dazwischensteckte, die ihnen das Fleisch bis auf die Knochen versengten". Da die East India Company nach solchen Zwischenfällen mit Vergeltungsmaßnahmen zu Lande rechnen mußte, beschwerte sie sich bitter über das Verhalten der „Piraten des Königs", obwohl die ihnen selbst unterstellten Freibeuter nicht gezögert hatten, viel grausamere Folterungen anzuwenden.

Es überrascht nicht, daß Männer, die als Piraten gefangen und vor Gericht gestellt wurden – und im Gegensatz zur landläufigen Meinung waren es recht wenige –, sich ebenso wie ihre Richter gegenüber den Angehörigen anderer Rassen und Religionen überlegen fühlten und ihre Übergriffe damit zu entschuldigen suchten. Geistliche, die in den neunziger Jahren des 17. Jahrhunderts Piraten zur Hinrichtung auf dem „Execution Dock" von Wapping Old Stairs begleiteten, berichteten, daß einige der Übeltäter „es bereuten, daß sie so fürchterliche Grausamkeiten begangen hatten, wenn auch nur an den Körpern von Heiden", während andere zwar das Fluchen und das Entheiligen des Sabbats bedauerten, sich aber wegen der Piraterie keiner Schuld bewußt waren, denn „sie hätten nicht gewußt, daß es gesetzwidrig sei, Schiffe und Waren zu rauben, wenn sie das Eigentum von Feinden der Christenheit waren".

Wenn man den Begriff Piraterie definieren will, dann könnte man ebensogut versuchen, einen lebendigen Aal mit den bloßen Händen festzuhalten. Es gab damals ungezählte Tarnworte dafür: „Kreuzfahrten unternehmen", „die Meere befahren", „eine Rechnung

* Wenn man eine Vorstellung vom heutigen Wert der im 16. bis 18. Jahrhundert geschätzten Summen haben will, dann muß man sie mit 25 bis 35 multiplizieren.

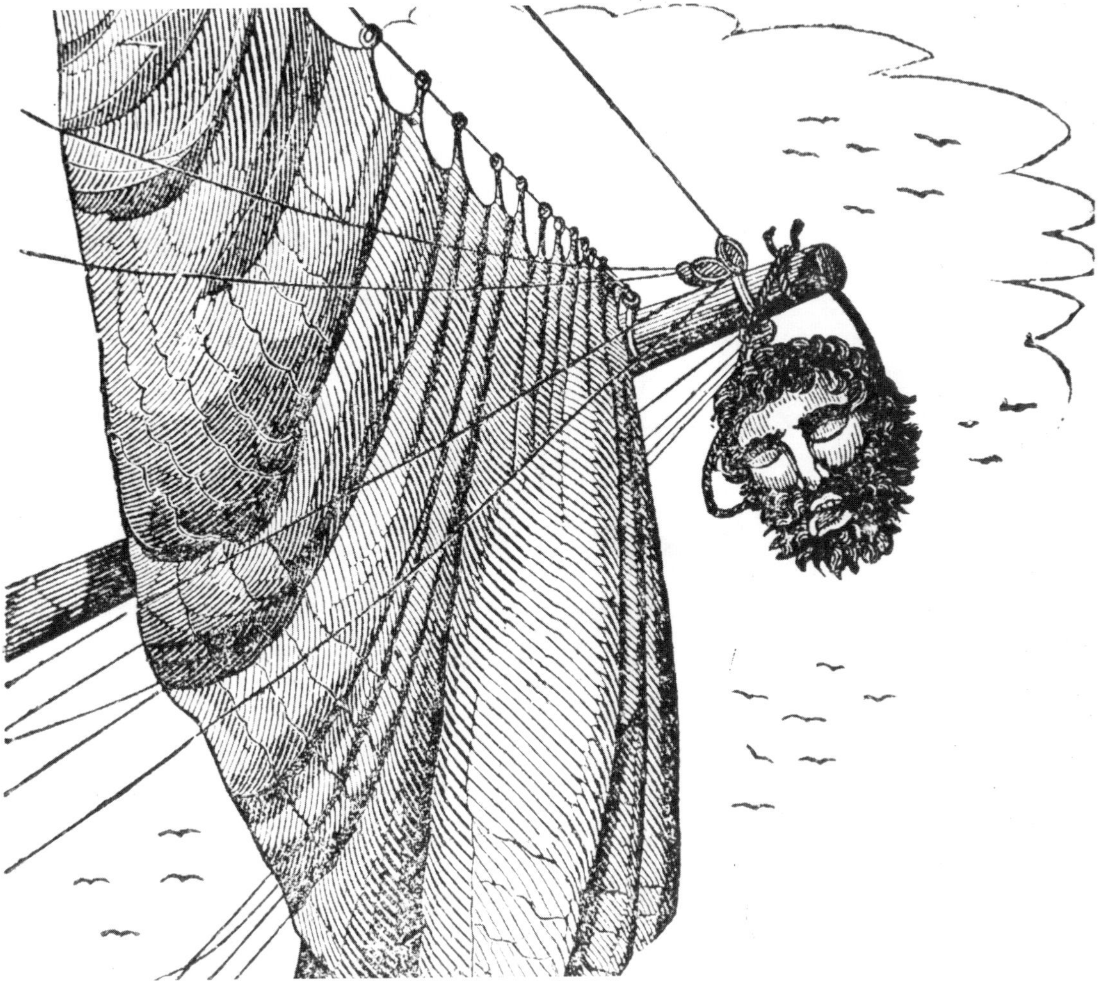

Oben: Nach der Gefangennahme des berühmten Piraten Blackbeard im November 1718 ließ ihn Leutnant Maynard von H.M.S. *Pearl* köpfen und das abgeschlagene Haupt am Bugspriet aufhängen.

begleichen“ – man geriete in einen Dschungel von Begriffsverwirrungen. Im 16. Jahrhundert war der Ausdruck „man-of-war“ (Kriegsschiff) gleichbedeutend mit den Begriffen „Pirat“ oder „Freibeuter“, während das Wort „Korsar“ als Synonym für „Pirat“ und manchmal für „Freibeuter“ verwendet wurde. Philip Gosse, der als einer der ersten ein umfassendes Werk zu diesem Thema geschrieben hat, beklagte sich darüber, daß es einer Weltgeschichte der Seefahrt gefährlich nahekäme. Samuel Taylor Coleridge, der auch vor den plumpsten Verallgemeinerungen nicht zurückschreckte, behauptete, die Korsaren aus der Zeit Elisabeths seien keine Seeräuber gewesen, weil „niemand ein Pirat ist, den seine Zeitgenossen nicht als solchen bezeichnen“. Damit behauptet er, daß auch die Moral der Mode unterworfen ist, übersieht aber die Tatsache, daß sich die Ansichten nicht nur zu verschiedenen Zeiten, sondern auch an verschiedenen Orten voneinander unterscheiden. In Spanien kannte man keinen Unterschied zwischen Freibeutern und Piraten. Hier galt die Regel, daß jeder, der verbotene Gewässer befuhr, ein Pirat war und, wenn er gefangen wurde, sein Leben verwirkt hatte. Vor der Exekution hängte man ihnen ihre Freibriefe um den Hals.

Man brauchte kein Spanier zu sein, um zu erkennen, daß es kaum einen Unterschied zwischen Piraten und Freibeutern gab, denn die Männer und ihre Motive waren die gleichen. In einer Predigt, die der Reverend Cotton Mather 1704 in Boston hielt, sagte er: „Das Unternehmen eines Freibeuters wird nur allzuleicht zum Raubzug eines Piraten. Meist übt der Freibeuter sein Handwerk im unchristlichen Sinne aus, dabei sind Ausschweifungen und Laster die Regel." Freibeutertum, Piraterie und legale Flottenoperationen ließen sich kaum voneinander unterscheiden. Nelson meinte grimmig: „Nach meiner Erfahrung kommt das Verhalten aller Freibeuter der Piraterie so nahe, daß ich darüber staunen muß, wie zivilisierte Nationen so etwas zulassen können." Dahinter stand aber kaum ehrliche Entrüstung, sondern eher ein gewisser Neid, denn die Aussicht auf Beute war oft der Anreiz, in den Dienst der Krone zu treten, und die Freibeuter schmälerten die Chancen für einen – wie Drake das nannte – „warmen Goldregen, der vom Himmel fiel".

Rechts: Eine Hinrichtung auf dem „Execution Dock" in London – ein verhältnismäßig seltenes Ereignis in Anbetracht des großen Umfangs der Piraterie.

Links: Sir Francis Drake, der Superpirat, der zum Nationalhelden und Vorkämpfer des Protestantismus wurde. Miniatur von Nicholas Hilliard (1581).

Für die Engländer war Drake ein Held, für die Spanier ein Pirat; ebenso wie die Amerikaner John Paul Jones als Helden feierten, während die Engländer in ihm einen Seeräuber sahen. Der Staat änderte seine Haltung je nach den äußeren Umständen. Im Mittelalter beanspruchte England die Vorherrschaft im „englischen Meer", aber zur Zeit Elisabeths machte es Spaniern und Portugiesen das Monopol in den Gewässern der Neuen Welt streitig. Nach 1815 konnte Großbritannien, weil es damals schon über eine mächtige Flotte verfügte, „im Namen der Zivilisation" jeden Versuch, sich der Ausbreitung seiner Herrschaft in der Welt zu widersetzen, als Piraterie oder Banditentum bezeichnen. Das war nicht neu. Großmächte, die die Weltherrschaft für sich beanspruchten, hatten ihre Rivalen von jeher als Piraten gebrandmarkt. Schon die Phönizier, Griechen und Römer erhoben den Anspruch, die Welt der Barbaren

zivilisieren zu wollen. Ein gefangener Seeräuber soll Alexander dem Großen auf die Frage, welches Recht er habe, das Meer unsicher zu machen, geantwortet haben: „Das gleiche Recht, das du hast, die Welt unsicher zu machen." Der römische Rechtsgelehrte Cicero hat wahrscheinlich als erster die Piraten als *hostes humani generis* (Feinde des Menschengeschlechts) – das heißt als Feinde Roms – definiert. Auch die Nachfolger des Römischen Reichs haben sich dieser Formel gern bedient. Ähnliche Argumente verwendeten die Spanier, die Portugiesen und die in einem losen Bündnis zusammengeschlossenen Araber unter der Führung des Ottomanenreichs. Gegen die Herrschaftsansprüche Venedigs im Mittelmeer stellten sich die Korsaren auf Malta und an der Barbarenküste, die begeistert von den schwerbewaffneten englischen und holländischen Handelsschiffen unterstützt wurden, und in den Augen der Venezianer waren sie alle zusammen nichts als Piraten.

Als das chinesische „Reich des Himmels" im Fernen Osten den „barbarischen Piraten" das Handwerk legen wollte, veranstalteten japanische Freibeuter, deren Schiffsbesatzungen rote Jacken und gelbe Kappen trugen, ähnlich wie die Wikinger Raubzüge mit starken Flottenverbänden, die sie bis in die Straße von Malakka nach Süden führten. Erst im 17. Jahrhundert gelang es, ihrem Treiben Einhalt zu gebieten, und auch dann nur, weil die Chinesen ein gefährliches Bündnis mit den portugiesischen Freihändlern eingingen, die aus der Sicht ihrer Feinde ebenfalls nur Piraten waren.

In der Heimat des Seeräubers konnte dieser ganz verschieden beurteilt werden, aber nichts half ihm mehr oder verschaffte ihm höheres Ansehen als der Erfolg. Als Francis Drake 1580 von einer Reise um die Welt, auf der er Forschungsaufgaben und die Erschließung neuer Märkte mit einer wahren Orgie von Plünderungen vereint hatte, nach England zurückkehrte, hing sein Schicksal sechs Monate lang an einem seidenen Faden. Hätte er auf seiner Schatzsuche so wenig Erfolg gehabt wie Raleigh etwa vierzig Jahre nach ihm, dann wäre er wahrscheinlich hingerichtet und nicht geadelt worden. Aber der Wert des Schatzes, den er an Bord der *Golden Hind* nach Hause brachte, wurde auf 600.000 Pfund geschätzt. Das wären heute ungefähr 20 Millionen Pfund. Nur dieser gewaltige Erfolg ließ den Richterspruch zu seinen Gunsten ausfallen. Das aber war der gleiche Gesichtspunkt, nach dem eine Seeräuberbande ihren Kapitän wählte.

Jeder Versuch, einen Piraten nach der Menschlichkeit zu beurteilen, mit der er sein Handwerk ausübte, muß scheitern. Man hat die Raubzüge von Drake damit entschuldigt, daß man erklärte, er sei „ein großer Mann" gewesen, ein Patriot, gottesfürchtig und – nach den Maßstäben seiner Zeit – milde gegenüber seinen Opfern. Will man den blutrünstigen Legenden Glauben schenken, die über die Seeräuber im Umlauf sind, dann war Drake eine Ausnahme. Aber in Wirklichkeit mordeten oder kämpften viele Piraten nur, wenn sie dazu gezwungen wurden. Ein erfolgreicher Seeräuber vermied es zu töten oder die wertvolle Ladung eines Schiffes zu beschädigen, das er kapern wollte.

Man kommt daher zu dem Schluß, daß gewisse Unternehmungen sich eher rechtfertigen ließen als andere, daß jedoch Piraten und Freibeuter das gleiche Motiv hatten: sie wollten Beute machen, und ohne Beute gab es keinen Lohn. Juristisch läßt sich zwar der Begriff

Rechts: Ein Plakat für die Operette *Die Piraten von Penzance* von Gilbert und Sullivan aus dem Anfang der zwanziger Jahre: Es zeigt die im Volk verbreitete romantische Vorstellung von den Piraten, die sich direkt auf Balladen des 17. Jahrhunderts zurückführen läßt.

H.M.BROCK

Links: Antigua (Westindische Inseln). Ein irdisches Paradies nannten es die Förderer der Kolonisation, als Sündenpfuhl denunzierten es die Moralisten des 19. Jahrhunderts, die die Piraten folgendermaßen beschreiben: „Sie leben in Unzucht unter Palmen."

der Piraterie recht genau bestimmen, aber in der Praxis sind die Grenzen zwischen Recht und Unrecht kaum erkennbar. Bei jedem Definitionsversuch stößt man auf die gleichen Schwierigkeiten wie Gosse.

Aber die große Zeit der Piraterie läßt sich recht genau festlegen. Zwar haben die Chinesen, die Japaner, die Inder und die Malaien ohne Zweifel auch ihre seefahrenden Schurken und edlen Räuber, ihre Blackbeards und Drakes, aber im Westen beginnt das Seeräuberwesen mit den sagenhaften Korsaren an der Barbarenküste und den historisch belegten Unternehmungen französischer und englischer Freibeuter in der Karibischen See um die Mitte des 16. Jahrhunderts und endet überraschend schnell zu Beginn des 18. Jahrhunderts.

Innerhalb dieses Zeitraums erkennen wir sechs verschiedene Schwerpunkte des Geschehens:

1. die Korsaren des elisabethanischen Zeitalters;

2. die englischen und niederländischen Renegaten an der Barbarenküste und in Marokko Anfang des 17. Jahrhunderts; unter ihnen besonders John Ward, Simon Dansiker und Jan Jansz;

3. die türkischen und maurischen Korsaren in den Barbarenhäfen (Algier, Tunis und Tripolis), deren Auftreten mit den Brüdern Barbarossa beginnt;

4. die Freibeuter Pierre le Grand, François Lolonois, Henry Morgan, Sieur de Grammont, Bartholomew Sharp und William Dampier als Hauptfiguren;

5. die in die Jahre 1690 bis 1700 fallenden Piratenunternehmungen zwischen den Häfen der nordamerikanischen Kolonien und dem Indischen Ozean mit Thomas Tew, „Long Ben" Avery und William Kidd als den bekanntesten Vertretern dieser Epoche, und

6. die klassische Periode der Piraterie von 1714 bis 1724 im Karibischen Meer, entlang der Küste von Nord- und Südkarolina und Virginia und wieder im Indischen Ozean. Die bekanntesten Namen sind dabei Blackbeard, Bartholomew Roberts, Howell Davis, Edward England und John Taylor. Hiezu kommen zahlreiche weniger bekannte Piraten wie Charles Bellamy, Henry Vane, „Calico Jack" Rackham und die sogenannten weiblichen Piraten Mary Read und Anne Bonny. Defoe und Stevenson haben diese Periode für die Nachwelt unsterblich gemacht.

Die drei zuletzt genannten Schwerpunkte sind so eng miteinander verflochten, daß es schwer ist, sie genau zu unterscheiden. Daß sie in der Literatur einen besonderen Platz einnehmen, haben sie vor allem zwei genialen Schriftstellern zu verdanken: Alexander Exquemelin und Daniel Defoe. Man weiß bis heute nicht genau, ob Exquemelin Franzose oder Holländer war. Es steht jedoch fest, daß er 1666 als Beamter der französischen Westindischen Compagnie auf die Insel Tortuga kam, die damals eine große Piratenbasis war. Dort schloß er sich 1669 als „Feldscher und Barbier" den Freibeutern an und begleitete sie während der folgenden fünf Jahre auf ihren Raubzügen. Anschließend ließ er sich in Holland nieder. Sein 1678 erschienenes Buch *De Americaensche Zee-Roovers* (Die amerikanischen Seeräuber) war ein großer Erfolg und wurde in fast alle europäische Sprachen übersetzt. Dabei nahm jede Übersetzung auf bestimmte nationale Gesichtspunkte Rücksicht. Die spanische Version stellte Henry Morgan als ein grausames Ungeheuer und die Spanier als unschuldige

Opfer dar. In der englischen und holländischen Version wurden die Rollen vertauscht. Hier wurde der „wißbegierige Leser" aufgefordert, zu erkennen, wie „Gott es zuließ, daß die außerhalb des Gesetzes stehenden Freibeuter die Überhand gewannen, um die Spanier zu züchtigen".

Die beeindruckend kenntnisreichen Schilderungen von Defoe waren stellenweise von frommen, nonkonformistischen Emotionen durchsetzt. Er sah seine Piraten nicht als Geißeln Gottes, sondern suchte immer wieder die Gültigkeit der „ewigen Wahrheit" zu beweisen, daß das Verbrechen am Ende doch keinen Vorteil bringen kann. Da er sehr oft die Akten von Prozessen, in denen Seeräuber verurteilt worden waren, als Quellen benutzte, vermitteln seine Darstellungen den Eindruck, die meisten Piraten seien ihrem Schicksal nicht entgangen, „rasch und plötzlich in die andere Welt befördert zu werden", wie es sich für so „sündige und gottlose Burschen" gehört.

Doch beide Verfasser lassen immer wieder die Maske der strengen Rechtschaffenheit fallen, die für sie nur ein literarischer Kunstgriff ist, um dem „zivilisierten Leser" zu schmeicheln. Exquemelin schreibt wehmütig von der Kameradschaft und Gleichberechtigung, die bei den Freibeutern herrschten. („Wenn sie feststellen, daß der Kapitän besser verpflegt wird als die Mannschaft, bringen sie ihm eine Portion aus ihrer Messe und lassen sich dafür seine Mahlzeit geben.") Er vergleicht die gemeine und brutale Behandlung der schwarzen und weißen Sklaven (denn die Angestellten der Kolonialbehörden wurden wie Sklaven behandelt) mit der dazu im Gegensatz stehenden Freiheit und Großzügigkeit bei den „Brüdern der Küste". Der Hauptunterschied zwischen den Tavernen und Bordellen auf Tortuga und in den europäischen Häfen bestand darin, daß die Freibeuter mehr Geld ausgeben konnten und das auch mit einer an Wahnsinn grenzenden Großzügigkeit taten. („Ich habe erlebt, wie einer von ihnen einer gewöhnlichen Hure 500 Achterstücke* anbot, um sie nackt zu sehen.")

Um den sparsamen Bürger zu beeindrucken, der seine Bücher las, schilderte Defoe ausführlich die Schlemmereien der Piraten, die sich ständig mit starken Getränken zu betäuben suchen und ihr leichtverdientes Geld ebenso leichtfertig zum Fenster hinauswerfen. Er erweist sich aber als brillanter Erzähler, wenn er die extravaganten Gelage seiner Helden beschreibt oder die Mannschaften des Kapitäns Taylor, wie sie reich beladen mit Schätzen aus Indien unter Salutschüssen in den Hafen einlaufen und „handvollweise Dukaten in die Menge werfen". Nachdem er den Tod Blackbeards in düsteren Farben ausgemalt hat, schreibt er: „Das war das Ende jenes tapferen Schurken, der für die Welt ein Held gewesen sein könnte, wenn er sich für eine gute Sache eingesetzt hätte."

Defoe und Exquemelin haben vielleicht manches Märchen erfunden, aber da sie aus eigener Erfahrung schöpften, orientierten sie sich im allgemeinen doch an der Wirklichkeit. Die Piratenkapitäne, von denen sie berichten, waren keine Autokraten, sondern gewählte

Rechts: Titelblatt der ersten holländischen Ausgabe von Defoes *Geschichte der Seeräuber.* Es zeigt den „Jolly Roger" und die sogenannten „weiblichen Piraten" Mary Read und Anne Bonny.

* Damals galt überall in Westindien die spanische Währung. Ein Dollar (ein Achterstück) war acht *reales* wert. Heute wären das etwa zweieinhalb bis drei englische Pfund oder sechs bis sieben US-Dollar.

HISTORIE DER ZEE-ROOVERS.

Führer, die ihre Stellung sofort verloren, wenn sie kein Glück hatten, also keine Beute machten, oder nach Meinung der Mannschaft feige oder unfähig waren. Blackbeards furchteinflößendes Äußeres sollte seiner Mannschaft und seinen Opfern imponieren, und der unwahrscheinlich harte und tüchtige Bartholomew Roberts beklagte sich darüber, daß die Piraten ihre Kapitäne nur wählten, „um sie dann zu tyrannisieren". Mancher, der diese psychische Belastung nicht ertragen konnte, reihte sich wieder in die Mannschaft ein oder bildete mit seinen engsten Freunden eine neue Bande.

Taktische Entscheidungen wurden nach gemeinsamer Beratung getroffen, bei der jedes Mitglied der Mannschaft eine Stimme hatte. Der Kapitän übte die absolute Befehlsgewalt nur im Gefecht aus. Sonst hatte der Steuermann am meisten zu sagen. Er nahm Beschwerden entgegen, verhängte die Strafen und beaufsichtigte die Verteilung der Beute. William Snelgrave, dessen Schiff 1719 vor der Küste Guineas gekapert worden war, berichtete, daß die Mannschaft protestierte, als der Piratenkapitän seinen besten Anzug anlegen wollte, um „die Negerdamen an Land" zu besuchen. Sie verlangte, daß die Kleidungsstücke in die vom Steuermann in Obhut genommene gemeinschaftliche Kleiderkiste zurückgelegt würden. Long John Silver brüstet sich damit, daß er als Steuermann der einzige an Bord gewesen sei, den Kapitän Flint gefürchtet habe.

Defoe, der es für geboten hielt, über heikle Dinge nur in Andeutungen zu sprechen, ließ auch die Landratten unter seinen Lesern nicht im Zweifel darüber, daß die Piraterie nicht ohne ein ausgedehntes Netz von gewinnbeteiligten Hintermännern und Beschützern hätte florieren können. Er wußte auch genau, daß es den Seeräubern nur darauf ankam, Beute zu machen – siehe Squire Trelawneys Ausruf: „Gold! Was sonst?" –, aber dazu bedurfte es wie in jedem Handwerk, in dem man Meister sein wollte, einer bestimmten Kombination von Motiven und Fähigkeiten. Hundert Jahre später lobte der Verfasser einer Geschichte der Seeräuberei in Amerika, Captain James Burney, diese „notorisch unmenschlichen Bösewichter" für ihre Pionierarbeit als Erforscher des Pazifischen Ozeans. Besonders erwähnte er die Leistungen von William Dampier, Lionel Wafer, Basil Ringrose und Bartholomew Sharp, die fremde Küsten, Meeresströmungen und Windverhältnisse kartographisch aufgenommen, die Flora und Fauna unerforschter Gebiete beschrieben und die Lebensgewohnheiten der Eingeborenen aufgezeichnet hatten. Doch damals interessierten sich die meisten Menschen kaum für die wissenschaftlichen Nebenprodukte der Piraterie, so bemerkenswert sie auch sein mochten. Viel interessanter war es für sie zu erfahren, welche Strapazen die Freibeuter auf sich nahmen und mit welchem Geschick sie ihre Schiffe zu steuern wußten, um an die ersehnte Beute heranzukommen. Das beeindruckte die Bewohner der überbevölkerten und nach strengen Regeln verwalteten Welt, die sich vorstellten, wenn man nur weit genug auf die See hinausführe, habe man noch die Chance, wenigstens für einige Zeit der unerbittlichen Weiterentwicklung des Fortschritts zu entfliehen.

Die Piraten hatten keine ideologischen Richtlinien oder Vorstellungen, wenn man von ihrem rohen und verletzenden Zynismus absieht (von dem in gewissem Sinne auch Marx ausgeht). Als Verschwender und Lückenbüßer hatten sie, wenn man so will, eine doppelte Moral.

Ebenso wie die legendären Banditen Jesse James oder Billy the Kid kann man sie als phantasievolle, aber zum Untergang verurteilte Gegner einer etablierten Gesellschaft betrachten, die den Wilden Westen zivilisierte und die Menschen in die Lohnabhängigkeit trieb. Sie waren heruntergekommene Burschen, aber dabei genau der Typ von Rächern der Armen, von denen das Dienstmädchen Brechtscher Prägung – die Piraten-Jenny – träumt: Auf einem Schiff mit acht Segeln werden sie in den Hafen einlaufen, die Stadt erstürmen und geradewegs zu ihr kommen, um sie zu fragen, wen sie verschonen sollen.

Nur selten kam es vor, daß große Schätze erbeutet wurden, und die „Schatzinsel", wie Stevenson sie beschreibt, existierte nur in seiner Phantasie. Der Alltag des Piraten war voll Langeweile, von der er sich durch Glücksspiele, wilde Prügeleien und Trinkgelage befreien wollte. Die Homosexualität war eine alltägliche Erscheinung, die Syphilis grassierte, und in den Bordellen gab es wahrscheinlich höhere Verluste als im Gefecht. Bei einer seiner verrückten Unternehmungen nahm Blackbeard in Charleston, Südkarolina, eine Anzahl angesehener Bürger als Geiseln, die der Gouverneur mit einer Ladung teurer Medikamente freikaufen mußte. Höchstwahrscheinlich handelte es sich dabei um Quecksilberpräparate zur Behandlung von Geschlechtskrankheiten.

Sieht man jedoch von allen Verfälschungen der historischen Wahrheit ab, dann behalten die Legenden, die sich um das Leben der Seeräuber ranken, doch ihren besonderen Reiz. Die Meere und Inseln, auf denen sie zu Hause waren, lagen in fernen exotischen Zonen, und das Leben der Piraten, das disziplinierter war, als man es sich meist vorstellt, bot eine sehr attraktive Alternative zu dem der unterbezahlten und äußerst streng behandelten Mannschaften auf den Schiffen der Kriegs- und Handelsflotten. Die Seeräuber waren sowohl blutrünstige Schlächter als auch – im eigenen Interesse – humane Unternehmer. Oft hatten die Piratenkapitäne erstaunliche Erfolge bei ihren waghalsig improvisierten Kaperreisen, und neben der Goldgier stand hinter ihrem Handeln auch die Idee der sozialen Rebellion oder der Rache an der Gesellschaft.

Die Vorstellung, Geld in Hülle und Fülle zu besitzen, es bedenkenlos ausgeben zu können, ist durchaus menschlich. Besonders Kinder sind von Natur aus Verschwender; sie verstehen vollkommen die Lust am Plündern und Vergeuden. Und wer wäre nicht schon einmal in der Stimmung gewesen, sich von den verführerischen Worten des Piraten Bartholomew Roberts gefangennehmen zu lassen: „Beim ehrlichen Dienst gibt es gewöhnlich nur niedrigen Lohn und harte Arbeit; bei den Piraten Überfluß, Freiheit und Macht. Und wer wollte den hohen Gewinn ausschlagen, dessen einziges Risiko darin besteht, nur deshalb mit scheelen Blicken angesehen zu werden, weil man am Übermaß zu ersticken droht?"

2 Freibeuter der Meere

Man nimmt an, daß der Persische Golf der erste Schauplatz der Piraterie im großen Stil gewesen ist. Die Fischer im Golf von Oman, die im Lauf der Zeit ihre Ruderboote zu Segelschiffen weiterentwikkelten, begannen etwa 5000 v. Chr. mit Indien Handel zu treiben. Im 9. Jahrhundert v. Chr. führten ihre Handelswege bis nach Kanton. Sie hatten Handelsniederlassungen auf Java, Sumatra und in Siam errichtet und sich dabei oft nicht gescheut, mit räuberischen und erpresserischen Methoden zu arbeiten. In den Häfen von Oman wurden Weihrauch, Gewürze, Myrrhe als Einbalsamierungsmittel, Seide, Edelsteine, Gold- und Silberwaren, Elfenbein, Teakholz und Kupfer umgeladen und den Euphrat hinauf nach Babylon gebracht.

Die enge Straße von Hormus und die etwa 200 Kilometer lange (später so bezeichnete) Piratenküste, die von der Halbinsel Quatar bis zur Grenze von Oman reichte, boten ausgezeichnete Schlupfwinkel für die Piraten. Mit ihren engen, verschlungenen Einschnitten, Sandbänken und zackigen Korallenriffen ist dies eine öde und gefährliche Gegend, im Sommer glühendheiß und im Winter von Sandstürmen heimgesucht, während die durch den von Norden heranwehenden *shamaal* aufgewühlte See gegen die Küste brandet. Mit ihren schnellen, leicht zu manövrierenden flachen Fahrzeugen befanden sich die Piraten, die die auf keiner Seekarte eingezeichneten Tücken dieser Gewässer genau kannten, hier in einer fast unangreifbaren Position. Im 7. Jahrhundert v. Chr. rüstete der assyrische König Sanherib eine Expedition gegen sie aus. Mehr als drei Jahrhunderte später störten sie die Flottenoperationen Alexanders des Großen. Die Römer bemannten ihre Schiffe mit Bogenschützen, die sie gegen die Piraten verteidigen sollten. Kaiser Trajan führte eine Kriegsflotte in den Golf und unternahm eine Strafexpedition gegen die Piratenküste. Im 4. Jahrhundert n. Chr. wiederholte der Perserkönig Schapur mit dem Beinamen „Sulaklaf“ (Herr der Schultern) – er ließ gefangenen Piraten die Schultern durchbohren und sie mit Seilen zusammenbinden, um sie an der Flucht zu hindern – das Unternehmen. In zwei Jahrhunderten – 800 bis 1000 n. Chr. – kämpften die Piraten am Golf von Oman und auf den Inseln vor Bahrein als Freibeuter in einer Reihe von Aufständen gegen die Kalifen von Bagdad. Während sie auf See operierten, nahmen Landtruppen aus Bahrein Mekka ein und brachten den heiligen schwarzen Stein aus der Kaaba nach Hasba, in die Hauptstadt der Sekte der Karmathier.

Gegen Ende des phönizischen Zeitalters bestand die Beute aus spanischem Silber, Bernstein von der Ostseeküste, Zinn aus Britannien und Handelswaren aus dem Fernen Osten, und für die seefahrenden Kaufleute des Mittelmeerraumes wurde die Piraterie schon zum Berufsrisiko.

Im Jahre 580 v. Chr. errichteten griechische Korsaren einen Stützpunkt auf den Liparischen Inseln nördlich von Sizilien. Dort

Rechts: Phönizische Galeeren, die das Mittelmeer mit Luxusgütern aus dem Osten durchquerten, nahmen schließlich Piratenüberfälle als Berufsrisiko hin. Das Bild zeigt ein Detail eines Wandgemäldes aus dem Palast des Sennacherib.

entwickelten sie ein kommunistisches Verwaltungssystem, bei dem das Land Gemeinbesitz war und die Beute unter der Bevölkerung aufgeteilt wurde. Sie organisierten ihr Gemeinschaftsleben nach den Grundprinzipien der Demokratie und bauten es auf Gesetzen auf, die den örtlichen Gegebenheiten entsprachen. Überlieferte Begriffe, wie etwa die Familie, wurden fallengelassen. Die Grundeinheit wurde die Schiffsbesatzung. Wie bei den Wikingern und bei den Piraten in der Karibik oder im Indischen Ozean erleben wir auch hier, wie sich alle Beteiligten für eine Lebensform begeistern, in der jede Bindung an Stamm und Familie gelöst wird und alles, was sich außerhalb der Gemeinschaft befindet, nur noch insoweit etwas gilt, als es zum Objekt der Ausbeutung werden kann.

Die Korsaren im Mittelmeer wendeten die gleiche Taktik an wie die arabischen Piraten. Sie führten ihre Unternehmungen nur bei Tageslicht aus und hielten sich nahe an der Küste. Die grausamen Strafen der Karthager und Etrusker, die griechische Piraten steinigten und die Gefangenen ertränkten, indem sie sie mit den Toten zusammengebunden ins Meer stürzten (eine Strafe, die auch in der englischen Flotte auf Mord stand), wurden mit gleicher Münze vergolten. Überfälle und Strafexpeditionen waren damals so häufig, daß Inseln und Küstensiedlungen von ihren Bewohnern verlassen wurden und man Städte und Dörfer in das Landesinnere verlegte und zu starken Festungen ausbaute. Architektur und Stadtplanung an den Mittelmeerküsten wurden entscheidend durch die von den Korsaren ausgehende ständige Bedrohung beeinflußt, die auch in das Landesinnere eindrangen, um zu plündern, Geiseln zu nehmen und Sklaven zu fangen. In seinem Roman *Aethiopica* beschreibt Heliodorus von Emesa, wie ein phönizisches Handelsschiff von einem kretischen Korsaren verfolgt wird: „Als eine Windstille eintrat, mußten wir zu den Riemen greifen, aber die Barke kam immer näher. Dort legten sich alle in die Riemen, und es war ein leichtes Schiff. Auf unserem Fahrzeug herrschte ein fürchterlicher Tumult. Die Leute jammerten und liefen durcheinander . . . Als einer der Piraten an Bord sprang, ein paar unserer Leute niederschlug, und weitere ihm folgten, verloren die Phönizier den Mut, warfen sich zu Boden und flehten um Gnade."

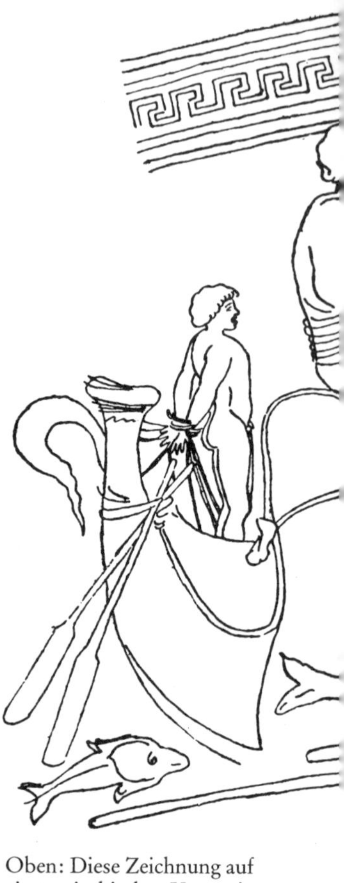

Oben: Diese Zeichnung auf einer griechischen Vase zeigt angeblich Piraten, die man kielholt. Sie wurden auch ertränkt, indem man die Lebenden an die Toten fesselte.

Während der letzten hundert Jahre ihres Bestehens erlebte die Römische Republik die gefährlichste Bedrohung ihrer imperialistischen Bestrebungen durch die Piraterie, und nie wieder haben Seeräuber im Mittelmeerraum eine so bedeutende Rolle gespielt. Kilikische Freibeuter, deren Stützpunkte sich an den dem Meer zugewendeten Hängen des Taurusgebirges am Südrand des Zentralplateaus von Kleinasien befanden, hatten sich mit König Mithridates von Pontus verbündet, um das römische Festland von See her zu blockieren und auszuplündern. Dabei zerstörten sie vierhundert Ortschaften, raubten das Gold aus den Tempeln, und fast wäre es ihnen gelungen, Rom auszuhungern. Im Jahre 78 v. Chr. wurde der stutzerhafte junge Gajus Julius Cäsar (Sulla nannte ihn einen „Knaben im Unterrock") in der Ägäis gefangengenommen und sechs Wochen auf der Insel Pharmacusa festgehalten, bis seine Freunde ein hohes Lösegeld für ihn zahlten.

Andere römische Gefangene erlebten eine viel brutalere Behandlung. Entweder waren sie nicht so reich, oder die Piraten, in deren

Gewalt sie sich befanden, hatten ihre Freude daran, ihnen Angst und Schrecken einzujagen. Defoe schreibt: „Wenn jemand sagte, er sei Römer, fielen sie auf die Knie, als fürchteten sie die Macht und Größe seines Heimatlandes, baten um Vergebung für das, was sie getan hatten, flehten um Gnade und bemühten sich um ihn wie dienende Sklaven. Wenn er schließlich den Eindruck gewonnen hatte, sie meinten es ernst, ließen sie ein Fallreep herab, näherten sich ihm mit höflichen Gebärden und erklärten, wenn er es wünsche, könne er das Schiff verlassen – und das auf hoher See. Wenn sie sein Erstaunen bemerkten, wie es nur natürlich ist, warfen sie ihn unter brüllendem Gelächter über Bord. So unmenschlich waren sie in ihrer Grausamkeit." Vielleicht ist dies der Ursprung der Legende, daß es bei den Piraten üblich gewesen sei, die Gefangenen über eine Planke ins Meer zu treiben.

Erst als Pompejus 67. v. Chr. gewaltige Anstrengungen unternahm, um die Bedrohung Roms durch die kilikischen Seeräuber auszuschalten, besserten sich die Verhältnisse. Aber auch ihm gelang sein Vorhaben nicht ganz. Seine Kritiker behaupteten, das Unternehmen sei so kostspielig, daß es die römische Wirtschaft zugrunde richten werde, und die Vollmachten, die er verlangte, würden aus der Republik eine Diktatur werden lassen. Die für seine Strafexpedition aufgestellten Streitkräfte bestanden aus 120.000 Fußsoldaten, 4000 Reitern und 270 Schiffen, die in dreizehn Kommandos aufgeteilt waren, das ganze Mittelmeer durchkämmten und bis ins Schwarze Meer vorstießen. Die sorgfältig geplanten und rasch durchgeführten Operationen zur See endeten mit einer großen Seeschlacht vor der kilikischen Küste und wurden innerhalb von drei Monaten abgeschlossen, obwohl Pompejus drei Jahre dafür angesetzt hatte. Die dabei angerichteten Zerstörungen und die Beute waren gewaltig. 400 feindliche Schiffe wurden gekapert, 1300 vernichtet, mehr als 10.000 Piraten wurden getötet und 20.000 gerieten in Gefangenschaft. Die Befriedungsaufgabe, die Pompejus sich gestellt hatte, wurde durch seinen Beschluß erleichtert, die Überlebenden als Bauern anzusiedeln. Den gleichen Versuch hat man, wenn auch mit nur geringem Erfolg, siebzehn Jahrhunderte später mit den Freibeutern im Karibischen Meer unternommen. Pompejus hatte einen entscheidenden Sieg errungen, und die Seewege blieben bis zum Zerfall des Römischen Reichs einigermaßen sicher. Aber es war ein gefährliches Unternehmen gewesen. Defoe schreibt: „Hätten die Kiliker Pompejus besiegt, dann wäre Rom, das die Welt erobert hatte, vielleicht von einem Haufen Piraten beherrscht worden."

Ein so wirkungsvolles und energisch durchgeführtes Unternehmen hat es nicht wieder gegeben, bis die britische und amerikanische Flotte im 19. Jahrhundert ihre Polizeiaktionen durchführten; und ebenso wie die Pax Britannica die literarische Idealisierung des Korsaren ermöglichte und zur Mode machte, erlaubte es die Pax Romana Schriftstellern wie Seneca, Quintilian und Heliodorus, sich über die romantischen Aspekte der Piraterie in Geschichten zu verbreitern, in denen Liebende getrennt und wieder vereint werden, vornehme Jungfrauen ihre Unschuld unter fürchterlichen Gefahren bewahren und Korsarenkapitäne oder deren Töchter romantische Liebesabenteuer erleben.

Mit dem Zerfall des Römischen Reichs nahmen auch die Überfälle auf die Handelsschiffe ab. Es lohnte sich kaum mehr, sie zu plündern. Erst vierhundert Jahre später lebte das Piratenwesen in dramatischer Weise wieder auf. Die Raubzüge der Wikinger waren meist amphibische Operationen. Dänen und Norweger landeten an den Küsten Irlands, Englands, Schottlands, Frankreichs, Spaniens, Nordafrikas und Italiens. Schwedische Krieger, die sogenannten „Rus", eine slawische Abwandlung des finnischen Wortes *ruotsi* (Ruderer), drangen bis zum Schwarzen Meer vor. Im maurischen Iberien bezeichnete man die Wikinger als Madjus – heidnische Zauberer. In den Kirchen und Klöstern von Nordfrankreich beteten die Gläubigen: „Bewahre uns, o Herr, vor dem Zorn der Nordmänner."

Die Historiker haben versucht, bei den Unternehmen der Wikinger vier Phasen zu unterscheiden, und behaupten, aus primitiven Raubzügen hätten sich politisch motivierte Expeditionen entwickelt. Dann sei es zur Gründung von Kolonien und schließlich zur Ausweitung der Handelsbeziehungen gekommen. Übervölkerung und Hungersnöte in Skandinavien seien wahrscheinlich der erste Anstoß gewesen.

Wahrscheinlich hat es die verschiedensten Motive für diese Entwicklung gegeben, bei der sich der nächste Schritt jeweils aus dem vorangegangenen ergab. Nach den Erfolgen der anfänglich nur von

Eine römische Kriegsgaleere, wie sie Pompejus bei seinem Feldzug gegen die Piraten im Jahre 67 v. Chr. verwendete.

kleinen Stammeshäuptlingen angeführten Raubzüge (auch sie waren von ihren Gefolgsleuten gewählte Anführer wie die Piratenkapitäne im 18. Jahrhundert) sahen sich die Könige veranlaßt, größere Unternehmen auszurüsten und zu finanzieren. Freibeuterzüge zu organisieren oder zu einer nationalen Aufgabe zu machen war fast ein eisernes Gesetz in der Geschichte der Piraterie. So war es am Persischen Golf und im Mittelmeer gewesen, und so entwickelten sich die Verhältnisse überall, wo Piraten die Erfahrung machten, daß die Gewinne hoch und die Risiken gering waren.

Auch von den Wikingern hat man den Eindruck, daß sie – wie alle Piraten – wild und blutrünstig waren. Sie brandschatzten, mordeten, vergewaltigten, raubten, feierten Orgien und führten ein unbekümmertes freies Leben. Die Namen der großen Wikingerkapitäne – Erik Blutaxt, Harald Blauzahn, Swein Gabelbart und Björn Ironside – haben einen vollen, zum Korsarenhandwerk passenden Klang. Für diese Räuber aus dem Norden waren die bei Christen und Muselmanen geltenden ethischen Begriffe von Schuld und Sühne bedeutungslos.

Für die norwegischen und dänischen Wikinger, die aus einem kargen Land kamen, das nur das Allernotwendigste hervorbrachte, war der „Westen" ein Eldorado, an dem sich ihre Begierden ebenso entzündeten wie die der Konquistadoren an den Schätzen der Inkas.

Einem so wilden und wendigen Gegner war Europa offenbar nicht gewachsen. Die Nordmänner ruderten die Themse oder die Loire hinauf, stahlen den Bauern ihre Pferde und durchzogen mordend, plündernd und brennend das Land, um wieder zu verschwinden, bevor ihre Opfer sich sammeln und zurückschlagen konnten. Innerhalb eines Jahrzehnts tauchten ihre roten Segel vor Hamburg und Bordeaux, Lissabon und Cadiz, Sevilla, Algeciras und Nekar in Marokko auf. Aber die Iren, Franken und Engländer verstanden es schließlich, die Rivalität zwischen Dänen und Norwegern auszunutzen, als diese gemeinsam auf Raub auszogen und ihre Einflußsphären sich zu überschneiden begannen. Die Einigkeit der Bündnispartner wurde bald durch einander widersprechende politische Ziele gefährdet. Ein Königreich „war nur noch eine Messe wert", und man brauchte nicht mehr die Weltmeere zu befahren, um reich zu werden. Die Anführer der räuberischen Banden ließen sich von den Legenden beeindrucken, die sich um Karl den Großen rankten, und sahen sich selbst in der Rolle von Beherrschern eines kleinen „Heiligen Römischen Reichs". Sie traten zum Christentum über und fingen an, die Gebiete zu besiedeln, die sie bisher ausgeplündert hatten. Aber hinter der nach außen friedlichen Haltung blieb die Raublust lebendig. Ihre Nachfahren, die Normannen, bildeten die Vorhut bei den Angriffskriegen gegen die muselmanischen Ungläubigen, und der erste Kreuzzug, dem Namen nach zur Verteidigung des katholischen Glaubens unternommen, war in mancher Hinsicht nichts anderes als eine Erneuerung der Wikingerzüge.

Die großen militärischen Unternehmungen der Schweden nahmen einen ähnlichen Verlauf. Die „Rus" unter Rurik (auch Waräger genannt) wurden 862 von den osteuropäischen Slawen angeworben, um bei abtrünnigen Stämmen Tribute einzutreiben und das Land gegen die Angriffe türkischer Nomaden zu verteidigen. Doch bald beherrschten sie die Flüsse und Seen von der Ostsee bis zum Schwarzen Meer. Sie hatten Stützpunkte in Nowgorod und Kiew, trieben ausgedehnten Sklavenhandel, nahmen Fürstentümer zum Lehen und versuchten Bulgarien zu erobern. Die zunächst als Hilfstruppen angeworbenen schwedischen Söldner waren jetzt die Herren und führten ihre mit Pelzen, Sklaven und Honig beladenen Schiffe die sieben Katarakte des unteren Dnjepr hinunter. Doch für sie war der Dnjepr in erster Linie als Schiffahrtsstraße von Bedeutung, die sie mit Middelgart (Byzanz) verband, der damals reichsten und mächtigsten Stadt. Viermal – in den Jahren 860, 880, 907 und 914 – bedrohten Warägerflotten die Hauptstadt des Oströmischen Reichs, die ihre Angriffe jedoch entweder abwehrte oder sich loskaufte. Bald übernahmen die von den Rus beherrschten Slawen den Namen ihrer Herren zur Bezeichnung von Land und Volk der „Russen".

Im Jahre 1169 wurde Kiew, das sich damals schon 400 prächtiger Kirchen rühmen konnte, in einem Bürgerkrieg zwischen den zahlreichen Nachkommen der Ruriks zerstört. Hier ging es darum, wer Rußland als Großfürst von Kiew regieren sollte. Die Rus haben die Herrschaft niemals ganz an sich reißen können. Sie blieben Steuereintreiber, Sklavenhändler, Krieger und Kaufleute zu Lande und zur See. Ihre Lehensgüter wurden von den Horden Dschingis-Khans überrannt. Doch als sich die Warägerkonföderation bereits aufzulösen begann, eroberten ein paar Hundert normannische Ritter unter der Führung der zwölf Söhne Tankreds von Hauteville das unter griechischer Oberhoheit stehende Norditalien, fuhren zu Schiff nach

Rechts: Ein mittelalterliches bemaltes Banner, das den „heiligen" Wladimir zeigt, den höchst weltlichen Nachkommen der schwedischen Wikinger-Piraten, die Nowgorod und Kiew gründeten.

Sizilien, um es von den Sarazenen zu befreien, vertrieben die Türken aus Antiochien und bedrohten Byzanz im Namen der katholischen Kirche. In Sizilien waren sie die Herren in einer Gesellschaft, die nicht weniger kosmopolitisch war als die von den Piraten in der Karibik und im Indischen Ozean gegründeten Gemeinschaften. Doch lebten sie in viel größerem Luxus und auf einer bedeutend höheren Kulturstufe. In den Orangenhainen von Palermo saß Roger I. im Obergewand eines apostolischen Delegaten und angetan mit der kaiserlichen Robe von Byzanz auf dem Thron und erfreute sich der Annehmlichkeiten eines von nubischen Eunuchen bewachten Harems.

Die Wikinger hatten als Seeräuber begonnen, dann aber gründeten sie Kolonien und Dynastien in England, Irland, Rußland, Frankreich, Italien und Island. Es folgten vier oder fünf Jahrhunderte, in denen von Piraterie kaum noch die Rede war. Die Flutwelle der Wikinger hatte sich verlaufen oder war aufgesogen worden. Ihr Abenteurergeist war eingeschlafen, vor allem in Norwegen, Schweden und Dänemark. Die goldenen Kirchenkuppeln in Kiew glänzten in der Sonne, die Kathedralen in Monreale, Caen und Durham legten Zeugnis ab von der Macht und dem Ruhm jetzt augenscheinlich zum Frieden bekehrter Krieger, aber in Skandinavien vergeudeten die aristokratischen Nachkommen der Wikinger ihre Kräfte in nie endenwollenden Fehden, während ihre Leibeigenen den mageren Boden bearbeiteten, dem sie nur spärliche Ernten abringen konnten.

Die Seeräuber, die es noch gab, mußten sich mit geringer Beute zufriedengeben. Auf den Binnenmeeren drängten sich französische, schottische, englische, walisische und irische Schiffe, die mit Enterhaken und an langen Stangen befestigten Messern Segel und Takelwerk ihrer Gegner zu zerreißen versuchten. Die Beute bestand hauptsächlich aus Wolle, Wein und Fisch. Nur selten zeichnete sich einer dieser kleinen Räuber durch glänzendere Führereigenschaften aus. Eustachius, der Mönch, der aus dem Kloster davongelaufen war, um sich der Privatarmee des Grafen von Boulogne anzuschließen, ließ sich, als er wegen eines Mordes vor Gericht gestellt werden sollte, auf einem Schiff anheuern und erlangte bald den Ruf eines „Meisterpiraten". Es ging das Gerücht, der „Schwarze Mönch" habe sich dem Teufel verschrieben und könne sein Schiff unsichtbar machen. Nachdem er in die Dienste des englischen Königs Johann getreten war, stellte er eine Flotte zusammen, die den Kanal unsicher machte und plündernd die Seine hinauf bis nach Paris fuhr. Bis 1212 lebte er wie ein großer Herr in London, doch dann bot König Philip von Frankreich ihm günstigere Bedingungen an. Fünf Jahre später führte er eine zur Landung in England zusammengestellte Flotte an und wurde vor Sandwich von seinen ehemaligen Freunden aus den „Fünf Häfen" besiegt. Bei günstigem Wind überschütteten sie die Schiffe des Eustachius mit pulverisiertem ungelöschtem Kalk, der die Seeleute blendete. Der abgeschlagene Kopf des „Schwarzen Mönchs" wurde auf eine Lanze gesteckt und im Triumphzug durch Südengland getragen, während Wandermönche Bußpredigten hielten, in denen sie verkündeten, daß alle unbußfertigen Sünder ein so böses Ende nehmen müßten.

William Marsh, der 1235 wegen Mordes vom Hof Heinrichs III. verbannt wurde, gehörte zu den Freibeutern, die lange Zeit ihren Stützpunkt auf Lundy Island im Kanal von Bristol eingerichtet hatten. Auf dem Höhepunkt seiner Laufbahn operierte seine Flotte zwischen dem Vorgebirge von Galloway und Land's End. Mit aristokratischem Hochmut verschmähte er Schiffsladungen von geringerem Wert und spezialisierte sich darauf, durchreisende Kaufleute gefangenzunehmen und so lange auf Lundy Island im Gewahrsam zu halten, bis das Lösegeld gezahlt wurde. Marsh war eine bekannte Persönlichkeit, und das größte Verbrechen, dessen er sich schuldig machte, war ein gegen den König gerichteter Attentatsversuch in Woodstock. Doch 1242 wurde sein Stützpunkt auf der Insel gestürmt. Er und seine Unterführer kamen in den Londoner Tower, und nach der Hinrichtung wurden ihre Leichen durch die Straßen geschleift und dann an den Pranger gebunden.

Im letzten Jahrzehnt des 14. Jahrhunderts verließ der heruntergekommene, trunksüchtige deutsche Adelige Störtebeker (sein Name besagt, daß er einen Becher Wein in einem Zug hinunterstürzen konnte) die hanseatische Liga und stellte zusammen mit einem anderen Taugenichts namens Manteufel eine Seeräuberbande auf, die die Ostsee unsicher machte, 1392 die norwegische Hauptstadt Bergen überfiel und die dortigen Kaufleute als Geiseln nahm. Ähnlich wie bei William Marsh hatten auch die Methoden von Störtebeker aristokratische Züge, ja er war so etwas wie ein seefahrender Robin Hood. Das drückt sich auch in dem Namen aus, den er seiner Bande gab: „Die Freunde Gottes und Feinde der Welt." Zwei Strafexpeditionen wurden gegen ihn unternommen. Die erste wurde von Margarete von Schweden und König Richard II. von England, die zweite von den Hansestädten ausgerüstet und finanziert, jedoch gelang es nicht, Störtebekers habhaft zu werden. Er wurde erst 1402 gefangen und hingerichtet. Man erzählt sich, der Großmast seines Schiffes sei ausgehöhlt und mit geschmolzenem Gold gefüllt gewesen. Damit

Unten: Die Enthauptung Eustachius, des „Schwarzen Mönchs". Er war einer der bekanntesten Piraten des frühen Mittelalters.

hätten die Hamburger Bürger die Kosten für die gegen ihn ausgerüstete Expedition bezahlt, den Wert der von ihm geraubten Schiffsladungen zurückgewonnen und eine Krone für die Turmspitze der Nikolauskirche vergolden lassen, die sie zum Dank für den Sieg über die Seeräuber gestiftet hatten.

Gegen französische und englische Korsaren wurden zahlreiche Unternehmungen ausgerüstet. So kaperte John Hawley aus Dartmouth (Bürgermeister, Parlamentsmitglied und später Admiral des Westens) 34 normannische und bretonische Schiffe. Dabei fielen ihm 1500 Fässer Wein in die Hände. Mit einem Teil der Beute feierte die Stadt ein mehrere Tage dauerndes Fest: „Viele große Fässer mit gutem Portwein wurden angezapft . . . so daß es schließlich in der ganzen Stadt kaum einen nüchternen Mann mehr gab, und tagelang dachte niemand mehr an das Geschäft oder sonst etwas außer an Essen, Trinken und Fröhlichsein."

Die Unternehmungen von Harry Pay aus Poole gingen in ihrer Kühnheit weit über das gewohnte Maß hinaus. Im Jahre 1406 wurden er und seine Besatzung nach einem Handgemenge an Land gefangengenommen. Wenige Minuten vor ihrer Hinrichtung überwältigten Pay und seine Männer ihre Gegner und massakrierten sie. Nachdem er sich wieder in den Besitz seines Schiffes gesetzt hatte, fuhr der Seeräuber aus Dorset unter der französischen Flagge die Seine hinauf und überfiel die am Ufer festgemachten Fahrzeuge. Die Spanier nannten ihn „Arripay", und ein Beamter berichtete, „oft kam er an die Küste von Kastilien, auch machte er den Kanal von Flandern so unsicher, daß kein Schiff ihn passieren konnte, ohne angegriffen zu werden. Er brannte Gijon nieder und raubte das Kruzifix aus der Kirche Santa Maria de Finisterre, das von den Gläubigen besonders verehrt worden war. Arripay richtete überall, wo er auftauchte großen Schaden an, machte reiche Beute und verlangte hohes Lösegeld. Zwar kamen auch andere Schiffe aus England, die das gleiche taten, aber er kam am häufigsten". Die Spanier entschlossen sich zu einem Vergeltungsschlag gegen Poole. Während Pay brennend, mordend und raubend unter falscher Flagge die Seine hinauffuhr, verwüstete der damals bekannteste kastilische Korsar Pedro Niño die Stadt so gründlich, daß sie nie wieder ihre frühere Bedeutung als Handelsplatz zurückgewinnen konnte.

Eine Reihe von bis auf den heutigen Tag überlieferten Balladen ist Andrew Barton gewidmet, einem schottischen Kaufmann, der 1511 die Segel setzte, um Geiseln zu nehmen und Lösegeld zu fordern. Fünfunddreißig Jahre vor ihm hatte sein Vater, dessen Schiff von portugiesischen Piraten gekapert worden war, einen Freibrief erwirkt. Jetzt nahmen seine Söhne Andrew, Robert und John die ihnen darin zugestandenen Rechte wahr. Mit zwei gut ausgerüsteten und schwerbewaffneten Schiffen, der *Lion* und der *Jennet Purwyn*, segelten sie die flämische Küste entlang und kaperten jedes Fahrzeug, das ihnen begegnete. Zum Teil waren es portugiesische, zum Teil aber auch englische Schiffe. Eine frühe Version der Ballade, in der aus Andrew Barton Sir Andrew wird, eine heroische Gestalt, die im Sterben einen solchen Heldenmut beweist, daß auch ihre Feinde sie betrauern, erzählt, wie König Heinrich VIII. die Söhne des Earl of Surrey ausschickt, um die Bartons „zur Räson zu bringen":

Rechts oben: Ein Wikingerschiff wie jene, die die Küsten Westeuropas im 9. Jahrhundert plünderten. Details von einem Deckengemälde in der Kirche von Skamstrup (Dänemark).

Unten: Der Leichnam des William Marsh aus Lundy wird durch die Straßen zum Pranger geschleift. Aus der Chronik des Matthew Paris (13. Jahrhundert).

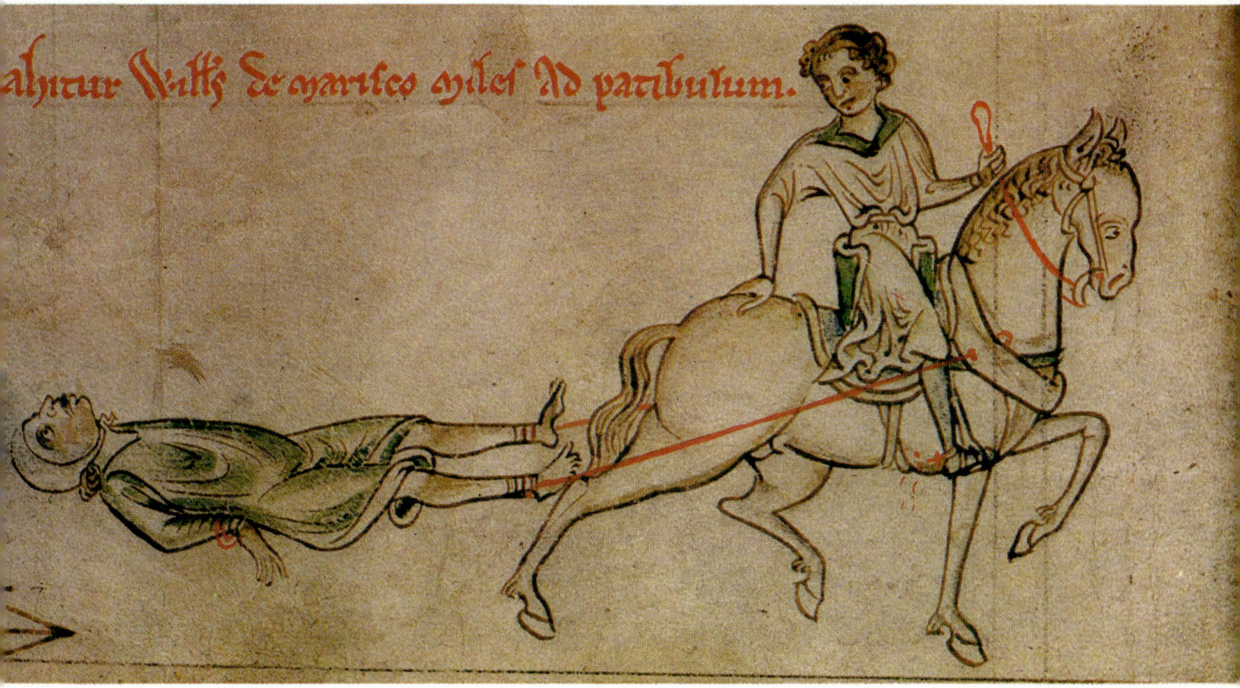
ahitur Witts de marisco miles ad patibulum.

Links: Die spanische Armada. Selbst in dieser berühmtesten aller Seeschlachten kämpften Freibeuter, die nationales Interesse mit Beutegier vereinigten.

Kämpft weiter, Männer, spricht Sir Andrew,
Denn ich bin noch nicht erschlagen.
Ich pflege meine Wunden in kurzer Ruh,
Dann werde ich es wieder wagen . . .

In späteren Variationen würfeln die Brüder Barton darum, welcher von ihnen als Seeräuber das verlorene Familienvermögen zurückgewinnen soll:

Drei Brüder gab es im glücklichen Schottland,
Im glücklichen Schottland waren es drei,
Und jeder der Brüder ließ rollen die Würfel
Zu bestimmen, wessen Schicksal es sei . . .

Das Los trifft Henry, den jüngsten (der in der Ballade zu „Sir Henry Martyn" befördert wird).

Refft eure Topsegel, ihr Ratsherren kühn,
Und vertraut sie mir an,
Denn ich bin entschlossen, hinauszuziehen
Zum Schutz meiner Brüder, Mann für Mann . . .

Eine Unglücksnachricht hat England erreicht,
Ein stolzes Schiff ist gesunken,
Ein reiches Schiff, das nach England fuhr,
Und die Männer sind alle ertrunken.

Fast alle späteren Piratenballaden im englischen Sprachraum folgen der Tradition des Barton-Martyn-Zyklus. Dieser bekannte Vers wird John Ward und Peter Eston zugeschrieben, die etwa ein Jahrhundert später als berühmte Piraten das Mittelmeer befuhren:

Fahr heim, fahr heim, sagt Andrew Barton,
Und richte deinem König aus:
Er mag regieren auf trockenem Land,
Ich fahre als König zur See hinaus.

In England begannen sich fast alle Gesellschaftsschichten für den „süßen Handel" zu interessieren. Um die Mitte des 16. Jahrhunderts gab es in Rye, Hastings, Poole, Dartmouth oder Fowey nur noch wenige Fischer. Die Frauen nahmen ihren Platz an den Netzen ein. Sie fuhren „zu acht oder neun mit nur einem Knaben oder Mann hinaus, um zwanzig bis sechzig Meilen vor der Küste zu fischen". Eigentlich hätten sie sich die Mühe sparen können, denn auf den Märkten wurden mehr geraubte Fische angeboten, als die Leute kaufen konnten. Von Mönchen und Nonnen verlassene Klöster dienten als Verstecke für jede Art Diebsgut. In London türmten sich im Augustinerkloster die Vorräte an Stockfisch und Heringen. Bei den „Grauen Brüdern" richteten die Piraten ein Weinlager ein, und bei den „Schwarzen Brüdern" gab es Dörrpflaumen und Feigen. Die Beute wurde in Ruderbooten zu den Anlegestellen am Themseufer gebracht und von dort mit Karren auf die Hinterhöfe der Ratsherren gefahren. In den Kellern der Tavernen türmten sich die Stapel. Ballen und Fässer lagen in den Ställen. Zum Teil vergrub man die Beute sogar auf den Friedhöfen. An der englischen Südküste legten die Seeräuber ihre Waren zum Verkauf auf dem Schiffsdeck aus. Der Landadel und die Geistlichkeit, Bauern und Krämer kamen von weither, um das Angebot zu prüfen, und als Bartholomew Brewton in den Hafen von Lulworth einlief, war seine Pinasse bis an den Bordrand gefüllt mit Sammet, Seide und feinen Tuchen, die er einem flämischen Schiff vor North Foreland geraubt hatte. Um den Appetit seiner Kunden anzuregen, erklärte Brewton – wie auch andere Kapitäne, die es eilig hatten, ihre Waren an den Mann zu bringen –, er werde die Waren anderswo anbieten, vielleicht in Milford Haven, auf Guernsey oder auf der Isle of Man, wenn die Leute in Dorset sie nicht kaufen wollten.

Diese Männer gingen viel brutaler vor als Blackbeard und andere bekannte Seeräuber im klassischen Zeitalter der Piraterie. Die Besatzungen von zwei bretonischen Leichtern, die 1540 bei den Scilly-Inseln von Piraten aus Cornwall aufgebracht worden waren, wurden kaltblütig ermordet. Ein Augenzeuge berichtete später: „Captain Owen rief Philip den Waliser heran, und besagter Philip ließ die Bretonen kommen und befahl dem Matrosen John aus Weymouth, ihnen die Hände auf dem Rücken zusammenzubinden . . . Man ertränkte sie vier Meilen vor der Küste." Ein Kapitän aus Plymouth sperrte eine spanische Mannschaft 48 Stunden ohne Essen und Trinken unter Deck ein, während er die Schiffsladung plündern ließ. Dann schloß er sie im Brothaus ein, „wo die Spanier weder stehen noch sitzen konnten, sondern mit Stricken zusammengeschnürt übereinanderlagen wie Hunde". Englische und schottische Piraten folterten ihre Gefangenen, indem sie ihnen Bogensehnen um die Handgelenke und die Geschlechtsteile banden, und schnitten ihnen manchmal Nasen und Ohren ab, bevor sie sie ertränkten. Diese Methoden hatten nichts mit dem Edelmut zu tun, der in der Ballade von Andrew Barton besungen wird.

Rechts: Lundy Island im Bristol Kanal; mit seinen schwer zugänglichen Buchten und steilen Klippen bot es lange Zeit vielen englischen und Waliser Piraten Unterschlupf.

Da Spanier und Portugiesen Antwerpen als Hauptumschlaghafen für den Handel mit Nord- und Mitteleuropa benutzten, mußten ihre Schiffe die durch Piraten bedrohte Route durch den Kanal befahren. Hier wurde jedes denkbare Täuschungsmanöver angewendet und niemand verschont. Seeräuber aus Kent plünderten 1548 ein Schiff, das das Gepäck des portugiesischen Gesandten nach Frankreich beförderte. Der spanische Gesandte in London beschwerte sich 1560 darüber, daß gekaperte spanische Handelsschiffe in Dover öffentlich versteigert würden und Käufer den Zuschlag erhielten, die nur 100 Pfund für jedes Fahrzeug zahlten, weil sie hofften, mit dem dafür ausgesetzten Lösegeld noch einmal die gleiche Summe zu verdienen.

William Hawkins, Sir Richard Grenville und Thomas Cobham (der Sohn von Lord Cobham, des Hafenmeisters der „Fünf Häfen") wurden zusammen mit einigen anderen wegen Piraterie vor Gericht gestellt, erhielten aber aus diplomatischen Gründen nur eine Zurechtweisung. Die Grafschaft Wales war in Wirklichkeit eine Domäne der Piraten. Der Textilkaufmann John Callice aus Tintern in Monmouthshire war auf diesem Gebiet ein anerkannter Virtuose. Er unternahm Raubzüge im Kanal von Bristol und um die Scilly-Inseln, manchmal kam er auch nach Norden bis vor die schottische Küste.

Andere Seeräuber aus England, Portugal und Frankreich kamen nach Cardiff und Milford Haven, wo der Earl of Pembroke und Sir John Perrot (der Sohn von Heinrich VIII. und Mary Berkeley) dafür sorgten, daß sie nicht behindert wurden. Die staatlichen Behörden wagten nichts zu unternehmen, sondern drückten, wie ein verzweifelter Richter der Admiralität erklärte, beide Augen zu. Vizeadmiral Sir Richard Bulkeley von Beaumaris hatte häufig Seeräuber der verschiedensten Nationen in seinem Haus in Nordwales zu Gast. Auf der Insel Bardsey hatte John Wyn ap Hugh im ehemaligen Augustinerkloster ein Depot eingerichtet und befahl seinen Leuten, „für alle Piraten jederzeit Ausrüstung und Proviant bereitzuhalten und von ihnen reiche Bezahlung in Form von Wein, Eisen, Salz und Gewürzen zu verlangen". Die nach Bardsey und Beaumaris gebrachte Beute wurde an Interessenten verkauft, die bis zu 120 Kilometer landeinwärts lebten. Ein ähnlicher Handel blühte in Cardiff und Milford Haven.

Der Vizeadmiral von Cornwall und Präsident des Ausschusses für

Piraterie, Sir John Killigrew, saß auf der Burg Pendennis bei Falmouth und kontrollierte von dort aus ein Syndikat, das enge Beziehungen zu den walisischen und irischen Organisationen unterhielt. Schießpulver und Blei, das man den Killigrews zur Verfügung gestellt hatte, um die Küste gegen eine spanische Invasion zu verteidigen, wurden an Piratenkapitäne verkauft, und kein Schiff war sicher vor Angriffen aus dem Hafen von Falmouth. Die Mutter von Sir John führte ein Prisenkommando an, das ein deutsches Schiff mit Musketen beschoß und einige Mitglieder der Mannschaft tötete. Seine Frau befehligte einen Überfall auf ein spanisches Handelsschiff, das 1582 vor einem Sturm im Hafen Schutz suchte. Für dieses Verbrechen wurde sie zum Tode verurteilt, aber (anders als zwei ihrer Leute) dann begnadigt.

Die Piraten heuerten ihre Mannschaften in allen Hafentavernen an, aber die Taverne *George* in Billingsgate war ein besonders beliebter Treffpunkt. Die Mannschaften kamen nicht nur aus dem Küstengebiet, sondern auch aus weiter landeinwärts gelegenen Städten und Dörfern. Oft gehörten auch Bretonen oder Holländer dazu, die sich mit ihren Ortskenntnissen und als Sprachkundige nützlich machten. Um 1580, als Callis die erste Kaperreise ins Mittelmeer unternahm – er wurde bei einem Seegefecht vor der Barbarenküste getötet –, sind wahrscheinlich auch Türken, Mauren und Afrikaner dabeigewesen.

An Land stolzierten die Piraten in vornehmer Kleidung umher und bewegten sich wie Pfauen auf den Straßen und in den Tavernen. John Stow schreibt über sie verächtlich, daß „ihre Kleidung für Seeräuber viel zu aufwendig" war. Wenn es wirklich einmal dazu kam, daß ein Seeräuber sein Leben am Galgen von Wapping beenden mußte, applaudierte die Menge, wenn er sich tapfer hielt, und raufte dann um seine goldenen Ringe und vornehmen Kleider.

Das tapfere Sterben und die Legende machten später aus manchem dieser Mordbuben einen Robin Hood. Zwar haben sie ihre Beute sicher nicht an die Armen verschenkt, sie haben jedoch die Reichen in vielen Ländern beraubt, ihre Lebensgewohnheiten imitiert und sich wie sie gekleidet. Wenn ein Seeräuber hingerichtet wurde, erregte dieses Ereignis im Volk klassenkämpferische Gefühle.

Die stürmische See und die Felsenriffe an den Scilly-Inseln, an der Küste von Westcornwall und Norddevon übernahmen ebenfalls die Rolle des Robin Hood oder des Gottes der Piraten für die dort ansässigen Strandräuber. Wenn man bei stürmischem Wetter damit rechnete, daß Schiffe strandeten (eine „wild aufgewühlte See und ein heulender Sturm, vor uns die Klippen und hinter uns der Wind"), dann versammelten sich die Bewohner ganzer Dörfer wie Geier mit Laternen, Äxten, Brecheisen, Pferdewagen, Schubkarren und Säcken, überfielen die gestrandeten Schiffe und erschlugen die Überlebenden. „Wir bitten dich, o Herr", so beteten die Bewohner der Scilly-Inseln, „nicht, daß Schiffe stranden sollten, aber daß, wenn es geschieht, du sie zu diesen Inseln lenkst, zum Wohle ihrer Bewohner."

Aber so reich die Beute auch in den heimatlichen Gewässern sein mochte, die europäischen Korsaren hatten Mitte des 16. Jahrhunderts ihren Wirkungskreis schon beträchtlich erweitert. Die Piraterie verbündete sich mit dem Imperialismus im Wettrennen um die Reichtümer der Neuen Welt, und das Zeitalter Drakes zog herauf.

Die Karibik und die Südsee

3 Westward Ho!

Im August 1485 beteiligte sich der genuesische (oder vielleicht korsische) Pirat Christopher Columbus vor Lissabon unter französischer Flagge an einer gewaltigen Seeschlacht, die damit endete, daß die Angreifer auf venezianischen Galeeren, die sich auf dem Weg nach England befanden, unübersehbare Beute machten. Doch erst die im Auftrag Ihrer katholischen Majestät von Spanien durchgeführte epochemachende Reise dieses Mannes zu den Westindischen Inseln veränderte die Bedeutung und den Stil der Piraterie von Grund auf.

Die Franzosen waren die ersten, die das iberische Monopol im Eldorado des Westens brechen wollten. Der im Sold der Franzosen stehende Florentiner Giovanni da Verrazano kaperte 1522 drei spanische Schiffe, von denen zwei mit Schätzen aus Mexiko und eines mit Zucker, Fellen und Perlen aus Hispaniola beladen waren. In den Jahren um 1530 richteten französische Seeräuber ihre Stützpunkte auf den Bahamas ein. Hier gab es hinter den sandigen Landzungen zahllose Verstecke für die schnellen Piratenschiffe, die sich auf die Lauer legten, um Galeonen abzufangen, die aus dem Kanal von Florida kamen und gegen den Nordostpassat kreuzten.

Die spanischen Niederlassungen auf den Westindischen Inseln Kuba, Hispaniola und Puerto Rico verfügten über nur schwache Garnisonen und Befestigungen. Die Kolonisten verließen die Inseln, als sie hörten, daß die Konquistadoren, die in das Inkareich eindrangen, rasch und mühelos reiche Schätze erwarben, und nur noch die Häfen blieben in Betrieb, weil sie von den Gold- und Silberflotten angelaufen wurden, die sich hier mit Wasser und Proviant versorgten. Die Siedlungen auf dem Festland – Cartagena, Nombre de Dios, Vera Cruz und Panama – blieben viele Jahre schutzlos den Plünderungen rücksichtsloser Seeräuber ausgesetzt. Die örtlichen Behörden beklagten sich in Madrid darüber, daß nicht eine der Kolonialsiedlungen sich vor den Angriffen weniger hundert entschlossener Männer verteidigen könne. Im Jahr 1537 griffen die Franzosen Honduras an und kaperten neun Schatzschiffe. Sieben Jahre später brannten sie mehrere unverteidigte Siedlungen an der Küste von Neugranada (Venezuela) nieder. In rascher Folge wurden Havanna und Santiago de Cuba von François le Clerc (den die Spanier Pie de Palo oder Holzbein nannten) und Jacques Sores systematisch geplündert.

Spanien begegnete der Bedrohung seiner Schatzflotten dadurch, daß es sie in bewaffneten Geleitzügen fahren ließ. Der Kurs, die Zusammensetzung der Flotte und der Zeitpunkt, zu dem sie in jedem Frühjahr aus Sevilla auslief, wurden genau vorgeschrieben. Nach ihrem Eintreffen in Martinique teilte sie sich. Die Hälfte der Schiffe fuhr weiter zum Isthmus von Darien (Panama), die andere Hälfte segelte nach Mexiko, und im Spätsommer vereinigte sich die Flotte wieder vor Havanna zur Rückreise über die Azoren. Nach Amerika nahmen die Schiffe Seidenstoffe, Taft, andalusische Weine, Schwerter und Rüstungen aus Toledaner Stahl mit. Auf dem Heimweg wurden

sie mit Zucker, Fellen, Kakao und Tabak, Gold- und Silberbarren aus Peru, Mexiko und Chile, Smaragden aus Neugranada, Perlen aus Margarita und Rio de la Hacha beladen. Hiezu kamen Gewürze, Seide, Edelsteine und Gold. Diese Waren wurden aus dem Orient von den Manila-Galeonen herangebracht, in Acapulco an der pazifischen Küste umgeladen und mit Maultieren nach Vera Cruz gebracht. Nach 1580, als die Kronen von Spanien und Portugal vereinigt wurden, bestanden die Importe aus der Neuen Welt außerdem aus Zucker, Fellen, Indigo, Baumwolle und Holz aus Brasilien. Doch außerhalb der Karibik waren die Schiffe, wenn sie nicht im Geleitzug fuhren, allen Angriffen schutzlos preisgegeben.

Die Engländer beteiligten sich erst ganz allmählich an dem Wettrennen um die Reichtümer in der Karibik. Die Franzosen verspotteten sie sogar wegen ihrer „Trägheit und Vorsicht". Doch da die englischen Kaufleute und Schiffsbesatzungen nach dem Bruch mit Rom als Ketzer oft mit schweren Geldstrafen belegt und ihre Waren beschlagnahmt wurden, sie selbst sogar in Gefahr gerieten, hingerichtet zu werden, beschlossen sie, in gleicher Weise zu verfahren. Im Jahre 1545 überraschte Robert Reneger aus Southampton die *San*

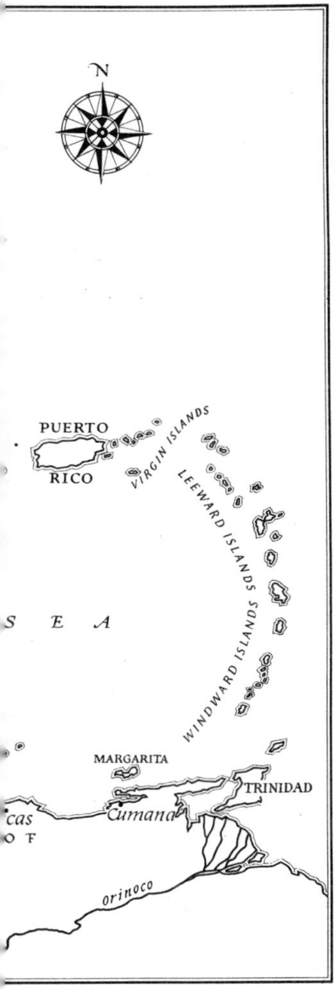

Oben: Die Karibik mit den wichtigsten Stützpunkten und Angriffszielen der Piraten vom 16. bis zum 18. Jahrhundert.

Salvador, die mit einer Ladung Gold, Zucker und Fellen von Hispaniola nach Spanien segelte, vor Kap St. Vincent. Zunächst verlangte er nur den Gegenwert seiner von den Spaniern gekaperten Schiffe und wollte dem Kapitän eine Quittung darüber geben. Dieser bat ihn jedoch, dies zu unterlassen, denn er hatte das Gold auf eigene Rechnung nach Spanien schmuggeln wollen. Nach einem Austausch diplomatischer Noten und der Zahlung von Steuern an Heinrich VIII. und den Lord der Admiralität trat Reneger als reicher Mann in den Piratenruhestand und wurde Zolleinnehmer in Southampton.

Renegers Erfolg ermutigte die Engländer zu planmäßigen Angriffen gegen spanische und portugiesische Schiffe, die von den Westindischen Inseln und der Küste Guineas zurückkehrten. Dabei wurde Baltimore in Irland ein beliebter Umschlagplatz für Gold, Elfenbein, Gewürze, Seide, Zucker und Felle. Auch während der kurzen Periode der Gegenreformation unter Maria Tudor, der Gemahlin Philipps II. von Spanien, wurde diese Entwicklung nicht unterbrochen. Man betrachtete das Aufbringen spanischer Schiffe als Teil eines Religionskrieges und des Kampfes um das Überleben der Nation. Die neureichen Adeligen und Kaufleute fühlten sich zu stark an den Protestantismus gebunden und ließen sich von dem Kaperkrieg nicht mehr abhalten. Die Tremaynes und die Killigrews, mächtige Herren der westlichen Piratensyndikate, führten ihren Privatkrieg mit französischen Schutzbriefen weiter. In den Jahren um 1560, als sich Spanien zur Großmacht entwickelte, sahen sich die protestantischen Monarchen gezwungen, diesen Syndikaten und ähnlichen französischen hugenottischen und holländischen Organisationen wenigstens halboffiziell ihre Unterstützung zu gewähren. Der König von Spanien war zugleich Herzog von Burgund, Erzherzog von Mailand, König von Neapel und Beherrscher eines Kolonialreichs, das sich von den Philippinen bis zu den Karibischen Inseln und von der Magellanstraße bis an die kalifornische Küste erstreckte.

Von 1568 bis 1572 benutzten französische und holländische Freibeuter ihre Stützpunkte in La Rochelle und Dover zu enger Zusammenarbeit mit den englischen Syndikaten. Ihre Operationen wurden immer umfangreicher. Englische Piraten kauften Freibriefe von Heinrich von Navarra, um die Schiffahrt der katholischen Franzosen angreifen zu können. Die *Castle of Comfort*, von Thomas Jones, einem Adeligen aus Lynn, bewaffnet, ausgerüstet und befehligt und von einem Londoner Kaufmann mit Proviant versehen, erhielt ihre Kaperlizenz von dem Hugenottenadmiral Coligny. Später wurde sie an einen französischen Kapitän verchartert, der Verbindungen auf der Isle of Wight hatte, einem bekannten Piratenstützpunkt und Markt für geplünderte Waren. Jetzt fuhr sie mit einem Schutzbrief des Prinzen de Condé und kreuzte vor der marokkanischen Küste und in der Karibik.

Die englischen Aktivitäten im Karibischen Meer hatten sich bisher auf den Sklavenschmuggel beschränkt, den John Hawkins, der Schutzherr von Drake und spätere Schatzkanzler und Erbauer der damals noch kleinen königlich-englischen Flotte, betrieb. Schon seine erste Reise, auf der er Gold, Zucker und Felle gegen westafrikanische Neger eintauschte, brachte ihm einen Riesengewinn. Dies war eine viel wirksamere Methode, den Reichtum Westindiens auszubeuten, als die Gewaltmittel, mit denen Pie de Palo, Jacques Sores und die

Seeräuber auf den Bahamas vorgingen, und sie wurde bald von Drake imitiert. Aber die Katastrophe, mit der Hawkins' schon unter ungünstigen Vorzeichen begonnene dritte Reise endete, bewies, daß es besser war, sich einen Platz an der karibischen Sonne mit Gewalt zu erkämpfen, als ihn zu erkaufen. Hawkins' Schiffe, die von einem tropischen Sturm schwer beschädigt worden waren, mußten im Hafen von San Juan de Ulua Schutz suchen, kurz bevor die Flotte aus Sevilla mit dem neuen Vizekönig Don Martin Enriquez an Bord einlief. Was jetzt folgte, war je nach dem Standpunkt, den man einnahm, ein Akt hinterhältigsten Verrats oder eine schon lange fällige Lektion, die den unverschämten ketzerischen Eindringlingen und unrechtmäßigen Kolonisatoren erteilt werden mußte, um ihnen zu beweisen, daß sie die internationalen Spielregeln nicht ungestraft verletzen durften. Don Martin, ein ehrgeiziger Neuling in dieser Gegend, gab Hawkins zuerst die schriftliche Zusicherung, er werde sein Geschwader in Frieden lassen, befahl dann aber einen Überraschungsangriff auf seine Schiffe. Nur Hawkins auf der *Minion* und der junge Francis Drake auf dem 50-Tonnen-Schiff *Judith* konnten entkommen und einen Bericht über das Gefecht nach Hause bringen.

Natürlich lieferten sie eine empörte Schilderung der papistischen Doppelzüngigkeit, gewürzt und verschärft durch Drakes Fanatismus, der in einem überzeugt antikatholischen Haus aufgewachsen war und zu dessen Lieblingslektüre das *Buch der Märtyrer* von Fox gehörte. Mit finanzieller Unterstützung von Hawkins segelte er 1572 mit zwei winzigen Schiffen und einer Besatzung von 71 Mann zum Isthmus von Darien, um Gold und Ruhm zu erwerben und Rache zu nehmen. Damit leitete er eine neue Phase der englischen Piraterie ein. An einem versteckten Ankerplatz wurden vier vorgefertigte Pinassen zu einem nächtlichen Überfall auf Nombre de Dios zusammengebaut – doch die Schatzkammern waren leer. Die Piraten mußten fast ein Jahr warten, bis die spanische Flotte wieder in den Hafen kam. Ein Unternehmen an Land im dichten Dschungel, bei dem die aus Panama kommenden Maultierkarawanen überfallen werden sollten, schlug fehl, weil ein betrunkener Matrose die Wachsamkeit der Maultiertreiber erweckte. Bei diesem Vorhaben wurde Drake, wiewohl vergeblich, von Indianern und *Cimarrones* (entflohenen Neger- und Indianersklaven), die sich ebenso wie er an den Spaniern rächen wollten, unterstützt. Zwei Wochen später, als schon alles verloren schien, wendete sich das Blatt zugunsten der Engländer. Sie konnten eine schwer mit Gold und Silber beladene Karawane überwältigen. Die Hälfte seiner Leute – unter ihnen seine Brüder – waren am gelben Fieber und anderen Tropenkrankheiten im Urwald gestorben, aber dennoch rief Drake, als er mit den Überlebenden nach sechsstündiger erschöpfender Floßfahrt die versteckten Schiffe erreichte, begeistert aus: „. . . die Reise sei gelungen, und zog einen Goldbarren aus seinem Busen". So berichtet Richard Hakluyt, der große Chronist der Ausdehnung des englischen Weltreichs zur Zeit Elisabeths.

Noch nie hatte ein Schiff so reiche Beute gemacht wie die *Golden Hind*, als sie 1580 am Ende der zweiten Reise Drakes nach einer Weltumseglung die Themse hinauffuhr. Die gefährliche Passage durch die Magellanstraße und die Überquerung des Pazifischen Ozeans über siebentausend Meilen bis zu den Gewürzinseln waren hart gewesen, aber der Raubzug entlang der chilenischen und

Die Silberminen von Potosi in Peru. Das hier gewonnene Edelmetall, das auf spanischen Schatzschiffen nach Europa gebracht wurde, war die bevorzugte Beute der Piraten.

peruanischen Küste, auf dem Drake die Manila-Galeone *Cacafuego* gekapert hatte, die „dreizehn Kisten voller *Reales de Plata*, vierzig ein Pfund schwere Goldbarren und sechsundzwanzig Tonnen Silber“ geladen hatte, war ein Kinderspiel gewesen. Die Spanier wurden von dem Angriff Drakes völlig überrascht, der, obwohl er die Hälfte der Beute über Bord werfen mußte, um das Schiff flottzuhalten, mit einem Gewinn von 4700 Prozent in die Heimat zurückkehrte.

Obwohl die Korsaren von 1585 bis 1603 den nicht offiziell gegen Spanien erklärten Krieg mit aller Härte fast als totalen Krieg weiterführten, in dem Hunderte von Abenteurern von der Krone finanziert und ausgeschickt wurden, vergeudeten diese Männer ihre

Beute nicht so bedenkenlos wie John Hawley und die Seeräuber seines Schlages. Eine Überquerung des Ozeans war eine kostspielige Sache, und die Finanzierung solcher Unternehmen mußte genau berechnet werden. Wie Drake stellten sich auch andere Piratenkapitäne in den Dienst von Geldgebern. Das waren vor allem die angesehenen reichen Bürger der Londoner City, kapitalkräftige Kaufleute, die die Piraterie als eine Fortführung des Handels mit anderen Mitteln betrachteten und nicht geneigt waren, für eine Vergnügungsreise auf ihren Gewinn zu verzichten. Mit Hilfe besser ausgerüsteter und bewaffneter Schiffe und der größeren seemännischen Erfahrungen von Leuten wie Drake wurden Handelsreisen über weite Strecken unternommen, und es entstanden mächtige Handelsgesellschaften. Eine der bedeutendsten war die East India Company.

James Lancaster, dessen kühner Überfall auf den Hafen Pernambuco in Brasilien ihm 1595 eine ungeahnt reiche Beute an Seide, Edelsteinen, Gewürzen, Indigo und Baumwollstoffen einbrachte, war 1600 ein angesehener Großkaufmann und Schiffskapitän. Ähnliche Stellungen nahmen bekannte Prisenkapitäne wie Christopher Newport und William Parker in der Karibischen See ein. Sie hatten den Auftrag, auf ihren Reisen Schiffe zu kapern, wenn dies ohne „Gefährdung der Reise" bewerkstelligt werden konnte. Mit anderen Worten, die höhere Geschwindigkeit und die stärkere Feuerkraft ihrer Schiffe mußten ihnen den Erfolg sichern.

In den drei Jahren, die der Niederlage der spanischen Armada folgten, war der Wert der Waren, die die Freibeuter nach Hause brachten, mindestens ebenso groß wie der Umsatz des iberischen Handels vor dem Krieg. Der Handel mit Brasilien wurde so schwer getroffen, daß der Markt in London mit Zucker und Fellen überschwemmt war (ein Kaufmann taufte sein Schiff auf den Namen *Sugar* um), und viele Handelsschiffe, die für Hamburg bestimmt waren, fuhren weit nördlich um Schottland herum, um noch größere Verluste zu vermeiden. Natürlich beteiligten sich auch zahlreiche adelige Abenteurer an diesen gewinnbringenden Unternehmungen, wie etwa die Earls von Essex und Cumberland und Sir Walter Raleigh. Die meisten von ihnen waren schwer verschuldet und warfen, wie man damals zu sagen pflegte, „ihr Land in die See", weil sie hofften, auf diese Weise hohe Gewinne zu erzielen.

In ihrer Ruhmsucht und dem rücksichtslosen Bestreben, sich die Gunst der Krone zu sichern, ließen viele dieser Leute die gebotene Vorsicht außer acht. Sie machten so ehrgeizige Reisepläne und wurden dabei von Kaufleuten aller Art so schändlich betrogen, daß sie sich oft vollständig ruinierten. Zum Beispiel verkaufte Edward Glenham aus Benhall in Suffolk den Landbesitz seiner Familie, um die St. Georgs-Insel in den Azoren zu erobern. Die Brüder Sherley, die vergeblich versuchten, im Golf von Guinea, in der Karibik und im Mittelmeer rasch zu Reichtum zu kommen, gerieten so arg in Bedrängnis, daß sie bald jeden Anschein der Legalität aufgeben mußten. Raleigh, dem es nicht gelang, am Orinoco Gold zu finden, sprach für sie alle, als er Francis Bacon, der ihm moralische Vorhaltungen machte, hochmütig erwiderte: „Haben Sie je von Piraten gehört, die Millionen verdienen? Nur diejenigen, die für geringen Gewinn arbeiten, sind Piraten."

Rechts: Drake begegnet auf seiner epochemachenden Reise mit der *Golden Hind* (1577 bis 1580) auf dem River Plate einem Indianerstamm.

Thomas Cavendish, ein Landedelmann aus Suffolk, rettete unter dem Einsatz gewaltiger finanzieller Mittel seine Ehre als Gentleman, indem er, ähnlich wie Drake in den Jahren 1577 bis 1580, reiche Beute machte und bei seiner Rückkehr wie dieser geadelt wurde. Er unternahm seine Reise während des Krieges, und der Erfolg wurde nicht nur am Wert der Beute gemessen, die er heimbrachte, sondern auch an den Verlusten, die er dem Feind zugefügt hatte. Als Cavendish vor der Küste Kaliforniens die große Manila-Galeone *Santa Ana* kaperte, steckte er sie mitsamt ihrer reichen Ladung in Brand. In einem Brief an seinen Schutzherrn, Lord Hunsdon, schrieb er: „An der Küste von Chile, Peru und Neuspanien habe ich reiche Beute gemacht. Ich habe neunzehn große und kleine Schiffe verbrannt und versenkt. Überall, wo ich landete, verbrannte und zerstörte ich die Dörfer und Städte."

Drake war noch bis ins 17. Jahrhundert eine Art Schutzpatron und nie erreichbares Ideal der großen Freibeuter, aber Cavendish konnte man immerhin nacheifern. Im Gegensatz zu vielen dilettantischen Amateuren war er erstaunlich erfolgreich. Als sein Flaggschiff, das den passenden Namen *Desire* trug, 1588 die Themse hinauffuhr, bot es einen prächtigen Anblick. Die vergoldete Galionsfigur, der mit Goldbrokat umwickelte Großmast und die aus vielfarbigem Seidengras aus der Südsee gewirkten Segel zeigten die prahlerische Haltung ihres Besitzers, der mit seiner Mannschaft in luxuriösen Seiden- und Brokatgewändern auf Deck umherstolzierte. Er brachte reiche Beute mit, die er jedoch bald am königlichen Hof verpraßte und deren Reste verbraucht wurden, um seine Schulden zu bezahlen. Als Cavendish 1591 seine Schiffe zu einer zweiten Reise ausrüstete, mußte er seine Schlösser wieder verkaufen oder verpfänden. Diemal hatte er weniger Glück. Er starb auf See, nachdem er seine „unverschämten meuternden Matrosen", die, wie er glaubte, an allem Unglück schuld waren, verflucht hatte.

Rechts: Der Sklavenhändler, Pirat und Schiffsbauer Sir John Hawkins. Mit den von ihm entworfenen leichten, aber schwerbewaffneten Schiffen wurde die spanische Armada besiegt.

Drake war einer der wenigen elisabethanischen Korsarenkapitäne, die es verstanden, die Disziplin bei ihren Schiffsbesatzungen aufrechtzuerhalten. Vielleicht war ihm das nur möglich, weil er die schärfsten Strafen verhängte. Wer gegen einen Offizier das Messer gezogen hatte, dem wurde die Hand abgeschlagen; wer einen tätlichen Angriff gegen einen Maat unternahm, wurde an die Rahnock gehängt und dreimal unter Wasser getaucht. Einem Dieb wurde der Kopf rasiert und mit einer Mischung aus kochendem Öl und Federn eingeschmiert. Für Schlafen auf Wache, gotteslästerliches Fluchen beim Kartenspiel oder Würfeln und „schmutzige Redensarten beim Essen" gab es die Prügelstrafe, oder der Delinquent wurde ausgesetzt. Während des langen und verlustreichen Krieges mit Spanien waren erfahrene Seeleute sehr gesucht. Da sie sich dessen bewußt waren, wollten sie sich nicht mehr der harten Disziplin auf See unterwerfen. Richard Hawkins* vergleicht sie „mit einem steifnackigen Pferd, das die Trense zwischen die Zähne nimmt und den Reiter zu tun zwingt,

* Sir Richard Hawkins (1560–1622), einziger Sohn von Sir John, wurde 1608 vor Gericht gestellt und zu einer Geldstrafe verurteilt, weil er nichts gegen die Piraterie unternommen hatte. Er war damals Vizeadmiral von Devon.

was ihm gefällt". Aber die einfachen Matrosen bekamen mit der Zeit immer mehr Mitspracherecht. Schon 1590 war es üblich, bei jeder wichtigen Entscheidung die Mannschaft zu befragen, die oft den Kapitän zwang, Kurs und Reiseziel zu ändern.

Um 1585 liefen Dienstboten und Landarbeiter auf den Farmen und in den Städten an der ganzen südenglischen Küste zwischen Bristol und The Wash ihren Herren fort, um sich anheuern zu lassen. Dabei „erklärten sie ganz offen, sie würden doch nicht für 40 Shilling im Jahr dienen, wenn sie den gleichen Betrag auf See in einer Woche bekämen". In dieser Summe war ihr Anteil an der Beute oder unrechtmäßig erworbenes Gut nicht eingerechnet. Denn die Matrosen, die Gesundheit und Leben in schmutzigen, viel zu engen Unterkünften riskierten, hielten sich nicht allzu genau an die vertraglich festgelegten Bedingungen. Die Zahl der Besatzungsmitglieder war so vorgesehen, daß auch noch Prisenkommandos abgestellt werden konnten, und außerdem kalkulierte man die zu erwartenden Verluste durch Dysenterie, Skorbut und andere Krankheiten ein. Das für die Verteilung an die Mannschaft vorgesehene Drittel des Wertes der Beute wurde vom Zahlmeister berechnet, und die Versuchung, die Ladung zu plündern, bevor Inventur gemacht und die Beute verteilt werden konnte, war groß. Als William Ivey, der Zahlmeister der *Tiger,* eines in London finanzierten Freibeuterschiffs, vom Kapitän zur Rede gestellt wurde, daß er sich an der Ladung vergriffen habe, sagte er, „ich scheiß' auf deine Befehle", tat sich mit dem Maat und dem Steuermann zusammen, ging mit dem Messer auf den Kapitän los und drohte, ihn über Bord zu werfen.

Immer wieder gab es Schwierigkeiten mit den Schiffsbesatzungen, weil sie versuchten, die Ladung zu plündern. Das überlieferte Recht der siegreichen Mannschaft war es, Waren und Wertsachen in Besitz zu nehmen, die nicht zur eigentlichen Ladung des Schiffs gehörten. Das waren der größte Teil der Gegenstände, die auf Deck gefunden wurden, und der persönliche Besitz der Mannschaften und Passagiere des gekaperten Fahrzeugs. Jeder Angehörige der Schiffsbesatzung sollte die Gegenstände, die er an sich genommen hatte, an den Großmast bringen, wo die Beute verteilt wurde und jeder einen seinem Rang entsprechenden Anteil erhielt. Die Schiffsoffiziere hatten dabei neben dem prozentuellen Beuteanteil Anspruch auf bestimmte Dinge. Aber in der Hitze des Gefechts kam es oft vor, daß auch die Ladung unter Deck geplündert wurde. Für einen gewissenhaften Kapitän war es nicht immer leicht, zu entscheiden, was sich ungünstiger auf die Disziplin auswirkte – ein reichbeladenes Schiff zu kapern oder es entkommen zu lassen.

Aber es gab nicht sehr viele gewissenhafte Kapitäne; deshalb wurden die Krone, der Lord der Admiralität und die Kaufleute, die die Kaperfahrten finanzierten, systematisch betrogen. Ein sehr großer Prozentsatz der Beute wurde in England, Wales oder Irland an Land geschmuggelt oder manchmal schon in Algier oder Tunis verkauft. Es gab einen ausgedehnten Schwarzen Markt, auf dem geschickte Kaufleute zu niedrigsten Preisen einkauften und Riesengewinne einsteckten. Aber das leichtverdiente Geld der Matrosen wurde zum größten Teil für Alkohol und Huren ausgegeben.

Man hielt es in gewisser Weise für eine patriotische Pflicht, hier beide Augen zuzudrücken. Sir George Carey, ein angesehener

Oben: Thomas Cavendish und seine Mannschaft werden bei der Seelöwenjagd auf einer Piratenkreuzfahrt (1586 bis 1588) von Eingeborenen überfallen.

Kaufmann, meinte, „Ihre Majestät sollte es nicht nötig haben, hinter den Vergehen derjenigen herzuspionieren, die bereit sind, ihr zu dienen". Er finanzierte die Kaperreise eines gewissen „Flud, eines tapferen und geschickten Piraten, der, wie er behauptet, sein bisher ausgeübtes Handwerk leid ist". Oft machten sich solche Kaufleute gar nicht die Mühe, einen Kaperbrief zu erwerben, weil sie darauf vertrauten, daß sie sich freikaufen konnten, wenn sie in Schwierigkeiten gerieten.

„Wie gerecht ist doch der Haß, den alle Völker gegen die Engländer empfinden", schrieb der venezianische Gesandte Giovanni Scaramelli am 20. März 1603 an den Dogen und den Senat seiner Stadt, „denn sie beunruhigen die ganze Welt; und doch unternehmen sie nichts, um diesem Übel abzuhelfen, sondern rühmen sich dessen, daß der englische Name gerade aus diesem Grund gefürchtet würde. Die Königin verfügt nur über fünfzehn oder sechzehn Schiffe. Ihre Einkünfte erlauben es nicht, eine größere Flotte zu unterhalten. Deshalb beruhen das Ansehen und die Stärke der Nation auf einer großen Zahl kleiner Korsaren. Sie beteiligen die Politiker an ihren Gewinnen, ohne für die Ausrüstung ihrer Schiffe einen Penny zu riskieren. Sie verzichten nur auf einen Teil der Beute, der von juristischen Kreaturen festgesetzt wird, die die Politiker selbst ernannt haben. So weit ist es mit diesem unglücklichen Königreich gekommen, das sich von den Höhen seiner erhabenen Religion in den Abgrund des Unglaubens stürzen mußte!"

Damals ist der Grundstock zum Vermögen mancher reichen

Puritanerfamilie gelegt worden, aber die Piraterie – oder das Freibeutertum – zog Menschen der verschiedensten Stände in ihren Bann. Sie wollten gemeinsam das Abenteuer des Beutemachens erleben und zugleich eine patriotische Pflicht erfüllen. Wenn die Kaufleute und Gentleman-Räuber auch manchmal großes Glück hatten, so mußten sie gelegentlich doch hohe Verluste hinnehmen, und die aus den oberen Klassen stammenden Korsaren teilten Glück und Unglück mit allen anderen. Angehörige aller Volksschichten waren durchaus zufrieden mit den in der Piratengesellschaft gültigen demokratischen Lebensverhältnissen, und aus diesem Geist wurde eine rebellische Haltung geboren, die dazu beigetragen hat, das Gottesgnadentum der Könige zu unterhöhlen. Die folgenden Worte von Thomas Rainborowe charakterisieren sie sehr treffend: „In England hat auch der Ärmste das Recht, zu leben wie der Größte."

Rechts: Porträt des Earl of Cumberland von Nicholas Hilliard. Der Earl war einer der „Amateur"-Freibeuter, die es bei ihren einträglichen Beutezügen mit Sir Francis Drake aufzunehmen versuchten.

Mit den Kaperfahrten der Franzosen im Karibischen Meer und den Raubzügen von Francis Drake am Isthmus und in der Südsee hatte die Piraterie neue Dimensionen angenommen. Doch das Verdienst, einen kürzeren Weg in den Pazifik gefunden zu haben, muß John Oxenham zugeschrieben werden, dem Helden des Romans *Westward Ho!* von Charles Kingsley. Oxenham gehörte einer wohlhabenden Familie aus Devon an. Er hatte als Schiffsoffizier unter Drake an dem strapaziösen und ruhmreichen Raubzug gegen Nombre de Dios teilgenommen und sich wahrscheinlich auch an der Finanzierung der Expedition beteiligt. Im Jahre 1574 rüstete er sein eigenes Unternehmen aus und fuhr mit einem 140-Tonnen-Schiff und einer Besatzung von siebzig Mann zu dem ihm schon bekannten versteckten Ankerplatz am Golf von Darien.

Seine alten Freunde, die *Cimarrones*, erzählten ihm, daß die Maultierkarawanen jetzt unter so starker Bewachung über die Landenge geführt würden, daß ein Überfall keine Aussicht auf Erfolg lasse. Oxenham beschloß deshalb „zu tun, was bisher noch niemand gewagt hatte". Nachdem er den Großmast gekappt und das Schiff mit Zweigen getarnt hatte, ließ er es an den Strand ziehen, versteckte es unter den Bäumen und ließ fünf Mann zur Bewachung zurück. Mit den übrigen machte er sich auf den Weg durch den Urwald. Dort bauten sie eine 45 Fuß lange Pinasse, fuhren stromabwärts und erreichten schließlich die pazifische Küste. Auf den Perleninseln überfielen sie zwei Schatzschiffe aus Lima und machten reiche Beute. Aber Oxenham war zu großmütig. Er erlaubte den Schiffen die Weiterfahrt nach Panama. Dort rüstete man eine Strafexpedition aus, die Pinasse wurde verfolgt und die Besatzung niedergemacht oder gefangengenommen. Die überlebenden Mannschaften wurden in Panama erschossen; Oxenham brachte man nach Lima und erhängte ihn als Piraten auf dem Hauptplatz der Stadt. Das große Abenteuer endete mit einer Katastrophe, aber der Verlierer war zugleich Wegbereiter für die Freibeuterflotten der Zukunft.

Hasta

4 Blutrünstige Fleischjäger

Nach 1530 waren von den Schiffen französischer, englischer, holländischer und portugiesischer Freibeuter immer wieder Deserteure und meuternde Mannschaften an den Küsten von Kuba, Jamaika und Hispaniola, besonders aber an der Nordwestküste von Hispaniola an Land gegangen oder ausgesetzt worden. Auf den Savannen lebten große Herden von Schweinen und Rindern, die im Lauf der Zeit verwildert waren und sich stark vermehrt hatten. Die hier gestrandeten Europäer lernten von den wenigen überlebenden Indianern die Kunst des *boucan*, der Herstellung von geräuchertem Dörrfleisch, das, in Streifen geschnitten, auf einem Rost über einem schwachen Feuer aus Dung und Holzspänen haltbar gemacht wurde. Bald entwickelte sich ein lebhafter Handel mit durchreisenden Kaufleuten, die ihnen das Rauchfleisch, Felle und Talg abkauften, der dazu verwendet wurde, Löcher und Fugen in den Schiffswänden zu verschmieren, um sie gegen den Schiffsbohrwurm zu imprägnieren.*

Im Austausch gegen ihre Waren brachten ihnen die Händler Schießpulver, Gewehrkugeln aus Blei, Musketen (meist langläufige Vorderlader aus Nantes oder Bordeaux), Baumwollstoff, Proviant, Brandy und Rum. Die kleinen, abgelegenen spanischen Siedlungen profitierten von diesem Handel, und entlaufene Sklaven schlossen sich den umherziehenden Fleischjägern an, weil ihnen dieses Leben besser gefiel als die schwere Arbeit auf den Pflanzungen.

* In tropischen Gewässern setzten sich an den Schiffsplanken immer wieder Algen an, die die Wendigkeit der Schiffe beeinträchtigten. Außerdem wurden sie von Schiffsbohrwürmern befallen. Das waren die Teredos, weichschalige Meeresschnekken mit kleinen, scharfen Zähnen, die wie Sägen ins Holz eindrangen. Sie schlüpften durch winzige Löcher in die Planken und bohrten sich parallel zur Oberfläche weiter, während sie ständig wuchsen. Jedes dieser Tiere legte ungefähr eine Million Eier im Jahr, und auf einer langen Reise zernagten sie oft den ganzen Schiffsrumpf. Andere Parasiten fraßen die Bordwand von außen Schicht um Schicht ab. Um die Schiffe dagegen zu schützen, baute man die Schiffswände aus mehreren Schichten. Unter den Außenplanken befand sich eine Schicht aus Filz und Teer. Die Schiffe mußten alle zwei bis drei Monate gereinigt werden. Das war eine langwierige und mühsame Arbeit; und während das Schiff auf dem Trockenen lag, befand sich die Mannschaft ständig in Gefahr, angegriffen zu werden. Geschütze und Ladung wurden an Land gebracht. Die Kanonen gingen auf improvisierten Schanzen so in Stellung, daß sie die Einfahrt zur Bucht unter Feuer nehmen konnten. Das Schiff selbst lag kieloben am Strand, der Schiffsrumpf wurde abgeschliffen, mit Talg und Pech beschmiert und ausgebessert. Die ersten Versuche, den Schiffsboden mit Blei zu überziehen, schlugen fehl, weil das Blei durch die Elektrolyse dort, wo es mit Eisenteilen in Berührung kam, im Wasser zerfressen wurde. Wenn sie es sich leisten konnten, ließen die Freibeuter ihre Barken und Brigantinen aus Zedernholz von den Bermudas bauen, das von den Schiffsbohrwürmern nicht befallen wurde. Manchmal griff man zu den ausgefallensten Mitteln, wie etwa auf dem Schiff des Prinzen Rupert, das 1651 vor den Azoren zu sinken drohte. Hier stopfte die Mannschaft in Streifen geschnittenes rohes Rindfleisch in die zwischen den Planken entstandenen Risse.

Links: Der amerikanische Illustrator Howard Pyle zeigt auf diesem dramatischen Gemälde, wie Bukaniere die Einwohner einer eroberten spanischen Stadt zwingen, ihnen ihre Wertsachen auszuliefern.

Die *boucaniers* bezeichneten sich selbst als „Brüder der Küste" und entwickelten einen charakteristischen Lebensstil. Niemand fragte, woher man kam. Die Vergangenheit war versunken, und jeder nahm einen neuen Namen an. Sie jagten zu zweit oder in kleinen Gruppen, und einige dieser Leute waren so gute Schützen, daß sie eine in die Luft geworfene Münze mit der Kugel treffen konnten. Schießen, Trinken und Spielen waren ihre Lieblingsbeschäftigungen. Das gebratene Knochenmark frisch geschlachteter Rinder war ihre Lieblingsspeise, eine Mischung aus Rum und Schießpulver ihr bevorzugtes Getränk. Ausgerüstet mit Beilen, Weidmessern, Pulverhorn und Kugelbeutel, das Moskitonetz, das sie beim Übernachten im Freien dringend brauchten, um den Gürtel geschlungen, in blutverkrusteten Leinenhemden und stinkenden Hosen und Stiefeln aus ungegerbten Häuten, schmalrandige, spitze Hüte auf dem Kopf: Sie sahen aus wie Wilde und lebten auch so.

Strafexpeditionen konnten nichts gegen sie ausrichten. Allmählich gaben sie jedoch ihr Fleischerhandwerk auf und fingen an, spanische Schiffe zu überfallen. Dazu bauten sie sich *piraguas*, lange, mit Feuer und Axt ausgehöhlte Baumstämme, oder Einmasterbarken. Bei ihrer Angriffstaktik gingen sie davon aus, daß vier Musketen die gleiche Feuerkraft hatten wie eine Kanone. Sie besetzten ihr Fahrzeug mit Scharfschützen und vermieden es, dem Feind die Breitseite zu bieten, sondern griffen nur aus der Kiellinie heraus an, um ein möglichst kleines Ziel abzugeben. Sie richteten das Musketenfeuer auf das

Links: Die Bukaniere waren ursprünglich berufsmäßige Fleischjäger. Sie tauschten Felle, Talg und Rauchfleisch gegen Musketen, Proviant, Brandy und Rum ein.

Unten: Diese Randzeichnung einer französischen Karte (1705) zeigt die Technik des *boucan* – des Räucherns von rohem Fleisch –, das die *boucaniers* von den Indianern auf Hispaniola lernten. Das rechte Bild zeigt, wie die Bukaniere auf die Bibel schwören, sich nicht gegenseitig zu übervorteilen.

Ruder des überfallenen Schiffes, und wenn es gelungen war, das Ruder zu blockieren, enterten sie über das Heck hinauf. Als man versuchte, den *boucaniers* die Lebensgrundlage dadurch zu entziehen, daß man die Rinder- und Schweineherden abschlachtete, wendeten sie sich mit noch größerer Energie der Seeräuberei zu. Gegen 1630 wurde das nur eine kurze Seereise von der Nordwestküste Hispaniolas enfernt gelegene Tortuga zum Stützpunkt dieser Räuberbanden.

Mittlerweile waren alle karibischen Inseln von Europa aus besiedelt worden. 1555 hatte Jacques Sores mit zwei kleinen Schiffen und etwa 100 Mann Havanna erobert und die Stadt dem Erdboden gleichgemacht. Kriegsschiffe, die ihm hätten Widerstand leisten können, waren nicht vorhanden, und an Land waren nur etwa drei Dutzend mit Säbel und Armbrust bewaffnete Soldaten stationiert. Nach einem kurzen Scheingefecht zog sich der Gouverneur mit dem Rest der Bevölkerung, dem Vieh und der beweglichen Habe ins Innere der Insel zurück und begann die Friedensbedingungen auszuhandeln. Er zog die Verhandlungen absichtlich in die Länge, weil er hoffte, die Geduld des Gegners zu erschöpfen und ihn gegen einen geringeren Preis zum Abzug zu bewegen; eine Taktik, die in den folgenden 150 Jahren immer wieder angewendet wurde – auch nachdem die spanischen Verteidigungsanlagen auf den karibischen Inseln verstärkt worden waren.

Das Unternehmen von Sores inspirierte eine ganze Reihe von erfolglosen französischen Vorhaben, deren Ziel es war, im Rahmen einer großen Flottenoperation die Hauptstadt von Hispaniola, Santo Domingo, zu erobern, zum Isthmus weiterzusegeln, Panama zu besetzen, die pazifische Flotte zu kapern, die mexikanische Flotte aufzubringen und nach Hause zurückzukehren, nachdem die Wirtschaft und das Kriegspotential Spaniens zerstört waren. Drake und Cromwell verfolgten etwa das gleiche Ziel, konnten es aber nie ganz verwirklichen, obwohl Piet Heyn 1628 als Befehlshaber einer aus 31 Segelschiffen bestehenden Flotte der holländischen Westindischen Kompanie die gesamte spanische Flotte auf dem Heimweg aufbrachte, wobei kaum ein Schuß abgefeuert wurde. Durch diesen Handstreich verloren die Spanier ihre Kreditwürdigkeit in Europa, und die Westindische Kompanie konnte ihren Aktionären 50 Prozent Dividenden auszahlen. Außerdem finanzierten die Holländer mit dem geraubten Gold eine energische Handelsoffensive in Brasilien.

Da sich der Hauptstrom der Kolonisatoren auf das südamerikanische Festland gerichtet hatte, blieben die spanischen Inseln Kuba, Jamaika, Hispaniola und Puerto Rico nur ganz dünn besiedelt. Nur in Schlüsselpositionen wie etwa in Havanna legten die Spanier im Lauf der Zeit stärkere Befestigungen an. Aber die karibische Inselkette erstreckte sich fast 2000 Meilen von West nach Ost und an der breitesten Stelle fast 1000 Meilen von Nord nach Süd. Die vielen hundert kleinen Inseln, die wie ein Wellenbrecher von den Bahamas im Norden über die Jungferninseln und die Kleinen Antillen bis nach Trinidad und Curaçao im Süden einen Bogen gegen den Atlantik bilden, boten jedoch keinen Schutz gegen unerwünschte Eindringlinge. Die Verwaltung war schwach und käuflich, und so entstand hier der wildeste Teil des „Wilden Westens". Hier war die Besiedlungsgrenze, an der die Scharfschützen nicht auf Pferden, sondern auf Schiffen saßen.

Ein Bukanier, in einer sehr geschmeichelten Darstellung, Ende des 17. Jahrhunderts aus P. Christian, *Histoire des Pirates* (Paris, 1850).

Nach 1580 wurden die Schätze aus Peru und Chile nicht mehr in Nombre de Dios, sondern in Portobello auf die Schiffe verladen. Hier herrschte ein leichtfertiger, brutaler, ja mörderischer Materialismus, der besonders in den vier Wochen des alljährlich stattfindenden Jahrmarkts in ungebändigter Form zum Ausdruck kam. Gold- und Silberbarren stapelten sich neben den an den Zäunen festgebundenen Maultieren auf den schmutzigen Straßen, und der Wert der hier zusammengetragenen Mengen an Edelmetallen, Perlen und Edelsteinen betrug jedesmal etwa 600 Millionen Pfund. Reisende und Kaufleute mußten phantastische Preise für von Ungeziefer wimmelnde Unterkünfte und Ausstellungsräume bezahlen. Das gelbe Fieber, Messerstechereien und Trinkgelage forderten zahlreiche Menschenleben. Die an sich schon plump gebauten Galeonen wurden fast manövrierunfähig, weil sie mit Schmuggelwaren und Passagieren überladen waren. Die schlechtbewaffneten Besatzungen waren kaum imstande, sie zu verteidigen, und mußten sich glücklich schätzen, wenn die Schiffe bei ungünstigem Wetter nicht kenterten.

Im 16. Jahrhundert hatten die Spanier die ersten französischen Kolonisten aus Florida vertrieben. Anschließend konzentrierten sich die Westindischen Kompanien der Engländer, Franzosen und Holländer auf die Kleinen Antillen. Von diesen kleinen Inseln ließen sich die Bewohner leicht vertreiben, sie konnten aber ebenso leicht wieder besiedelt werden. Zunächst lag ihr Wert weniger in ihrem wirtschaftlichen Potential als Anbaugebiete für Tabak und Zucker, sondern vielmehr darin, daß sie sich besonders gut als Korsarenstützpunkte und Depots für Schmuggelwaren eigneten. In den Jahren 1625 bis 1640 nahmen die Holländer Saba, St. Martin, St. Eustatius und Curaçao in Besitz. Die Engländer verbündeten sich mit den Franzosen und besetzten St. Kitts, nahmen gemeinsam mit den Holländern St. Croix in Besitz und setzten sich allein auf Barbados, Nevis, Antigua und Montserrat fest. Die Franzosen führten einen Vernichtungsfeldzug gegen die Kariben auf Martinique und Guadeloupe. Die englischen Ansiedlungen wurden von miteinander konkurrierenden Interessentengruppen gegründet, die sich darum bemühten, von der Regierung in London Schutzbriefe zu bekommen. Die Regierung ihrerseits hatte nichts gegen einen Zuwachs an Kolonien, die sie – ebenso wie die Freibeuter – nichts kosteten und ihr die Möglichkeit boten, Kriminelle, Tagediebe und Schismatiker anzusiedeln und auf diese Weise loszuwerden.

Überall auf den französischen, holländischen und englischen Inseln gab es Desperados, die auf den Freibeuterschiffen anheuern konnten. Hier bot sich ihnen die Gelegenheit, rasch und mühelos zu Geld zu kommen, und hier genossen sie die Freiheit, die ihnen zusagte. Die sogenannten *boucaniers* oder *flibustiers* (angeblich eine französische Abwandlung des Wortes „Freibeuter") waren die von der Gesellschaft Ausgestoßenen. Ausgestoßen von einer Gesellschaft, in der es jedem nur darauf ankam, die Eingeborenen auszurotten und die Spanier zu berauben. Aber oft genug standen diese Leute im Sold der im fernen Europa weilenden Direktoren von Handelsgesellschaften oder „auf der Lohnliste" gewinnsüchtiger Regierungen und betätigten sich dabei abwechselnd als Freibeuter oder Piraten, so daß es schließlich nicht mehr möglich war, moralische oder rechtliche Unterscheidungen zu machen.

Levasseur, der selbsternannte „Gouverneur" des stark befestigten Tortuga, hatte 1650 die Insel und ihren ausgezeichneten natürlichen Hafen unter französische Kontrolle gebracht. Er wurde ermordet, aber seine Nachfolger, besonders der energische Bertrand d'Ogéron, gliederten Tortuga in den Besitz der französischen Westindischen Kompanie ein und weiteten ihren Herrschaftsbereich auf die Freibeuterkolonien in Hispaniola aus. Um diese verwilderten Männer zu zähmen und an das andere Geschlecht zu gewöhnen, importierten sie Hunderte von Prostituierten. Nachdem die Engländer Jamaika besetzt hatten, machten die Freibeuter Port Royal zu ihrem Stützpunkt, und die „Brüder der Küste" gerieten in eine schwierige Lage, als sich die Rivalität zwischen England, Frankreich und Holland in den Kolonien verschärfte. Um 1690 schleppten die *flibustiers* aus Tortuga und den Hafenstädten von Hispaniola oder Saint-Domingue (Haiti) bei ihren Überfällen auf Jamaika so viele Sklaven fort, daß die Insel den Spottnamen „Kleinguinea" erhielt. Aber im Kampf um das Gleichgewicht der Kräfte spielten sie nur eine untergeordnete Rolle. Wenn sie aufgefordert wurden, gegen die Holländer, Franzosen oder Engländer zu kämpfen, unternahmen sie nur halbherzige Versuche und setzten viel lieber den traditionellen „Kreuzzug" gegen die Spanier fort, die ja immer noch die Gold-, Silber- und Smaragdminen besaßen und die Perlenfischerei betrieben. Deshalb bestanden bei solchen Unternehmungen bessere Aussichten auf reiche Beute. Bei dem Überfall auf Cartagena, einem 1697 von zwei französischen

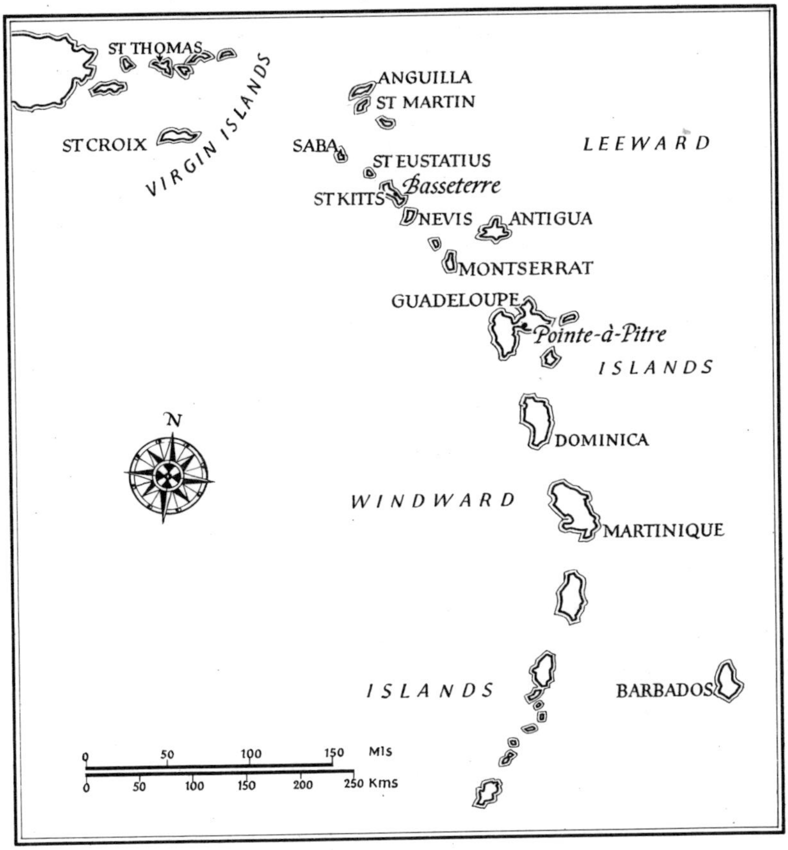

Die Kleinen Antillen, die Inseln unter dem Winde und die Jungferninseln.

Flottenverbänden und den Freibeutern gemeinsam begonnenen Unternehmen, kam es wegen der Verteilung der riesigen Beute zu Streitigkeiten. Die beiden rivalisierenden Verbände der Flotte gerieten fast in ein Gefecht gegeneinander, während die *boucaniers* in die Stadt zurückkehrten, um sie zum zweitenmal zu plündern.

Die große Zeit der Freibeuter währte nur wenig mehr als 30 Jahre, etwa von 1665 bis 1697. In den Jahren bevor Lolonois, Mansfield, Morgan, Grammont und Laurens de Graaf sie zu Tausenden anwarben, um immer wieder Raubzüge nach dem gleichen Muster zu unternehmen, hatten einfallsreiche Einzelgänger ihre große Zeit. Zu ihnen gehörten Männer wie Louis le Golif mit dem Spitznamen Borgne-Fesse, weil ihn mit einem Säbelhieb eine Gesäßbacke abgehauen worden war; Bâbord-Amure, genannt „Port-Tack", weil ihm die Nase nach einer Prügelei schief angewachsen war; Bartholomeo el Portugués, der für sein Pech ebenso bekannt war wie für seinen Wagemut. Er hatte mit nur 30 Mann in einer leckgeschlagenen *piragua* vor Kuba ein spanisches Schiff mit 20 Geschützen gekapert und 70.000 Achterstücke erbeutet. Schließlich doch gefangengenommen, konnte er (als Nichtschwimmer!) auf einem aus zwei leeren Weinfässern gezimmerten Floß entkommen; Roche Brasiliano, ein bärenstarker Holländer, gebärdete sich – wie Exquemelin erzählt – „wie ein Verrückter, wenn er betrunken war. Dem ersten, der ihm in den Weg lief, schlug er dann einen Arm oder ein Bein ab . . . Einige Spanier nagelte oder fesselte er an Balken und röstete sie bei lebendigem Leibe – vielleicht weil sie sich weigerten, ihm den Weg zu

Umseitig:
1628 kaperte das holländische Westindien-Geschwader – hier in einem Gefecht vor Havanna – die ganze spanische Schatzflotte. Es war dies der sensationellste Erfolg in einem gnadenlosen Handelskrieg, der vor allem von erfahrenen Piraten ausgefochten wurde.

N
M
E
D
B
H
K
C
G

Havana
P
O

den Schweinekoben zu zeigen, die er plündern wollte"; Montbars, genannt „Zerstörer", ein Franzose aus Languedoc, behauptete, er behandle die Spanier nicht nur deshalb so grausam, weil sie die *boucaniers* auf Hispaniola hinterrücks angegriffen hätten, sondern weil sie sich so gemein gegen die Indianer benähmen. Zu dieser Sorte Männer zählten schließlich noch „Rotbein" Greaves, ein Verbannter aus Schottland, der aus Barbados entfloh und sich mit dem bei einem erfolgreichen Überfall auf eine spanische Perlenfischerflotte vor der Insel Margarita erbeuteten Geld auf Nevis eine Pflanzung kaufte, und Pierre le Grand, der den Beinamen „der Große" erhielt, nachdem er bei einem nächtlichen Überfall ein Schatzschiff gekapert hatte.

Die Überlebenden der „Alten Garde" – die sich gegenüber den Jungen, die nie einen Fleischrost gesehen und nie ein Gefecht gegen die spanischen Patrouillen in den Wäldern und auf den Savannen von Hispaniola mitgemacht hatten, in der Minderzahl befanden – waren die Elite der nächsten Phase: der Phase der großen Kapitäne und starken Bataillone. Damals hatten die Schiffe kaum mehr eine andere Aufgabe, als die Truppen zu den umkämpften Städten auf dem Isthmus und auf dem südamerikanischen Festland zu bringen. Immer wieder räumten die Spanier die Siedlungen, versteckten ihre Wertsachen, wurden gefoltert, damit sie die Verstecke preisgaben, und verhandelten über das Lösegeld, das sie für die Freigabe einzelner Geiseln oder den Abzug der Räuber zahlen sollten. Mit fast heroischer Ausdauer bauten sie ihre Häuser immer wieder auf und gingen der gewohnten Tätigkeit nach.

Die Überfälle auf Siedlungen kamen immer mehr in Mode, da Piet Heyn und die Freibeuter mit ihren Erfolgen fast alle spanischen Schiffe aus dem Karibischen Meer vertrieben hatten und nur noch die Schatzflotte einmal im Jahr diese Gewässer befuhr. Louis Scott segelte mit seinen Schiffen von Port Royal nach Campeche an der mexikanischen Küste und forderte Lösegeld. Sehr bald folgte ihm John Davis. In drei *piraguas* ruderte er mit 90 Mann 150 Kilometer flußaufwärts und plünderte Granada de Nicaragua. Männer gleichen Schlages waren Edward Mansfield, der Vorgänger von Morgan als „Admiral" oder „General" der Freibeuter von Port Royal, und François Lolonois, der sich nach seinem Geburtsort in der Bretagne, Les Sables d'Olonne, diesen Namen gegeben hatte. Wie Exquemelin berichtet, war Lolonois ein zügelloser Psychopath. Er gehörte zur „Alten Garde" und war als unter Vertrag genommener Plantagenarbeiter nach Westindien gekommen. Er floh nach Hispaniola und tauchte in Tartuga als Räuberhauptmann auf. Seine Wildheit war so gefürchtet, daß die Bürger von Havanna den Gouverneur baten, keine Vergeltungsmaßnahmen gegen die Freibeuter einzuleiten.

Gemeinsam mit Michel le Basque und etwa 700 Mann überfiel und plünderte Lolonois Maracaibo und Gibraltar in Neugranada. Später stellte er eine aus etwa tausend Mann bestehende Streitmacht auf und unternahm einen regelrechten Beutefeldzug gegen Nicaragua. Auf diesen Expeditionen setzte er mit seiner Grausamkeit selbst die härtesten Männer in Erstaunen, doch wahrscheinlich waren seine Untaten nicht schlimmer als die Vergeltungsmaßnahmen der Spanier oder das Wüten der räuberischen Söldnerbanden im Dreißigjährigen

Krieg und das der Truppen Cromwells in Irland. Exquemelin beschreibt, wie er „ohne daß sich ihm ein Haar sträubt, zehn oder zwölf Spanier ermordet“ wie ein Fleischer, und behauptet, er sei in Nicaragua „ungewöhnlich wild geworden, denn er zog seinen Säbel, öffnete einem unglücklichen Spanier die Brust, riß das Herz heraus, biß hinein und sagte zu den anderen: ‚Ich werde euch alle ebenso behandeln, wenn ihr nicht redet‘“. Dazu gab es die verschiedensten Foltermethoden. „Die kleinen Folterungen bestanden darin, daß man dem Opfer Brandwunden beibrachte, aber bei anderen Gelegenheiten schlug man den Gefolterten allmählich in Stücke. Zuerst schnitt man ihm Fleischstücke aus dem Leib, dann schlug man eine Hand, einen Arm oder ein Bein ab und band ihm einen Strick um den Kopf, der so lange zusammengedreht wurde, bis die Augen heraussprangen. Das nennt man ‚Knebeln‘.“

Lolonois soll ein diesen Untaten entsprechendes fürchterliches Ende genommen haben. Er wurde in Panama von Indianern gefangengenommen, die „ihn in Stücke rissen und seinen Körper Glied um Glied ins Feuer warfen“. Sein Tod hielt andere Freibeuter nicht davon ab, seinem Beispiel zu folgen. Piratenkapitäne wie Morgan und Grammont zeigten vielleicht nicht die krankhafte Grausamkeit eines Lolonois, aber auch sie konnten ihre Männer nicht daran hindern, ähnliche Erpressermethoden anzuwenden. Für solche Söldnerbanden, die vom Beutemachen lebten und verschwinden mußten, bevor die Spanier einen Gegenangriff führen konnten, war Terror etwas Selbstverständliches und mußte verstärkt werden, je mehr sich der „Feind“ daran gewöhnte. In den sechs Jahren, in denen Morgan das Kommando über seine Räuberbande führte (1665–1671), rekrutierten sich die Mitglieder immer noch aus aller Herren Ländern. Sie plünderten 18 große und 4 kleine Städte und fast 40 Dörfer: Cumaná einmal, Cumanagote zweimal, Maracaibo und Gibraltar zweimal, Rio de la Hacha fünfmal, Santa Maria dreimal, Tolú achtmal, Portobello einmal, Chagre zweimal, Panama einmal, Santa Catalina zweimal, Granada de Nicaragua zweimal, Campeche dreimal, Santiago de Cuba einmal und dazu noch andere Städte und Dörfer auf Kuba und Hispaniola. Dabei drangen sie 180 Kilometer landeinwärts vor, so daß eine genaue Aufzählung aller Unternehmen nicht möglich ist. In dieser Schätzung sind die Plünderungen durch Engländer in späteren Jahren oder die noch willkürlicheren Vorstöße französischer Banden nicht berücksichtigt. Selten haben wenige tausend Desperados in einem so weiträumigen Gebiet ein solches Schreckensregiment geführt. Damit die internationalen Söldnerbanden nicht völlig außer Kontrolle gerieten – die unter dem Befehl von Mansfield stehenden Gruppen bestanden zum Beispiel aus Franzosen, Holländern, Portugiesen, Griechen, amerikanischen Indianern und Negersklaven –, bemühten sich die französischen, englischen und holländischen Gouverneure, sie wenigstens halboffiziell in ihren Sold zu nehmen.

Henry Morgan, der beachtliche Führerqualitäten besaß, verdankte seinen Ruhm der Tatsache, daß ihn die „Alte Garde“ zu ihrem Führer gemacht hatte. Er unterschied sich von den anderen nur dadurch, daß er ein relativ zivilisierter Außenseiter war, der noch größere Schiffsverbände zusammenbrachte als Lolonois. Den Überfall auf Panama unternahm er mit etwa 2000 Söldnern. Karl II. adelte ihn für seine Erfolge gegen die Spanier; dann ließ sich Morgan als reicher Pflanzer,

Links: François Lolonois, nach allen zeitgenössischen Berichten der blutrünstigste aller großen Bukaniere, der um 1660 dazu überging, Raubüberfälle an Land zu unternehmen.

Stellvertreter des Gouverneurs und Friedensrichter in Jamaika nieder und saß schließlich über seine einstigen Kumpane zu Gericht wie der ehemalige Wilddieb, den man vernünftigerweise zum Jagdaufseher gemacht hat.

Obwohl es sich nicht mehr ganz genau feststellen läßt, nimmt man an, daß Morgan 1635 in Llanrhymney, Glamorganshire, als ältester Sohn von Robert Morgan geboren wurde. Später verklagte er Exquemelins englischen Verleger, weil dieser ihn als grausames Ungeheuer dargestellt hatte, vor allem aber, weil er behauptet hatte, Morgans Vater sei ein leibeigener Bauer gewesen. Er legte Wert darauf, „der Sohn eines Gentleman" zu sein, und leugnete entschieden, daß man ihn nach Barbados verbannt habe – obwohl er nicht erläuterte, aus welchem Grund und wann er nach Westindien gekommen war oder was er in den Jahren vor 1665 getan hatte. Nach einer Version seiner Biographie kam er 1655 mit der Armee Cromwells nach Jamaika. Es steht jedoch fest, daß er gute Beziehungen zu den obersten Verwaltungsbehörden auf Jamaika unterhielt. Sein Onkel, Sir Edward Morgan, wurde 1663 zum Stellvertreter des Gouverneurs Sir Thomas Modyford, eines reichen Pflanzers auf

Rechts: Henry Morgan, ein rücksichtsloser Vertreter des Piratenimperialismus, der für seine Verdienste geadelt und zum Stellvertretenden Gouverneur von Jamaika ernannt wurde.

Barbados, ernannt, und er war es, der (wahrscheinlich, um die Spanier an einer Landung zu hindern) Schutzbriefe für die Freibeuter ausstellte und ihre Unternehmungen zu rechtfertigen suchte.

Unter den zahlreichen blutigen Überfällen und Gemetzeln zu Morgans Zeit, die alle nach dem gleichen Muster verliefen, gab es einige, über die es sich zu berichten lohnt. Im Jahre 1665 verteidigte eine Abteilung *boucaniers* die Insel Santa Catalina vor der Küste von Costa Rica und setzte dabei „Batterien von sechzig Musketen ein, die zusammengebunden waren wie Orgelpfeifen und gleichzeitig feuerten“. Beim Sturm auf Portobello zwang Morgan Priester und Nonnen, die er gefangen hatte, die Sturmleitern hinaufzuklettern, um seinen bombenwerfenden Leuten als Schild zu dienen. Exquemelin betrachtete dieses Vorgehen als Verhöhnung der Kirche, denn er war wie viele andere Freibeuter ein überzeugter Katholik und strenger Kritiker der *corsarios luteranos,* die nach seiner Meinung nicht wußten, wo die Grenzen des Erlaubten lagen. Auf Morgans Flaggschiff *Oxford* ereignete sich 1669 eine Explosion, genau zur Stunde, als er zur Vorbereitung eines Überfalls auf Maracaibo mit seinen Leuten Kriegsrat hielt. Zweihundert Mann wurden getötet, darunter fünf Kapitäne. Nur Morgan und etwa fünfundzwanzig Offiziere, die auf seiner Seite des Tisches saßen, überlebten. Überall im Wasser schwammen die Leichen, und die Besatzungen der anderen Schiffe ruderten heran, um ihnen die Stiefel, Säbel und Pistolen abzunehmen. Wenn die Toten Ringe trugen, schnitten sie ihnen die Finger ab. Zu der Explosion ist es wahrscheinlich durch die Unvorsichtigkeit eines betrunkenen Kanoniers gekommen. Aber Morgan behauptete, sie sei ein Sabotageakt französischer Freibeuter gewesen.

Nach dieser Katastrophe verlor Morgan vorübergehend an Ansehen. Aber schon ein Jahr später stellte er eine zweite und viel stärkere Flotte für eine Expedition nach Panama zusammen. Trotz der Spannungen, die durch das Unglück entstanden waren, gehörten zu seiner aus fast 2000 Freibeutern bestehenden Streitmacht 500 Franzosen. Seine 36 Schiffe waren klein und überladen. Das Flaggschiff hatte nur 120 Tonnen Wasserverdrängung und war mit 22 Geschützen bestückt. Das kleinste Fahrzeug war eine unbewaffnete Schaluppe mit 12 Tonnen. Grammont und de Graaf verwendeten 1684 schon größere Schiffe mit mehr als 50 Geschützen und 300 Mann, aber auch in ihren Geschwadern gab es kleine Fahrzeuge mit nur zwei Geschützen und 20 Mann Besatzung. Die Vorbereitungen für den Feldzug nahmen den ganzen Herbst 1670 in Anspruch. Die Versorgung mit Proviant bereitete die größten Schwierigkeiten. Man überfiel spanische Schweine- und Rinderfarmen, und ein Geschwader kreuzte vor der Küste des südamerikanischen Festlands, kaperte Schiffe, die Verpflegung geladen hatten, und ließ sich von Rio de la Hacha ein Lösegeld in Gestalt von etwa 80 Tonnen Getreide zahlen.

Der „Jamaica Council" sprach sich einstimmig für die Expedition aus. Es war keine fest vereinbarte Entlohnung vorgesehen, sondern man einigte sich darauf, daß die Beute in gleiche Anteile aufgeteilt werden sollte, von denen jeder Kapitän eine bestimmte Anzahl erhielt, während der Rest je nach Rang an die Offiziere und Mannschaften ging. Für bei dem Unternehmen davongetragene Verwundungen setzte man – auf dem Papier – höhere Ausgleichszahlungen an, als dies sonst üblich war, denn so riskante Landungsoperationen brachten im allgemeinen höhere Verluste an Toten und Verwundeten. Für den Verlust einer Hand oder eines Beins sollten 600 spanische Dollar gezahlt werden, 1800 Dollar für beide Hände, 1500 für beide Beine, für ein Auge 100 Dollar – oder jeweils die entsprechende Anzahl von Sklaven, wobei jeder Sklave mit 100 Dollar angesetzt wurde. Wer als erster unter feindlichem Beschuß in eine Befestigungsanlage eindrang oder die spanische Flagge herunterholte, sollte eine Belohnung von 50 Dollar erhalten. Erst nach Bezahlung dieser Summen sollten sich die Matrosen den Rest der Beute teilen. Jede Kompanie unterschrieb die Vereinbarungen, wobei etwa zwei Drittel der Leute ihren Namen schreiben konnten. Das war ein viel höherer Prozentsatz als früher. Das Freibeuterhandwerk hatte bereits begonnen, auch Männer zu interessieren, die aus höheren Ständen stammten.

Im Dezember 1670 segelte Morgan aus dem Hafen, als wisse er nicht, daß in Madrid eben ein Vertrag unterzeichnet worden war, in dem die territorialen Ansprüche der Briten in Westindien anerkannt worden waren. Auf der Fahrt zum Fort San Lorenzo an der Mündung des Flusses Chagre legte er vor der Insel Providence eine Pause ein.

Oben: Morgans Männer plünderten Puerto del Principe auf Kuba. Bei großangelegten Raubzügen mußte die Beute sehr groß sein, weil sie unter vielen aufgeteilt wurde, und deshalb lohnten sich solche Unternehmungen mit der Zeit nicht mehr.

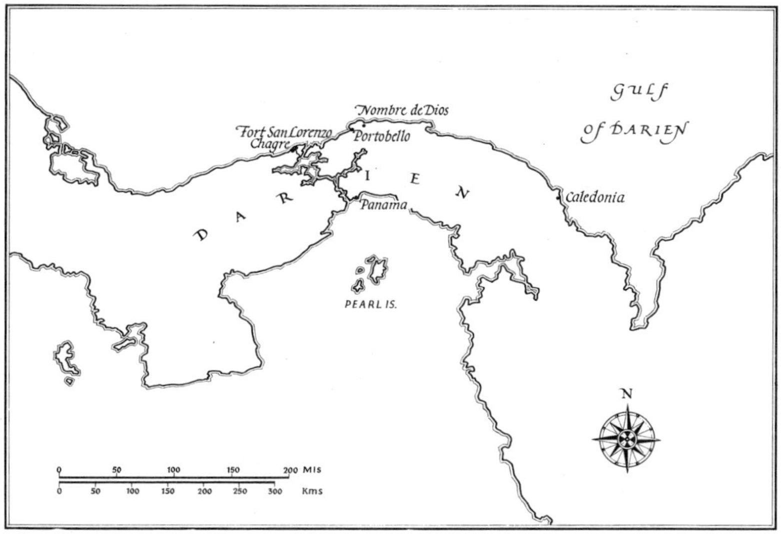

Rechts: Der Isthmus von Darien, wie die Landenge von Panama zur Zeit der Bukaniere hieß.

Beeindruckt von der Stärke der Freibeuterflotte, war der Gouverneur zur Kapitulation bereit, stellte aber die Bedingung, daß Morgan einen Scheinangriff führte, bei dem er seine Geschütze nur mit Pulver, nicht aber mit Geschossen lud, und daß die Besatzung der Festung auf das Festland gebracht und dort entlassen wurde. Nach diesem leicht in den Schoß gefallenen Erfolg kam es aber bei der Erstürmung von San Lorenzo, das von 350 gut bewaffneten Soldaten verteidigt wurde, zu einem blutigen Gemetzel, bei dem wenigstens 100 Freibeuter getötet und 70 schwer verwundet wurden. Anschließend besetzten 300 Mann das Fort, 150 Mann blieben als Wachen auf den Schiffen zurück. Mit einer aus Schaluppen und *piraguas* bestehenden Flottille und 1400 Mann machte sich Morgan Anfang Januar 1671 auf die 80 Kilometer weite Reise nach Panama.

Sandbänke im Fluß zwangen die Männer, auszusteigen und am Ufer weiterzumarschieren, um die Boote zu entlasten. Sumpfiger Boden und dichter Urwald erschwerten das Vorwärtskommen. Die größeren Schaluppen mußten zurückgelassen werden, und zu ihrer Bewachung wurden wieder 200 Mann abgestellt. Es war schwierig, Lebensmittel zu beschaffen, und nach vier Tagen begannen die Freibeuter, ihre in Wasser aufgeweichten und zwischen Steinen mürbegeklopften Ledertaschen in Streifen zu schneiden, zu braten und zu essen. Am sechsten Tag waren sie so erschöpft, daß sie einander in immer kürzeren Abständen beim Paddeln und Marschieren ablösen mußten. Jetzt hätten die Spanier sie mit einem entschlossenen Gegenangriff leicht überwältigen können, aber die spanischen Soldaten zogen sich zurück, denn sie hofften, dem ermatteten Gegner im offenen Gelände vor der Stadt Panama den Gnadenstoß versetzen zu können. Am siebenten Tag fingen die Freibeuter alle herrenlosen Hunde und Katzen in der niedergebrannten Ortschaft Venta de Cruz ein und aßen sie.

Am achten Tag fuhren sie durch eine enge Schlucht und wurden dabei von den Pfeilen am Ufer versteckter Indianer überschüttet. Am neunten Tag fiel es ihnen schon schwer, morgens überhaupt aufzustehen und den Marsch fortzusetzen. Gegen Mittag lag die Südsee vor ihnen, und auf einer weiten Ebene erblickten sie große Rinderherden.

Exquemelin schreibt: „Sofort schwärmten die Männer aus und schossen jedes Tier nieder, dessen sie habhaft werden konnten. Während die einen jagten, machten die anderen Feuer, um das Fleisch der Bullen, Kühe und Maultiere zu braten. Die Tiere wurden zerhackt und das Fleisch auf die Glut geworfen. Kaum war es heiß geworden, da rissen sie es wieder heraus und fingen an, es zu verschlingen, während ihnen der blutige Saft die Wangen und Bärte hinunterrann."

Rechts: Wein, Weib, Gesang und Beute für Henry Morgan. Darstellung des Traums vom freien Piratenleben durch einen französischen Illustrator aus dem 19. Jahrhundert.

Die Spanier waren den Freibeutern zahlenmäßig überlegen, aber schlecht bewaffnet, und die vor allem aus Indianern und Negersklaven bestehende Truppe konnte gegen Morgans Scharfschützen nichts ausrichten. Eine über ein Sumpfgebiet vorgetragene Kavallerieattacke brach im Feuer der Vorhut Morgans zusammen, die aus 200 erstklassigen französischen Schützen bestand. „Jeder Mann kniete nieder, und dann feuerten sie abwechselnd; einer zielte, während sein Nachbar die Muskete lud. Auf diese Weise trat nie eine Feuerpause ein." Eine Viehherde, von den Spaniern im Rücken der Angreifer losgelassen, damit sie die Piraten überrannte, lief durch die Lücken in deren Schlachtordnung nach vorn und brachte die Verteidiger vollends durcheinander. Bei den anschließenden Straßenkämpfen ging die Stadt Panama in Flammen auf. Jedoch: zwei große, mit Schätzen vollgeladene Galeonen (dazu gehörte angeblich auch ein prächtiger goldener Altar) waren nach Süden entkommen, und Maultierkarawanen, beladen mit anderen Wertgegenständen, hatten in Richtung Mexiko fliehen können.

Wie schon bei anderen großen Expeditionen war die Beute enttäuschend gering, und da sie unter so vielen verteilt werden mußte, fiel auf jeden nur ein lächerlicher Anteil. Auf Morgans Befehl wurden die Masten der im Hafen eroberten Schiffe gekappt, um die unzufriedenen Piraten daran zu hindern, daß sie auf eigene Faust einen Raubzug im Pazifik unternahmen. Als die Beute Ende Februar in Chagre verteilt wurde, beschuldigte man Morgan des Betrugs, obwohl er es zuließ, daß sein Gepäck in einer großartigen Schaustellung öffentlich durchsucht wurde. Die französischen Freibeuterkapitäne ärgerten sich besonders darüber, daß er sie zwang, das gleiche zu tun. Da er von Modyford gedeckt und von der Miliz auf Jamaika sowie einer aus groben Gesellen bestehenden Leibwache beschützt wurde, brauchte sich Morgan wegen der Unzufriedenheit seiner Leute keine Sorgen zu machen. Der Generalarzt der Freibeuterflotte, Richard Browne, berichtet: „Die Befehlshaber wagten nur selten eine Intervention", und „die Witwen, Waisen und übrigen Geschädigten, die sich mit so großen Hoffnungen an dieses Unternehmen gewagt hatten, waren ruiniert."

Morgan starb 1688, drei Jahre nach dem Eintreffen eines Flottengeschwaders in Port Royal, das ihn zwang, seine heimlich unternommenen Raubzüge aufzugeben. Er war, wie Burney meinte, zweifellos ein großer Schurke, aber er und Modyford konnten behaupten, sie hätten gemeinsam als Herren des Freibeuterimperialismus die Spanier gezwungen, die Realitäten anzuerkennen, und dafür gesorgt, daß die im Vertrag von Madrid ausgehandelten Bedingungen eingehalten würden. Obwohl Morgan kein sehr einfallsreicher Mann und in erster Linie ein Truppenführer zu Lande war, hat man ihn in zahlreichen Balladen als den größten Freibeuter gefeiert. In manchen wird er aber auch als Bösewicht geschildert:

20000

Links: „William Dampier (1651–1715), Pirat und Hydrograph“, der einzige Bukanier, der sich porträtieren ließ.

Seinen Freund betrügt er um sein letztes Geld,
Mordet Priester und Mönch – Herrje!
Massakriert arme Negerkinder,
Der blutrünstige Freibeuter – o weh!

Manchmal ist auch ein wenig Nostalgie dabei:

Du warst ein Held, o Morgan,
Du triebst es gar zu arg;
So stolz auf deinem Flaggschiff,
Doch jetzt liegst du im Sarg.

Nach der Plünderung von Panama wurde der Freibeuterstützpunkt Port Royal offiziell aufgegeben. In Tortuga blieben die Freibeuter noch dreißig Jahre. Von hier aus operierten Grammont, de Graaf, van Horn und der Marquis de Maintenon, um die Spanier so lange unter Druck zu setzen, bis sie die französischen Ansprüche auf die „Reichtümer Westindiens“ anerkannten. Ebenso wie Morgan waren diese Freibeuter aus anderem Holz geschnitzt als die in den Tag hineinlebenden Rauhbeine der „Alten Garde“. Aus vornehmen Familien stammende Außenseiter wie Maintenon und Ravenau de Lussan kamen in die Karibik, um verspielte Vermögen wiederzugewinnen und sich die politische Schwäche eines spanischen Reichs zunutze zu machen, das die anderthalb Jahrhunderte andauernde ständige Verunsicherung seiner Handelswege durch die Korsaren ins Wanken gebracht hatte. Grammont richtete sich für sechs Monate in einem Stützpunkt bei Maracaibo ein. Von hier raubte er die Küste Neugranadas systematisch aus. Vera Cruz wurde geplündert, während die spanische Flotte, die den Angreifern an Zahl und Bewaffnung weit unterlegen war, nicht eingriff und vor dem Hafen wartete, bis die *boucaniers* – unter ihnen viele Engländer und Holländer – bereit waren, abzuziehen.

Zum letzten großen Abenteuer der Freibeuter kam es, als schwächere selbständige anglo-französische Expeditionen 1679 begannen, die Landenge von Darien zu überqueren. Ein Korsar schrieb: „Was die Männer oft veranlaßt, die gewagtesten Abenteuer zu unternehmen, ist der heilige Hunger nach Gold . . . Gold war der Köder, der uns muntere junge Männer, nahezu dreihundert an der Zahl, reizte, als Glücksritter auszuziehen.“ Bezeichnenderweise fügte er in dem Bestreben, dem Unternehmen den allerdings phantastischen Anschein der Legalität zu geben, hinzu, er und seine Mannschaft hätten sich „in den Dienst eines der reichsten westindischen Monarchen, des (indianischen) Kaisers von Darien“ gestellt. Diese Räuberbanden hätten 1685 beinahe Panama erobert, und wenn es nicht zwischen den einzelnen Gruppen, deren jede ein eigenes Banner führte, zu Streitigkeiten gekommen wäre, hätte die Möglichkeit bestanden, auf der Landenge an der pazifischen Küste eine Piratenrepublik zu errichten. Die Chronisten dieser Ära waren William Dampier, Lionel Wafer und Basil Ringrose, die ebenso wie Ravenau de Lussan Vertreter einer neuen Klasse von Freibeutern waren, die sich als gebildete Männer ebenso für die Erweiterung ihres Wissens und ihrer Erfahrung wie für den Erwerb von Gold interessierten. Durch alle Strapazen und Abenteuer eines Piratenmarathons, das ihn innerhalb von zwölf

Jahren auf ebenso vielen verschiedenen Schiffen um die ganze Welt geführt hatte, bewahrte Dampier, der Sohn eines Farmers in East Coker, Somerset, seine Seekarten und Tagebücher auf, die er in mit Wachs versiegelten Bambusrohren mitführte. Der entlaufene Handwerkergeselle Ringrose konnte sogar ein wenig Latein, das ihm bei der Vernehmung spanischer Priester recht nützlich war.

Die Galapagosinseln (auf denen es schon damals viele Riesenschildkröten gab) im Norden und die Insel San Fernandez vor der chilenischen Küste waren die Stützpunkte, von denen aus eine Reihe von Überfällen an der pazifischen Küste und gegen das Festland unternommen wurden. Oft wechselte die Führung, und immer wieder wurden meuternde Matrosen ausgesetzt; manchmal machten sie sich auch freiwillig davon, denn es war nicht schwer, einen Baumstamm auszuhöhlen und eine *piragua* daraus zu bauen, damit ein spanisches Schiff zu kapern und dann das Piratenhandwerk selbständig weiterzuführen. Pläne und Angriffsziele wechselten so oft – einige Banden machten sich auf den Weg nach Ostindien, andere segelten bis zum Golf von Guinea –, daß sich die Operationen der *boucaniers* im Pazifik (Morgan hatte sich 1671 geweigert, seine Unternehmungen dorthin auszudehnen) nicht mehr überblicken lassen. Nur die Reise von Bartholomew Sharp läßt sich noch einigermaßen genau rekonstruieren. Er wurde zweimal als Kapitän abgesetzt, aber seine Leute wählten ihn wieder, weil er ein ausgezeichneter Seemann war und viel von der Navigation verstand. Glück und Unglück wechselten in rascher Folge. Die reichste Beute – 400 Barren Rohsilber, die er auf der *Santa Rosario* vorfand – wurde über Bord geworfen, weil er sie für Zinn hielt. Wie ein Mitglied seiner Mannschaft erzählte, das einen Barren behalten und nach England mitgebracht hatte, interessierte sich Sharp mehr für die an Bord des gekaperten Schiffs verstauten 620 Krüge Brandy und eine Frau, die sich als Passagier an Bord befand und von der Ringrose behauptete, „sie war die schönste, die ich in der ganzen Südsee gesehen habe".

Nachdem Sharp in einem schweren Sturm, vom Pazifik kommend, Kap Horn umsegelt hatte, kam er nach zweijähriger Abwesenheit 1682 wieder in die Karibik. Hier wurde er von den Behörden, die auf die Piraten nicht gut zu sprechen waren, recht kühl empfangen. Nachdem ihn eine Fregatte der Kriegsflotte von Barbados verjagt und der Gouverneur von Antigua ihm die Landeerlaubnis verweigert hatte, kam er schließlich nach Nevis. Hier gelang es ihm und Ringrose, auf ein nach England fahrendes Schiff zu kommen. Einen Teil der Beute von der *Santa Rosario*, deren Wert zu erkennen Sharp nicht zu betrunken oder zu verliebt gewesen war, nahmen sie mit. In seinem Tagebuch schreibt er begeistert: „Auf diesem gekaperten Schiff fand ich ein spanisches Manuskript von unschätzbarem Wert ... Es beschreibt alle Landeplätze, Häfen, Straßen, Buchten, Sandbänke, Klippen und Erhebungen auf dem Land und gibt Anweisungen, wie man ein Schiff in den Hafen steuern kann. Sie wollten es über Bord werfen, aber zum Glück konnte ich es retten ..."

In London wurde Sharp „aus Mangel an Beweisen" (in Wirklichkeit, weil er Karl II. eine prächtige Kopie der auf der *Santa Rosario* erbeuteten Seekarten überreicht hatte) nicht nur von der Anklage der Piraterie freigesprochen, sondern sogar zum Befehlshaber einer

Rechts: Der Chevalier de Grammont, ein verarmter französischer Adeliger, der in den achtziger Jahren des 17. Jahrhunderts versuchte, als Freibeuterkapitän seine Vermögensverhältnisse wieder in Ordnung zu bringen.

Kriegsschaluppe befördert, mit dem Auftrag, im Karibischen Meer „Indianer und Piraten zu jagen". Auch in zwei weiteren gegen ihn wegen Piraterie angestrengten Gerichtsverfahren wurde er freigesprochen. Der Gouverneur von Nevis, der sich an seinen Raubzügen beteiligt hatte, sagte unter Eid aus: „Die Aussagen einer Meute von Hunden dürfte einem Engländer nicht das Leben kosten." Schließlich wurde er 1688 „Gouverneur" auf der Insel Anguilla, deren Bewohner, wie es hieß, „weder eine Regierung noch eine Religion haben". Hier verkaufte er großzügig Kaperbriefe an seine alten Freunde und zündete sich mit gegen ihn erlassenen Haftbefehlen die Pfeife an.

Oben: Händler aus Westindien bei Tauschgeschäften und dem Verstauen ihrer Gewinne. Anfang des 18. Jahrhunderts erweiterte sich der französische, englische und holländische Handel mit den Kolonien und verschaffte den Piraten – darunter auch Spanier – Gelegenheit, Beute zu machen.

Als Morgan 1674 am Ende einer sehr bequem in London abgebüßten „Haft", zu der er wegen der „Verbrechen von Panama" verurteilt worden war, von Karl II. geadelt wurde und von dem Philosophen John Locke seine Anweisungen für die Übernahme des Amtes eines Stellvertretenden Gouverneurs von Jamaika erhielt (Locke war damals Sekretär der Handelskammer), bewies er, daß ein tapferer *boucanier* auch in seiner Heimat noch zu Ehren kommen kann. Sharp hatte sich durch seine Seekarten hohes Ansehen bei der Admiralität erworben, und 1691 brachte Dampier einen am ganzen Körper tätowierten Malaien nach England, der ihm helfen sollte, Geld zu verdienen. Er verkaufte den unglücklichen „bemalten Prinzen" an einen Schausteller, aber schon nach wenigen Monaten starb der rücksichtlos ausgebeutete Malaie an den Pocken. Dampier war es jedoch mit seiner Hilfe bereits gelungen, in die vornehme Gesellschaft aufgenommen zu werden.

Die Tagebücher Dampiers, die in den Jahren 1697 bis 1709 in vier Bänden unter dem Titel *Eine neue Reise um die Welt* erschienen, verkauften sich bald ebensogut wie das Buch von Exquemelin. Dampier selbst wurde von Samuel Pepys, John Evelyn und anderen Mitgliedern der neugegründeten Royal Society als großer Entdecker gefeiert. Sir Hans Sloane, der Nachfolger von Isaac Newton als

Präsident der Gesellschaft, erwarb 1727 die Tagebücher von Dampier, Wafer, Sharp und Ringrose als Aufzeichnungen von wissenschaftlichem und historischem Wert. Sie gehörten zu den ersten Bänden, die in die Bibliothek des Britischen Museums aufgenommen wurden, für deren Einrichtung in erster Linie Sloane verantwortlich war. Hundert Jahre später schrieb Burney über die Berichte von Dampier: „Es ist nicht leicht, einen zweiten Reisenden zu nennen, der der Welt so nützliche Informationen geliefert hat, dem Kaufleute und Seeleute zu größerem Dank verpflichtet sind und der seine Mitteilungen in einer so vorurteilsfreien und einsichtigen Weise formulieren kann." Sicher ist auch Defoe stilistisch und thematisch von diesen Schriften beeinflußt worden. Dampier war der einzige Freibeuter, der sich porträtieren ließ. Das Gemälde hängt heute in der National Portrait Gallery. Sein Titel – „Pirat und Hydrograph" – verrät einen bemerkenswerten Sinn für die ausgleichende Gerechtigkeit.

In einem interessanten und aufschlußreichen Abschnitt (über die Insel Sal in der Bucht von Honduras) schreibt Dampier: „Wenn viele Flamingos beisammenstehen, dann sehen sie von weitem aus wie eine Backsteinmauer, denn ihr Gefieder hat die Farbe von frisch gebrannten, roten Ziegeln. Wenn sie nicht fressen, stehen sie gewöhnlich aufrecht dicht beieinander in einer Reihe." Dann berichtet er, daß eine aus Flamingozungen bereitete Mahlzeit sich sogar für die Tafel eines Fürsten eignen würde. Die Zungen „. . . sind groß und haben an der Wurzel eine Fettknolle. Das ist ein vorzüglicher Bissen".

Lionel Wafer, der die Freibeuter als Arzt auf ihren Raubzügen begleitete, wußte in einem 1699 veröffentlichten Buch noch ungewöhnlichere Geschichten zu erzählen, als er nach einer ebenso abenteuerlichen Odyssee wie Dampier nach London zurückgekehrt war. Mit seinen beiden Kameraden Edward Davis und John Hingson hatte er zwei Jahre im Gefängnis von Jameston, Virginia, zugebracht. Nachdem er sich fünf Jahre lang auf dem Atlantik, im Karibischen

Meer und auf dem Pazifik als Pirat betätigt hatte, fanden die Behörden in seinem Gepäck die folgenden Beutestücke: „In einem Beutel 37 Silberplatten; zwei Kammuscheln; sieben Teller; Silberlitze; sieben angeschlagene Tassen; drei Beutel mit spanischem Geld im Wert von 1100 Dollar . . . in einer Kiste mit der Aufschrift L.W. ein Stück Stoff und ein paar alte Kleidungsstücke; einen alten zerbrochenen Teller und ein paar kleine Schüsseln." Im Jahre 1691 waren die drei Männer nach einem langwierigen juristischen Tauziehen entlassen worden. Sie hatten behauptet, westindische Kaufleute zu sein, die mit Freibeutern geschäftliche Beziehungen unterhalten hatten. Ein Teil ihrer Beute im Wert von 300 Pfund wurde beschlagnahmt, „um für den Bau eines College oder einer anderen karitativen Einrichtung je nach dem Auftrag des Königs verwendet zu werden". Wahrscheinlich wurde mit diesem Geld das William and Mary-College in Williamsburg errichtet.

Diese und andere weniger erbauliche Episoden verschweigt Wafer in seinem Buch und konzentriert sich dafür auf einen Bericht über seinen Aufenthalt bei den Cuna-Indianern in Darien im Jahr 1681. Die Indianer waren von seiner Methode des Aderlassens sehr beeindruckt, denn diese Technik war wirksamer und weniger schmerzhaft als die bisher von ihnen angewendete. Bei ihrer Therapie wurde der Patient nackt ausgezogen, auf einen mitten im Fluß liegenden Steinbrocken gesetzt und mit winzigen Pfeilen beschossen, die etwa einen halben Zoll tief ins Fleisch eindrangen. Wafer schreibt: „Wenn zufällig eine Vene getroffen wird und das Blut herausspritzt, springt der Medizinmann umher und zeigt durch seine Gebärden, wie er sich freut und triumphiert." Mit seiner Lanzette gewann Wafer die besondere Achtung der Eingeborenen, mußte sich jedoch im übrigen ganz ihren Lebensgewohnheiten anpassen. Er bemalte sich den ganzen Körper mit leuchtenden Pflanzenfarben, trug einen Lippenschmuck aus gehämmertem Gold und einen Penisschutz aus Silber, der die Form eines Kegels hatte und an einem Gurt befestigt war. Er mußte an gewaltigen Trinkgelagen teilnehmen, und wenn die Männer nach dem übermäßigen Genuß von Palmwein und Maisbier in den Hütten ihren Rausch ausschliefen, benetzten ihnen die Frauen den ganzen Körper mit Schwämmen, um die erhitzten Glieder abzukühlen. Er berichtete, die Sprache der Cuna erinnere ihn an das Gälische, und fertigte ein Verzeichnis der gebräuchlichsten Wörter an, das den Anthropologen zweihundert Jahre später interessante Aufschlüsse vermittelte. Sehr anschaulich schilderte er die Freundlichkeit der Indianer, das milde Klima und den Überfluß an Früchten, Wildschweinen und Hirschantilopen.

Englische Kaufleute und Finanziers, die daran dachten, eine South Sea Company zu gründen, ließen sich von Dampier und Wafer beraten. Sie mußten 1696 vor einem Sonderausschuß erscheinen, zu dem auch John Locke gehörte. Doch Wafer wurde von den Begründern der von so viel Unglück verfolgten schottischen Darien Company nach Edinburgh entführt, die glaubten, damit den verhaßten Engländern zuvorzukommen. Ihr Geiz hat Wafer vielleicht veranlaßt, ihnen ganz falsche Informationen zu geben und zu erzählen, der Golf von Darien sei ein Paradies auf Erden. Sein Buch und seine mündlichen Berichte darüber haben sicher die Wunschvorstellungen geweckt, die zu der Katastrophe in der Kolonie Caledonia führten.

Rechts: Die von Lionel Wafer in seinem Tagebuch beschriebene Methode des Aderlassens bei den Cuna-Indianern.

Von der Malaria und tropischen Geschwüren befallen, von wilden Stürmen heimgesucht und von den Spaniern als Piraten verfolgt, gingen mehr als tausend schottische Auswanderer in dem von Wafer beschriebenen Paradies zugrunde, ehe die Überlebenden es enttäuscht wieder aufgeben mußten.

Dampier, dessen Reisebeschreibungen Jonathan Swift einen großen Teil des Materials für sein Buch *Gullivers Reisen* geliefert haben, segelte 1699 als Kapitän der *Roebuck* zu einer Forschungsreise nach Australien ab. Er hatte keinen Erfolg und wurde seines Postens enthoben. Auch die Versuche, 1702 bis 1704 als Freibeuter im Pazifik sein Glück zu machen, schlugen fehl. Als starker Trinker war Dampier ein launenhafter und unentschlossener Kapitän, und als er versuchte, eine Manila-Galeone zu kapern, versagte er kläglich. Auf seinem Schiff kam es ständig zu Streitigkeiten, deshalb ließ sich der Steuermann der *Cinque Ports*, Alexander Selkirk, auf der Insel Juan Fernandez aussetzen. Als Dampier nach fünf Jahren bei einem zweiten, diesmal disziplinierteren und erfolgreicheren Freibeuterunternehmen (1708 bis 1711) als Lotse des Kapitäns Woodes Rogers auf der *Duke* die Insel anlief, wurde Selkirk wieder an Bord genommen – „ein in Ziegenhäute gekleideter Mann, der noch wilder aussah als die wilden Bergziegen" –, und der Bericht von Woodes Rogers über diese Episode regte Defoe zu seinem Buch *Robinson Crusoe* an.

5 Die schwarze Piratenflagge und der Seeräuber Blackbeard

Reverend Cotton Mather (1663–1728), bekannt durch seine salbungsvollen Predigten, die er am Fuße des Galgens bei Hinrichtungen von Piraten und anderen Missetätern hielt.

Als es den Freibeutern endlich gelungen war, die spanische Vormachtstellung zu brechen, wurden sie zu einer politischen, wirtschaftlichen und gesellschaftlichen Plage. Gelegentlich ließen sich ihre Freunde beim Jamaica Council oder die französischen, holländischen und dänischen Gouverneure noch von ihnen bestechen; aber die angesehenen Bürger, die ihre Pflanzungen zunächst unter dem Schutz dieser Piraten aufgebaut hatten, wollten jetzt ihre unbequemen Schutzherren loswerden.

Sie behaupteten, die Seeräuber hätten alle arbeitsfähigen Männer von der Insel Jamaika abgezogen und es unmöglich gemacht, den natürlichen Reichtum des Landes auszunützen. In einem Bericht heißt es, daß sich allein in den Jahren 1668 bis 1671 2500 Mann hatten anheuern lassen. Das war für eine nur schwach besiedelte und von Feinden umgebene Kolonie eine sehr große Zahl. „Diese Leute haben weder geheiratet noch Häuser gebaut oder gesiedelt . . . Das Freibeutertum ist die Ursache für alle Arten der Unordnung und Zügellosigkeit, und wenn das so weitergeht, dann werden nur die unwürdigsten Leute reich, und die Spanier werden provoziert und alarmiert werden . . . Die Zahl der Schenken hat sich verdoppelt, so daß es jetzt für jeweils zehn Einwohner ein Haus gibt, in dem hochprozentige alkoholische Getränke verkauft werden. Neben den Zucker- und Rumfabriken, die ohne Lizenz verkaufen, gibt es mehr als hundert lizenzierte Häuser."

Doch es war gar nicht so einfach, die unerwünschten Bundesgenossen loszuwerden. Nur wenige Freibeuter reizte es, sich auf dem ihnen angebotenen Land als Siedler niederzulassen, sie wollten aber auch nicht für wohlhabende Unternehmer arbeiten, die auf sie herabsahen. Wenn es ihnen in den Kram paßte, ließen sie sich begnadigen, aber es gab immer noch „schwarze" Schiffe, die vor entlegenen Küsten vor Anker gingen und Mannschaften anheuerten. An Freiwilligen herrschte kein Mangel. Das Geschwader der Kriegsflotte, das 1685 in Port Royal stationiert wurde, konnte kaum etwas an der Lage ändern. Kapitän Spragge lief 1687 mit seinem Schiff in den Hafen ein, an der Rahnock hingen vier Piraten – wie diese Leute jetzt von den Bürgern Jamaikas genannt wurden. Aber die Gerichte sprachen sie immer noch aus formalen Gründen frei, und die weniger angesehenen Mitglieder des Council, die wie Morgan zur Alten Garde der Kolonisten gehörten, leisteten lange Zeit hinhaltenden Widerstand und begründeten ihre Haltung damit, daß es unklug wäre, die *boucaniers* zum endgültigen Abzug zu zwingen, denn dann bliebe Jamaika ohne jeden Schutz gegen Angriffe von See her, die rivalisierenden Franzosen und Holländer würden Vorteile daraus ziehen, und andere, meist fremden Staaten gehörende Inseln würden wirtschaftlich daran profitieren.

Es hatte den Anschein, als wären die Gebete der Piratengegner in völlig unerwarteter Weise erhört worden, als Port Royal am 7. Juni

1692 – von vielen wurde es als „die sündigste Stadt der Christenheit" bezeichnet – von einem Erdbeben verwüstet wurde. Gott selbst schien für die Gesundung der Wirtschaft und die Erhaltung der Moral etwas tun zu wollen. Augenzeugen schilderten, wie die Insel nach einem unerträglich heißen und stillen Morgen – man hörte weder den Gesang der Vögel noch das Summen der Insekten – unter fürchterlichem Krachen von immer stärker werdenden Stößen erschüttert wurde. Die See war bis zu diesem Augenblick vollkommen ruhig gewesen, brandete aber jetzt in riesigen Flutwellen gegen die Küste. Drei Wochen lang bebte die Erde immer wieder, und das auf einer Sandbank erbaute Port Royal wurde fast vollständig zerstört. Die Schiffe wurden von ihren Ankern losgerissen und über die im Wasser versunkenen Ruinen der Häuser hinweg an Land getrieben. Nur wenige Gebäude blieben stehen, und fast zweitausend Menschen ertranken oder wurden von der sich auftuenden Erde verschlungen.

Port Royal war für immer versunken, aber viele englische Freibeuter schlossen sich nun den *flibustiers* an, und nach 1680 wurden Piraten fast aller Nationalitäten nicht nur auf den weit draußen im Meer gelegenen Westindischen Inseln, sondern auch in den Häfen Neuenglands herzlich aufgenommen. In New York City verkauften ihnen angesehene Geschäftsleute Schießpulver und Proviant und steckten dabei hohe Gewinne ein. Die städtischen Behörden von Boston nahmen den französischen und englischen „Silberschiffen" gern das Märchen ab, sie hätten spanische Wracks im Kanal von Florida gehoben und ihre Ladungen übernommen. Als die Einwohner von Boston fürchteten, ihre Stadt könnte zu einem zweiten Port Royal werden, und anfingen, Schwierigkeiten zu machen, zeigte sich der Gouverneur von Rhode Island entgegenkommender. Er begnadigte großzügig die dort vor Gericht gestellten Piraten und prüfte kaum ihre plump gefälschten Freibriefe. Als die amerikanischen Kolonien 1699 ermächtigt wurden, ihre eigenen Seegerichte einzusetzen – vorher mußten Piraten nach England geschickt und dort abgeurteilt werden –, war es nicht mehr schwer, das Recht so zu beugen, daß es den Bedürfnissen der neuen Schutzherren eines freien Unternehmertums auf hoher See entsprach. Der von England nach Amerika geschickte George Larkin, der hier Kommissare zur Bekämpfung der Piraterie einsetzen sollte, fand nur wenig Unterstützung bei den amerikanischen Behörden und berichtete, daß „sogar Männer der Kirche die Piraten beherbergen und ihnen schmeicheln". Während eines Aufenthalts auf den Bermudas steckte ihn der dortige Gouverneur Bennett unter der fingierten Anklage, er habe eine Negerin vergewaltigt, ins Gefängnis. Bald nach seiner Entlassung starb Larkin.

Männer wie Bennett hielten es für ungerecht, daß der bisherige Gouverneur der Bahamas, Nicholas Trott, abberufen worden war, weil er sich von Piraten hatte bestechen lassen. Bennett selbst hatte beispielsweise eine Schiffsladung französischer Kriegsgefangener gegen eine Ladung Brandy und nicht – wie vorgesehen – gegen englische Gefangene ausgetauscht. Die Kolonialbeamten waren unterbezahlt und hatten in Amerika nicht die Möglichkeit, auf Kosten der Eingeborenen reich zu werden, wie etwa die Angehörigen der East India Company. Deshalb bestanden ihre Nebeneinnahmen hauptsächlich aus Bestechungsgeldern, die sie von den Piraten kassierten.

Selbst wenn ein Pirat gar zu offensichtlich gegen die Regeln verstieß und ein Exempel statuiert werden mußte, wie es 1704 in Boston im Falle des John Quelch geschah, der anstatt eines französischen ein portugiesisches Schiff gekapert hatte, vereinnahmten die Richter den größten Teil der Beute für sich. „Oh", erklärte der ehrwürdige Reverend Cotton Mather würdevoll, der für seine Predigt eine beachtliche Summe einstrich, „mögen die armen Männer, die in wenigen Augenblicken vor dem Richterstuhl des gerechten Gottes werden stehen müssen, vorher für ihre armen Seelen die Tröstungen Deiner großen Gnade empfangen ... O großer Gott, laß Deine übermächtige Gnade in dieser schrecklichen Stunde wirksam werden!" Quelch ließ sich dadurch nicht beeindrucken. Er zog den Hut, verbeugte sich vor den Zuschauern und erklärte: „Meine Herren, ich habe meinen Kameraden nur noch eines zu sagen: Überlegt es euch genau, wie ihr Geld nach Neuengland schafft, denn ihr könnt dafür gehängt werden."

Quelch, der von der meuternden Mannschaft eines Freibeuterschiffs zum Anführer gewählt worden war, nachdem sie den Kapitän getötet hatte, ist wahrscheinlich einer der ersten Piraten gewesen, der den Jolly Roger, die schwarze Piratenflagge, gehißt hat. (Die Freibeuter segelten bisher unter der Flagge ihres Landes oder des Landes, das ihnen den Schutzbrief ausgestellt hatte. Wenn sie ein Schiff zur Kapitulation aufforderten, zogen sie gelegentlich eine rote Flagge auf, und das hieß, sie würden keinen Pardon geben, wenn man ihnen Widerstand leistete.) Der Jolly Roger wird zum erstenmal 1700 erwähnt. Damals fuhr ein französisches Piratenschiff unter einer Flagge, die „auf schwarzem Grund gekreuzte Knochen, einen Totenkopf und ein Stundenglas" zeigte, und zwar bei einem Gefecht gegen ein englisches Kriegsschiff vor Jamaika. Das Stundenglas deutete wahrscheinlich darauf hin, daß es nicht viel Zeit zum Überlegen gab. Das wurde durch den Totenkopf und die gekreuzten Knochen, die traditionellen Symbole des Todes, noch unterstrichen.

Die auf der schwarzen Flagge gezeigten Zeichen wechselten. Bei Quelch waren es „ein Totengerippe mit einem Stundenglas in der einen und einem pfeildurchbohrten Herzen, aus dem drei Tropfen Blut herausquollen, in der anderen Hand". Auf anderen Schiffen zeigten die Piraten einen schwarzen Wimpel mit einem Skelett, das in einer Hand ein Glas Rumpunsch und in der anderen ein Entermesser hielt. Manchmal war es auch ein schwarzes oder rotes Skelett auf weißem Grund.

Nach einigen Berichten wurde der Roger aufgezogen, um dem Gegner anzuzeigen, daß der feindlichen Mannschaft Pardon gegeben würde. Wenn dieses Angebot abgelehnt wurde, stieg die rote Flagge am Mast empor. In einem Bericht über seine Erlebnisse unter Piraten im Jahre 1724 schreibt Kapitän Richard Hawkins: „Eines Abends gegen elf Uhr hörte ich, nachdem sich die Leute schon einige Zeit im großen Mannschaftslogis versammelt hatten, drei ‚Hussahs'. Dann kamen sie alle an Deck und hißten den Jolly Roger. So nannten sie ihre schwarze Flagge, in deren Mitte sich ein weißes Skelett befindet mit einem Pfeil in einer Hand, der ein blutendes Herz durchbohrt, in der anderen Hand ein Stundenglas ... Wenn sie unter dem Jolly Roger kämpfen, geben sie Pardon. Haben sie aber die rote Flagge gehißt, darf niemand auf Gnade hoffen."

Rechts: In Amerika wurde die Seeräuberliteratur ebenso gern gelesen wie in England.

THE

TRIALS

Of Eight Persons

Indited for Piracy &c.

Of whom Two were acquitted, and the rest found Guilty.

At a Justiciary Court of Admiralty Assembled and Held in **Boston** within His Majesty's Province of the Massachusetts-Bay in New-England, on the 18th of **October** 1717. and by several Adjournments continued to the 30th. Pursuant to His Majesty's Commission and Instructions, founded on the Act of Parliament Made in the 11th. & 12th of KING **William** IIId. Intituled, *An Act for the more effectual Suppression of Piracy.*

With an APPENDIX,

Containing the Substance of their Confessions given before His Excellency the Governour, when they were first brought to *Boston*, and committed to Goal.

Boston:

Printed by **B. Green**, for **John Edwards**, and Sold at his Shop in King's Street. 1718.

Über die Entstehung des Ausdrucks „Jolly Roger" gibt es drei Theorien. Nach der ersten nannten die *flibustiers* die rote Flagge *joli rouge*. Bei den englischen *boucaniers* entstand daraus der Jolly Roger, aber sie verwendeten diesen Namen für die schwarze Flagge. Nach der zweiten Version wird behauptet, ein tamilischer Piratenkapitän mit Namen Ali Radscha sei unter einer roten Flagge gefahren, und englische Piraten im Indischen Ozean hätten ihn Ally Roger, Olly Roger, Old Roger und schließlich Jolly Roger genannt. Der englische Ausdruck „roger" hatte damals bei ihnen die Bedeutung „vagabundierender Schurke". Die dritte und plausibelste Erklärung sagt, daß die schwarze Flagge eine Herausforderung der „Gottlosen" gegenüber Heuchlern vom Typ des Pfarrers Cotton Mather und der Gesellschaft war, die er vertrat. Die Bezeichnung „Old Roger" galt in einem zeitgenössischen Wörterbuch als Synonym für den Teufel, und im Symbolismus der Piraten findet man in der Tat eine gewisse zynische Verachtung des Hergebrachten. Welches auch der Ursprung der schwarzen Flagge sein mag, sie war auf jeden Fall ein äußeres Zeichen für den Versuch, den anarchistischen und kameradschaftlichen Geist der Seeräuber der Alten Garde wiederaufleben zu lassen und unter den Piraten einen gewissen Korpsgeist zu fördern.

Während des lange dauernden Krieges zur Regierungszeit der Königin Anna waren die meisten Piraten als Freibeuter beschäftigt. Aber als der Krieg 1713 sein Ende fand, gab es Anzeichen dafür, daß es nun auf See zu chaotischen Zuständen kommen könnte. Ein Pflanzer auf Jamaika sagte voraus, daß nach zwölf Jahren erlaubter Plünderungen „eine Brut von Piraten die Welt beunruhigen" und der weltweite britische Kolonialhandel das gleiche Schicksal erleben werde wie seinerzeit jener der Spanier. Schon 1714 begannen die Küstenwachschiffe, die *guarda costas*, deren Besatzungen ebenfalls nur einen Lohn bekamen, wenn sie fremde Schiffe aufgebracht hatten, in den Häfen von Jamaika Schiffe zu kapern, während die wenigen Fregatten, die der Kriegsflotte zur Verfügung standen, den über den Atlantik fahrenden Handelsschiffen Geleitschutz gaben. Puerto Rico war „ein Nest von Piraten . . . die unter dem Vorwand, den Küstenschutz zu übernehmen, das Seegebiet vor der amerikanischen Küste unsicher machten". Augustino Blanco, ein spanischer Desperado, der sich zum Herrn einer Piratengesellschaft aufgeschwungen hatte, die aus Spaniern, Portugiesen, Engländern, Schotten, Mulatten und Negern bestand, errichtete einen Stützpunkt auf den Bahamas. Im Jahre 1703 war Nassau, die Hauptstadt von New Providence, von einer französisch-spanischen Expedition zerstört worden. Seitdem gab es dort keine Regierung mehr, und die Einwohner waren fast alle verschwunden. Die meisten waren nach Nord- und Südkarolina geflohen. Die Verwaltungsbehörden hatten augenscheinlich das Interesse an der Insel verloren, und nun setzten sich ehemalige Freibeuter dort fest, um eine Piratenrepublik zu gründen, die dann allerdings nur kurze Zeit bestand. Im Juli 1716 berichtete der Gouverneur von Virginia, Spotswood, über diese Entwicklung nach London: „In New Providence versuchen Piraten sich festzusetzen, und da sie hoffen, aus der Bucht von Campeachy, von Jamaika und aus anderen Teilen (Westindiens) Verstärkung zu bekommen, könnten sie, wenn nicht rechtzeitig etwas gegen sie unternommen wird, zu einer Gefahr für den britischen Handel werden." Die Piratenrepublik bestand damals

Rechts: Hinrichtung von Major Stede Bonnet in Charleston 1718, als die Seegerichte der amerikanischen Admiralität anfingen, energischer durchzugreifen.

aus etwa zweitausend außerhalb des Gesetzes stehenden Männern. Ihre Anführer waren Henry Jennings, Charles Vane, Charles Bellamy, Oliver la Bouche, Benjamin Hornigold und der Gefolgsmann von Hornigold, Edward Teach. Mit fünf Schiffen und dreihundert Mann hatten Jennings und Vane eine außenpolitische Krise heraufbeschworen, als sie ein spanisches Schiff aufbrachten, das monatelang damit beschäftigt gewesen war, die Wracks einer Silberflotte zu heben, die in einem Hurrikan vor den Bahamas gesunken war. Die Piraten raubten diesem Schiff nun 350.000 Achterstücke.

Nassau war eine verwahrloste Siedlung. Die Häuser waren aus Treibholz gebaut und mit Palmwedeln gedeckt. Dazwischen standen aus alten Segeln und Schiffsplanken errichtete Zelte. Man sagte, wenn der Wind von Land her wehte, könne man New Providence schon riechen, bevor man es gesichtet hatte. Jede zweite Hütte war eine Grogbude oder ein Bordell mit Neger- und Mulattenhuren. Die beliebtesten Getränke waren eine Mischung aus stark gewürztem Bier, Gin und Sherry oder aus Rum und Schwarzpulver. Defoe schreibt: „Wer nüchtern war, machte sich verdächtig." Die Witwe eines Segelmachers nähte schwarze Freibeuterflaggen und bekam ihren Lohn in Brandy ausbezahlt. Mit anderen Worten, Nassau war ein zweites Hogarthsches Gin Lane oder Port Royal, nur noch schmutziger und verkommener.

Und dennoch wurde hier nicht nur gesoffen, gefaulenzt, gerauft und gehurt. Diese in einem lockeren Verband zusammengeschlossenen Piratengemeinschaften, auch Kompanien genannt, waren ebenso wie die „Piratendemokratien" im alten Griechenland recht erfolgreich, und es kam kaum zu Streitigkeiten. Ohne einer bestimmten politischen Ideologie zu folgen, führten diese harten ehemaligen Matrosen ein Leben, das der Anarchie sehr nahe kam. Das System bewährte sich, wie dies oft der Fall ist, wenn anarchische Zustände in relativ engem Rahmen herrschen. Es gab nur wenige geschriebene Gesetze, aber man hatte sich darauf geeinigt, daß die Verteidigung des Hafens jeweils von den Schiffsbesatzungen übernommen werden sollte, die sich gerade an Land befanden. Eine Küstenbatterie wurde turnusmäßig von fünfzig Mann besetzt. Die Arbeitskleidung waren Jacken und kurze, weite Hosen aus dick mit Pech beschmiertem Segeltuch. Dieses Material war so hart, daß es wie ein leichter Panzer wirkte und sich nicht ohne weiteres von einem Dolch oder Säbel durchbohren ließ. Nach dem Vorbild der bei den Freibeutern geltenden Regeln setzten „gebildete" Piraten die Heuerverträge auf, die der Mannschaft vorgelesen und von ihr unterschrieben wurden. Die Verfasser waren Leute wie Major Stede Bonnet, ein Pflanzer aus Barbados, der sich, wie man behauptete, hatte anheuern lassen, weil er die Launen seiner zänkischen Frau nicht mehr ertragen konnte. Bei den meisten Piratenkompanien galten die folgenden Bestimmungen:

1. Jeder Mann soll den Befehlen seiner Vorgesetzten folgen. Der Kapitän erhält einen vollen und einen halben Anteil von der Beute. Der Steuermann, der Schiffszimmermann, der Bootsmann und der Erste Geschützoffizier (die sogenannten „artists") erhalten je ein und ein Viertel Anteile.

2. Wer versucht, fortzulaufen oder vor der Mannschaft etwas Nützliches geheimzuhalten, soll mit einer Flasche Pulver, einer Flasche Wasser, einer Handfeuerwaffe und Blei ausgesetzt werden.

3. Wer vom Besitz der Mannschaft oder beim Spiel etwas stiehlt, das den Wert eines Achterstücks übersteigt, soll ausgesetzt oder erschossen werden.

4. Wenn wir irgendwann einem anderen „Marooner" (Piratenschiff) begegnen, dann soll jeder Mann, der sich dort ohne das Einverständnis unserer Mannschaft anheuern läßt, nach Gutdünken des Kapitäns und der Mannschaft bestraft werden.

5. Wer einen anderen Mann aus der Besatzung schlägt, solange diese Artikel in Kraft sind, soll auf dem nackten Rücken das „Mosesgesetz" spüren (neununddreißig Schläge).

6. Wer leichtfertig den Hahn seiner Pistole oder Muskete spannt, unter Deck raucht, ohne die Pfeife mit einem Deckel zu verschließen, oder eine offene Kerze trägt, die sich nicht in einer Laterne befindet, soll die gleiche Strafe erhalten wie im vorigen Artikel.

7. Wer seine Waffen nicht sauber und einsatzbereit hält oder seine

Oben: Anne Bonny und Mary Read, die einzig bekannte Ausnahme von der strengen, bei den Piraten geltenden Regel, keine „unruhestiftenden“ Frauen an Bord zu lassen.

Pflichten vernachlässigt, soll keinen Anteil an der Beute haben oder nach Gutdünken des Kapitäns und der Mannschaft bestraft werden.

8. Wenn jemand bei einem Gefecht einen Finger oder einen Zeh verliert, erhält er 400 Achterstücke; wenn er Arm oder Bein verliert, 800.

9. Wer eine achtbare Frau kennenlernt und versucht, sie gegen ihren Willen zum Beischlaf zu zwingen, soll sofort getötet werden.

Wie die Erfahrung zeigte, schadete es der Disziplin, wenn Frauen an Bord waren oder um hohe Einsätze gespielt wurde. Weil die Piraten auf den Bahamas immer mächtiger wurden und man sich von ihrer sexuellen Zügellosigkeit die schlimmsten Dinge erzählte, wagten es nur wenige Frauen, sich auf eine Seereise zu begeben, es sei denn auf einem Schiff der Kriegsflotte. Wenn Frauen von den Piraten gefangengenommen wurden, dann wurden sie meist vom stärksten Mann der Besatzung bewacht. Zwar konnten diese Leute auch nicht immer der Versuchung widerstehen – einige Frauen boten sich ihnen auch an, weil sie glaubten, auf diese Weise am ehesten einer Massenvergewaltigung zu entgehen –, aber die Mannschaft wagte sich in den meisten Fällen nicht an sie heran. John „Calico Jack" Rackham, Vanes ehemaliger Steuermann, der wegen Feigheit abgesetzt worden war und dann eine eigene Kompanie aufgestellt hatte, ist wahrscheinlich der einzige Piratenkapitän gewesen, der von der Regel abwich und zwei Frauen mit an Bord nahm, Anne Bonny und Mary Read. Defoe erzählt eine lange, aber recht unglaubwürdige Geschichte, in der Anne Calico Jack die Treue hielt und Mary nur einen einzigen Liebhaber hatte. Außerdem behauptete er, beide hätten sich als Männer ausgegeben, und es sei ihnen gelungen, die Mannschaft zu täuschen, bis sie 1720 auf Jamaika vor Gericht gestellt wurden. Hier hätten sie den Richter mit der Behauptung überrascht, sie seien schwanger. („Hohes Gericht, wir bitten um Gnade für unseren dicken Bauch.")

Viel wahrscheinlicher ist es, daß diese „weiblichen Piraten" als Huren an Bord genommen wurden, denn mehrere Zeugen sagten vor Gericht aus, „sie sind nicht mit Gewalt festgehalten worden, sondern waren sehr aktiv und bereit, alles zu tun, was von ihnen verlangt wurde". Trotzdem kam es durch sie zu Eifersuchtsszenen und Schlägereien. Zwei französische Maate, die gezwungen worden waren, sich der Mannschaft von Rackham anzuschließen, behaupteten, „wenn wir ein feindliches Schiff jagten oder angriffen, trugen sie Männerkleider, aber sonst nur Frauenkleider". Man darf vermuten, daß die Frauen nur aus praktischen Gründen Hosen anzogen, im übrigen aber nicht versuchten, ihr Geschlecht zu verbergen. Manche glauben auch, daß die Beziehungen zwischen Anne und Rackham und zwischen Mary und ihrem anonymen Liebhaber von der Mannschaft vielleicht als homosexuelle Liebschaften angesehen worden seien. Aber das ist unwahrscheinlich. Auf den großen Schiffen gab es damals geschlossene Latrinen in Holzverschlägen auf Deck. Aber auf Schaluppen mit etwa 50 Tonnen Wasserverdrängung, wie sie die Piraten benutzten, kannte man solchen Luxus nicht. Die Mannschaften urinierten oder entleerten sich in die Klüsen am Bug, durch welche die Ankerketten liefen. Man muß annehmen, daß sie dabei nicht gerade unaufmerksam waren und von den Frauen das beansprucht haben, was ihnen in dieser Beziehung ebenso zustand wie der Anteil an der Beute. Der Kapitän, dessen Vorrechte sehr scharf begrenzt waren, hätte sich nie eine eigene Konkubine halten dürfen – und auch keinen Lustknaben. Doch die Version von Defoe reizte die romantische Phantasie des Bürgers. Daher gehörten Anne Bonny und Mary Read zu den wenigen Piraten, über die eine Ballade gedichtet wurde:

Die Hände hart von Pech und Teer,
Einst sammetweich und fein,
So stiegen sie den Mast hinauf
Und holten den Anker ein . . .

Rechts: Der „Jolly Roger“, wie ihn „Calico Jack“ Rackham auf seinem Schiff hißte; darunter ein mit Persenningsleisten versteifter Wimpel.

Nicht zuletzt an diesem Beispiel hatten die Piraten erlebt, wie sehr es der Disziplin schaden konnte, wenn man Frauen an Bord nahm, und das bisher ungeschriebene Gesetz wurde jetzt in einem besonderen Artikel des Heuervertrags aufgenommen. In einigen Fällen verbot man sogar, junge Burschen mitzunehmen, wie etwa auf dem Schiff von Bartholomew Roberts: „Kein Knabe und keine Frau sollen in die Mannschaft aufgenommen werden. Wer dabei angetroffen wird, bei einem des gleichen Geschlechts zu liegen, oder wer eine verkleidete Frau an Bord bringt, soll mit dem Tod bestraft werden.“

In New Providence gab es alles, was das Herz begehrte – frisches Quellwasser, tropische Früchte, Schildkröten, Schweine und Rinder und einen hervorragenden natürlichen Hafen, der bis zu fünfhundert Schaluppen, Barken und Brigantinen aufnehmen konnte. Seine Einfahrt aber war für größere Schiffe zu seicht und zu eng. Den Piraten kam es darauf an, die Beute schnell umzusetzen. Das war die gleiche Taktik, die die englischen Seeräuber im 15. und 16. Jahrhundert angewendet hatten. Gekaperte Schiffe der richtigen Größe wurden für den eigenen Gebrauch umgebaut. Wenn die Schiffe zu groß waren, verbrannte man sie und setzte vorher Mannschaften und Passagiere an Land. Die Verfolgung endete, sofern die Besatzung nicht schon vorher die Waffen streckte, meist damit, daß das

Prisenkommando unter Trompetenfanfaren und Trommelwirbeln mit Enterhaken und Netzen an Bord ging. Dort kam es zum Nahkampf mit Pistolen, Entermessern, Handgranaten und rauchenden Stinktöpfen, die beim Gegner eine noch größere Verwirrung erzeugten. Aber sehr oft ging dem Entern eine Demonstration der Stärke und das Hissen der schwarzen Flagge voraus, besonders als sich die Flottenbefehlshaber im Karibischen Meer lebhafter für die Piraterie zu interessieren begannen.

Um Geleitschutz durch Kriegsschiffe zu bekommen, mußten die Handelsschiffe eine hohe Chartergebühr bezahlen, die bis zu 12,5 Prozent des Werts der Ladung betrug. Daher war dies ein viel einträglicheres Geschäft als die Jagd auf Seeräuber. Das Geld war leicht verdient, denn die Piraten griffen nur selten im Geleitzug fahrende Schiffe an. Doch wenn es gelang, der Piraterie Einhalt zu gebieten, dann brauchte man keine Geleitzüge mehr. Deshalb wurde zwischen beiden Parteien eine ungeschriebene Vereinbarung eingehalten. Oft beförderten Kriegsschiffe auch Fracht. Das war illegal; da sie aber niedrigere Frachtraten forderten und mehr Sicherheit boten, waren sie sehr gefragt. Die Folge war, wie der Gouverneur von Jamaika mit Bedauern feststellte, ein Zurückgehen der Handelsschiffahrt und eine zunehmende Arbeitslosigkeit unter den Matrosen, die nun noch mehr als zuvor bereit waren, sich auf Piratenschiffen anheuern zu lassen. Darüber hinaus zwangen die wiederholten

Oben: Die Mannschaften von Blackbeard und Vane bei einem Trinkgelage an der Küste von Carolina, aus *The Pirate's Own Book.*

Angriffe der Spanier auf die Holzfällerlager an der Bucht von Campeche, wo es bisher für arbeitslose Seeleute eine Beschäftigung gegeben hatte, weitere Hunderte von ihnen, zu den Piraten zu gehen.

Damals brachte die Piraterie zwar nicht die höchsten Gewinne, war aber mit einem sehr geringen Risiko verbunden. Dieses bestand eher darin, daß es nicht genügend Schiffe zum Kapern gab und die Piratenkapitäne bei der herrschenden starken Konkurrenz auch die bescheidensten Ansprüche ihrer Mannschaften nicht befriedigen konnten. Im Jahre 1718 war der Handel mit den Westindischen Inseln nahezu lahmgelegt. „Ich halte es nicht für ratsam, von hier aus eine Reise zu unternehmen, wenn es nicht unbedingt notwendig ist, denn ich weiß nicht, ob mein Schiff nicht von Piraten aufgebracht werden wird", schrieb der Gouverneur der Kleinen Antillen. Die Überzahl der Piratenschiffe zwang viele Seeräuber dazu, ihre Aktivitäten weiter an die nordamerikanische Küste zu verlegen und sich ihre guten Beziehungen zu den amerikanischen Behörden zunutze zu machen, besonders in Nordkarolina, das anders als Südkarolina und Virginia eine arme Kolonie war und kaum Außenhandel betrieb. Die Piraten konnten anders verfahren als die Schmuggler, die ihre gestohlenen Waren in New Providence gekauft hatten, und setzten die Ladungen gekaperter Schiffe unmittelbar an die Verbraucher ab, ohne Zwischenhändler einzuschalten. Auch wenn der Gouverneur und die ihm unterstellten Beamten ihren Anteil erhalten hatten, war der verbleibende Gewinn noch recht hoch.

Am geschicktesten wußte Blackbeard seine guten Verbindungen in Nordkarolina auszunutzen. Bis zu seinem Tod im November 1718 kommandierte er fast zwei Jahre lang eine kleine Flotte, die die Handelsschiffe in der Karibik und vor Virginia, Nord- und Südkarolina ausraubte. Er blockierte mehrere Monate den Hafen von Charleston, und dabei kam es auch zu dem Zwischenfall mit der Medikamentenkiste. Über das Vorleben von Blackbeard ist kaum etwas bekannt. Charles Leslie, der die Geschichte Jamaikas im 18. Jahrhundert geschrieben hat, sagt, er sei dort als Sohn „sehr angesehener Eltern" geboren worden, und sein Bruder habe als Artilleriehauptmann bei der Miliz von Jamaika gedient. Defoe behauptet, er sei in Bristol geboren. Sein Familienname wird manchmal als Teach, dann wieder als Tache oder Thatch angegeben. In den Akten der Behörden erscheint er als Tach, Tatch oder Thatch. Gelegentlich wird er auch unter dem Namen Drummond geführt. Defoe behauptet, er sei von gewaltiger Körpergröße und ein ausgezeichneter Schauspieler gewesen, der es verstanden habe, die Menschen in Angst und Schrecken zu versetzen, denn „im Commonwealth der Piraten wird derjenige, der der größten Gemeinheiten fähig ist, von den anderen als außergewöhnlich tapfer beneidet ... Unser Held nahm den Beinamen Blackbeard an, weil sein ganzes Gesicht von gewaltigen Haarbüscheln umgeben war. Er wurde in Amerika mehr gefürchtet als irgendein Komet, der je dort aufgetaucht ist. Der Bart war schwarz und übermäßig lang und begann gleich unter seinen Augen. Er flocht ihn mit Bändern in kleine Zöpfe nach Art unserer Ramillies-Perücken und legte die Zöpfe über die Ohren. Im Gefecht trug er drei Pistolengurte über den Schultern. Die Pistolen hingen wie bei den andern die Patronen in den an den Gurten befestigten Taschen. Dazu steckte er sich brennende Lunten unter den Hut,* die beiderseits seines Gesichts herausragten, und mit seinen wildblickenden Augen machte er einen so schrecklichen Eindruck, daß die Wut der Hölle nicht fürchterlicher hätte aussehen können".

Um seinen Lesern die Lektüre etwas zu würzen, zeichnet Defoe Blackbeard als ein Ungeheuer, das – ähnlich Rasputin – gegen jeden Mordanschlag gefeit war. „Er kämpfte wild und leidenschaftlich, bis er fünfundzwanzig Wunden hatte. Fünf davon waren Schußwunden." Dann zitiert er aus Blackbeards Tagebuch „eine ganze Reihe von Aufzeichnungen der folgenden Art in seiner eigenen Handschrift: ‚Was für ein Tag, kein Rum mehr – Alle sind nüchtern – Eine verdammte Unruhe hat uns erfaßt! – Die Kerle haben etwas im Sinn – Großes Gerede über Fortlaufen – Ich halte Ausschau nach einem zu kapernden Schiff – Wir nahmen eines mit reichlich Schnaps an Bord. Das machte die Mannschaft wieder warm, verdammt warm; dann war alles wieder gut.'"

Bedenkt man, daß die Mannschaft aus „Schurken bestand, die alles daransetzten, sich gegenseitig an Ruchlosigkeit zu übertreffen, und die sich ständig betranken", dann muß man sagen, daß Blackbeards Leute erstaunliche Leistungen vollbracht haben. Er behandelte seine Männer augenscheinlich mit der gleichen verrückten und vom Alkohol beflügelten Arroganz, die englische Aristokraten im 18. Jahrhundert häufig gegenüber ihren Dienstboten zeigten. Nach der Legende hat die Mannschaft keines Schiffs, das Blackbeard kapern wollte, Widerstand geleistet, und dieser Umstand berechtigte ihn in den Augen seiner Leute wahrscheinlich auch dazu, ausgefallene Launen zu haben. In den einzigen beiden Gefechten, an denen er mit Sicherheit beteiligt war, kämpfte er gegen Patrouillenschiffe der Flotte. Beim ersten Gefecht mußte sein Flaggschiff (ein gekapertes französisches Sklavenschiff, das er als englischer Patriot auf den Namen *Queen Anne's Revenge* umgetauft hatte) den Angriff der *Scarborough* abwehren. Beim zweiten, auf dem James River, wurde er schließlich von Leutnant Maynard von der *Pearl* gefangengenommen und nach kurzem Verfahren geköpft.

Die Behandlung gefangener Schiffsoffiziere richtete sich danach, wie sie ihre Untergebenen behandelt hatten. Wie andere Piraten, die eine rauhe Rechtsprechung praktizierten und Gerechtigkeit und Seeräuberei dabei in Einklang zu bringen suchten, haben auch Blackbeards Männer ohne Zweifel solche Offiziere bestraft, die ihre Mannschaften besonders brutal behandelt hatten, und zwar mit Spießrutenlaufen, durch öffentliches Auspeitschen und ganz selten mit Erhängen. Gewöhnlich rührten sie das persönliche Eigentum der Offiziere (wenn Günstiges über sie berichtet wurde) und Mannschaften nicht an, nahmen von der Ladung nur das, was sie gebrauchen konnten, und behandelten die Matrosen, die bereit waren, mit ihnen zusammenzuarbeiten, gut. Gouverneur Spotswood schreibt: „Es ist bei diesen Räubern allgemein üblich, bei der Plünderung eines Schiffs den Kapitänen, die ihnen gefallen, als Ersatz für das, was sie ihnen fortgenommen haben, andere Waren zu schenken." Das war eine

Rechts: Trotz seines wilden Äußeren war Blackbeard kein besonders blutrünstiger – und auch kein sehr erfolgreicher – Pirat.

* Diese Geschützlunten waren lose aus Hanf zusammengedrehte Schnüre, die in eine Lösung aus Salpeter und Schwefelwasser getaucht wurden und langsam abbrannten – etwa zwölf Zoll in der Stunde.

vernünftige Methode, um die Mannschaften auf ihre Seite zu ziehen, und gute Propaganda.

In Bath Town, Nordkarolina, wurde Gouverneur Eden von den Piraten bestochen und steckte mit ihnen unter einer Decke, und das Seegericht fand Mittel und Wege, das Kapern von Handelsschiffen zu legalisieren. Einmal geschah dies, „obwohl Teach keinen Freibrief hatte, die Schaluppe englischen Kaufleuten gehörte und zu Friedenszeiten gekapert wurde. Nach dem Urteil war es jedoch ein gekapertes spanisches Schiff". Eden soll Teach angeblich mit einem aus der Stadt stammenden sechzehnjährigen Mädchen verheiratet haben. Defoe schreibt: „Das war, wie man mir sagte, Teachs vierzehnte Frau. Zwölf von ihnen sind heute vielleicht noch am Leben. Sein Verhalten als Ehemann war recht ungewöhnlich, denn während seine Schaluppe in der Ocracoke-Mündung vor Anker lag, begab er sich an Land auf eine Pflanzung, wo seine Frau lebte. Nachdem er die ganze Nacht bei ihr gelegen hatte, lud er – wie er es immer tat – fünf oder sechs seiner groben Gesellen ein und zwang die Frau, sich ihnen, einem nach dem anderen, vor seinen Augen hinzugeben."

Blackbeard mag ein Voyeur, ein Sadist und ein Trunkenbold gewesen sein, aber wenigstens teilte er alles mit seinen Kameraden. Nach ausgedehnten Sauftouren in Bath und Charleston, bei denen er seine Männer großzügig freihielt, führte er sie – wahrscheinlich zur Freude des Abschaums der Bevölkerung (wie Defoe das genannt hätte) – auf die Pflanzungen und ließ die Landhäuser der Besitzer von ihnen plündern. „Manchmal schenkte er den Beraubten Rum und Zucker als Gegenleistung für das, was er ihnen genommen hatte. Ob er sie aber auch für das entschädigt hat, was er und seine Kumpane mit den Frauen und Töchtern der Pflanzer taten, dafür kann ich mich nicht verbürgen. Bei anderen Gelegenheiten spielte er den großen Herrn und erlegte den Reichen Kontributionen auf. Oft beschimpfte er sogar den Gouverneur mit groben Worten . . . wahrscheinlich aber nur, um zu zeigen, wie mutig er war." Da Gouverneur Eden nicht die Mittel und auch gar nicht die Absicht hatte, den Raubzügen Blackbeards Einhalt zu gebieten, überschritt Gouverneur Spotswood schießlich seine Befugnisse und schickte die beiden Kriegsschiffe *Pearl* und *Lyme* zur Ocracoke-Mündung, um den Piraten dort zu überraschen. Das Unternehmen wurde fast zur Farce, denn alle an der Aktion beteiligten Schiffe liefen bei Ebbe auf Grund und mußten Wasserfässer und Ballast über Bord werfen, um wieder flott zu werden. Als die Entscheidung immer näher rückte, „nahm Blackbeard ein Glas Brandy, trank Leutnant Maynard zu und sagte: ‚Meine Seele soll verdammt sein, wenn ich jemandem Pardon geben oder selbst um Gnade bitten wollte!'"

Die aus Zucker, Kakao, Indigo und Baumwolle bestehende Ladung seines Schiffes, die er vor den Bermudas einem französischen Handelsschiff geraubt hatte, wurde beschlagnahmt. Ihr Wert wurde zusammen mit dem von zwei Schaluppen auf 2500 Pfund festgesetzt. Nach einem vier Jahre dauernden Rechtsstreit wurde der Erlös verteilt, aber schon lange vorher hatten die Matrosen, „die so tapfer gegen Blackbeard gekämpft hatten" (es war eine hohe Belohnung ausgesetzt worden), die Geduld verloren und sich auf Piratenschiffen anheuern lassen.

Teach hatte es so gut verstanden, für sich Reklame zu machen, und war ein so guter Schauspieler, daß man leicht übersieht, wie viele seiner Zeitgenossen sicher ebenso erfinderisch und erfolgreich gewesen sind. Charles Vane, der mit etwa „zwölf anderen üblen Gesellen, die alles, was sie an Geld besaßen, mit bösen Schurkereien verdient hatten", ausgesetzt worden war, fing seine Piratenlaufbahn zum zweitenmal mit nur einem einzigen Kanu an. Innerhalb von sechs Monaten war er wieder voll im Geschäft. Er hatte sieben Schiffe gekapert (vor allem englische), und seine Mannschaft war auf fünfundsiebzig angewachsen. Rackham wurde in einer Bucht an der Nordküste Kubas von der Küstenwache überrascht. Er und seine Leute hatten hier „einige Zeit mit ihren Delilahs an Land zugebracht". Nachts enterte er mit seinen Männern ein englisches Schiff, das die Spanier gekapert hatten, kappte das Ankertau und segelte unbemerkt davon. Bei Tagesanbruch eröffnete die Küstenwache „ein wildes Feuer auf die unbemannt zurückgelassene Schaluppe, aber sehr bald erkannten sie, wie die Sache stand, und verfluchten sich selbst als Narren, weil sie ein so gutes und reichbeladenes Beuteschiff verloren hatten, an dessen Stelle ihnen jetzt nur ein wertloser leerer Kasten geblieben war".

Charles Bellamy, der gemeinsam mit Vane den aus den versenkten Schiffen geretteten Schatz geraubt hatte, war vielleicht der schillerndste Vertreter des Anarchismus von New Providence. Einem Kapitän, der sich weigerte, seiner Aufforderung nachzukommen und sich den Piraten anzuschließen, soll er die folgenden Ansprache gehalten haben: „Verdammte Schweinerei . . . du bist ein kriecherischer kleiner Hund, denn das sind alle, die sich den Gesetzen unterwerfen, die von reichen Männern zu ihrem eigenen Schutz gemacht wurden; denn diese feigen Hundesöhne haben nicht den Mut, das, was sie durch ihre Schurkereien erworben haben, anders zu verteidigen . . . Uns verleumden sie, die Schurken, und dabei gibt es nur diesen Unterschied: Sie berauben die Armen unter dem Schutz des Gesetzes, und wir plündern die Reichen unter dem Schutz unserer Tapferkeit. Solltest du dich nicht lieber uns anschließen, anstatt diesen Lumpen in den Arsch zu kriechen und für sie zu arbeiten? Ich bin ein freier Fürst, und ich habe das gleiche Recht, gegen die ganze Welt in den Krieg zu ziehen, wie derjenige, der hundert Segelschiffe übers Meer fahren läßt . . . Aber mit solchen winselnden Hundesöhnen läßt sich ja nicht vernünftig reden, die es zulassen, daß ihre Vorgesetzten sie nach Belieben auf Deck herumstoßen, und die in Glaubenssachen auf einen zuhälterischen Pfarrer hören, auf einen Schwätzer, der selbst weder tut noch glaubt, was er den dickschädeligen Narren in seinen Predigten verzapft."

Schon 1718 begann die Piratenrepublik auf New Providence ebenso rasch und unaufhaltsam auseinanderzubrechen, wie sie entstanden war. Die Piraten zerstreuten sich und gingen zum Teil auf die kleineren Inseln. Da es ihnen immer seltener gelang, Schiffe zu kapern, ließen sich manche am Golf von Guinea anheuern oder umschifften, angelockt durch die Gerüchte, daß es im Indischen Ozean und im Roten Meer reiche Beute gäbe, das Kap der Guten Hoffnung, um sich den Piratengemeinwesen auf Madagaskar anzuschließen. Als im Juli 1718 in Nassau ein neuer Gouverneur aus England eintraf, von zwei Fregatten eskortiert, und allen dort verbliebenen Gesetzesbrechern die Begnadigung versprach, gaben sie

das Piratenhandwerk auf, und ihre „Republik“ fiel endgültig auseinander. Der Gouverneur, Woodes Rogers, ein gefürchteter ehemaliger Freibeuterkapitän, hatte die Unwissenheit der Verwaltungsbehörden ausgenützt und mit sechs Partnern die Bahamas für 21 Jahre gepachtet. Der Staat zahlte ihm kein Gehalt, und die Inseln boten keine anderen Erwerbsmöglichkeiten als die Piraterie, der Einhalt zu gebieten er gekommen war. Bereits drei Jahre später, 1721, kehrte Woodes Rogers, der „Generalkapitän und Chefgouverneur auf und über unseren Bahamainseln in Amerika“ nach England zurück, vollkommen erschöpft „von den Gefahren, Sorgen und Strapazen“, die sein Posten mit sich gebracht hatte, wurde für bankrott erklärt und in das Schuldgefängnis gesperrt. Aber während der drei Jahre seines Aufenthalts in den Kolonien hatte er sich als mindestens ebenso verschlagen und sogar entschlossener erwiesen als die Piraten. Seine in England zusammengekratzten Expeditionsstreitkräfte bestanden zum größten Teil aus in den Feldzügen Marlboroughs verwundeten Lutheranern, die im Royal Hospital in Chelsea untergebracht gewesen waren. Als die beiden Fregatten, sein einziger verläßlicher militärischer Schutz, wieder in Richtung England die Segel hißten und

Oben: Kapitän Woodes Rogers und seine Freibeuter durchsuchen 1709 in Guayaquil, Peru, spanische Damen nach verstecktem Schmuck.

Rogers mit seinen Invaliden in Nassau sich selbst überließen, sah er sich einer gefährlichen Lage gegenüber:

Vane, der sich die Ausfahrt aus dem Hafen erzwungen hatte, drohte zurückzukehren und die Herrschaft der Piraten wiederaufzurichten. Unter dem üblichen Vorwand, die Bahamas seien durch eine spanische Invasion bedroht, konnte Rogers einige beschäftigungslose Korsaren dazu überreden, die Verteidigungsanlagen instand zu setzen. Aber er mußte die Arbeiten selbst überwachen und sogar persönlich Picke und Schaufel in die Hand nehmen. Dabei betonte er ständig, die Befestigungen würden angelegt, damit man sich gegen die papistischen Schurken verteidigen könnte, denn „wenn wir gesagt hätten, wir müßten einen Angriff der Piraten abwehren, dann wäre das ebenso schlimm gewesen wie Landesverrat in England". Diesen energischen Bemühungen folgte eine Zeit der Untätigkeit und Ruhe. Rogers versuchte, siedlungswilligen Männern kostenlos Land zur Verfügung zu stellen, aber nur wenige reizte das Angebot, denn jeder betrachtete das Land ohnedies als sein Eigentum. Rogers schrieb: „Die Arbeit verabscheuen sie wie den Tod; wenn sie wirklich einmal ein Stück Land urbar gemacht haben, auf dem sie Kartoffeln anbauen können, leben sie trotzdem, da es Fisch im Übermaß gibt, arm und faul weiter und beten um gestrandete Schiffe oder die Wiederkehr der Piraten."

Aber nach ein paar Monaten konnte Rogers einige einflußreiche Verbündete auf seine Seite ziehen. Zu ihnen gehörte auch Blackbeards alter Steuermann Benjamin Hornigold, der den Auftrag erhielt, Vane, Stede Bonnet und anderen Piraten, die noch immer die Karibik unsicher machten, das Handwerk zu legen. Vane ließ sich nicht mehr blicken. Vielleicht hatte er das Interesse verloren. Aber Hornigold brachte ein anderes Freibeuterschiff auf, dessen Mannschaft gemeutert hatte und, wie Defoe das ausdrückte, ihren Kapitän „zum Kotzen" fand. Obwohl Rogers keine richterlichen Befugnisse hatte, setzte er ein Geschworenengericht ein, zu dem auch mehrere ehemalige Piraten gehörten. Zehn Männer wurden gehängt, während die Inselmiliz den Galgen bewachte: Der ehemalige Preisboxer William Lewis wollte es Blackbeard gleichtun und verlangte noch einen Becher Rum, und Denis Macarty hatte alle seine Ordensbänder angelegt, zog seine mit silbernen Schnallen geschmückten Schuhe aus und warf sie in die Menge der Zuschauer. Keiner der Verurteilten äußerte den Wunsch, in Rogers' Commonwealth am Leben bleiben zu dürfen, wo man mehr Gebetbücher verteilte als betrunkene Reden führte und wo die Tugenden der Sparsamkeit und ehrlichen Arbeit gepredigt wurden.

Woodes Rogers kehrte 1728 als Gouverneur nach Nassau zurück, diesmal mit einem festen Gehalt und so wohlhabend und geachtet, daß er es sich leisten konnte, dem Maler Hogarth mit seiner Familie Porträt zu sitzen. Er starb 1732 in einer nunmehr befriedeten Stadt, in der die Kirchen mehr ins Auge fielen als die Tavernen und wo es zahlreiche bekehrte Sünder gab, die einst, als sie noch ihrem Räuberhandwerk nachgingen, den Kapitän eines Handelsschiffs zum Lachen gebracht hatten „trotz der traurigen Lage, in der ich mich befand". Als sie seine Kabine durchwühlten, fanden sie einen ledernen Puderbeutel und eine Puderquaste. „Damit puderten sie sich von Kopf bis Fuß, stolzierten mit ihren Dreispitzen unter dem Arm auf dem Deck umher und stellten sich dabei so ungeschickt an, daß sie auch den größten Zyniker zum Lachen gebracht hätten." Vorausgegangen war ein Vorfall, der gewisse Vorurteile des gefangenen Seeoffiziers ins Wanken brachte. Nachdem der Piratenkapitän gesehen hatte, daß ein Kanonier ihn mit der flachen Klinge des Entermessers bewußtlos geschlagen hatte, „war er über diese meine Behandlung so empört, daß er ins Beiboot stieg und davonruderte. Dabei rief er aus, er wolle nicht mit Männern zur See fahren, die ihre Gefangenen so barbarisch mißhandelten. Sie überredeten ihn aber doch zur Rückkehr und versprachen ihm, daß so etwas künftig nicht mehr vorkommen werde".

Es gibt auch noch andere Anzeichen dafür, daß sich hinter der bewußt furchteinflößenden Fassade der Seeräuberei eine große Zahl ungeschliffener Diamanten befand, die zusammen den beachtenswertesten Schatz in der damaligen Karibik darstellten. Ja vielleicht waren sie das Wertvollste, was es jemals dort gegeben hatte, seit Kolumbus durch Zufall in diese Gewässer kam: Männer, die zwar diejenigen beraubten, denen es besser ging als ihnen, von denen jedoch mancher hätte lernen können, was Zivilcourage ist.

Rechts: William Hogarth malte 1729 dieses Porträt des Gouverneurs der Bahamas und ehemaligen Freibeuters Woodes Rogers.

Madagaskar und die Küste von Guinea

6 Piraten im Roten Meer

In den östlichen Gewässern war die Piraterie nichts Neues. Während des ganzen Mittelalters hatten Korsaren von der Malabarküste das Arabische Meer befahren, und im 17. Jahrhundert waren Mauritius und Madagaskar Stützpunkte von Räuberbanden aller Nationen. Holländische und französische Schiffe lauerten im Kanal von Mozambique, portugiesische Piraten hatten sich in der Bucht von Table festgesetzt. Holländische Freibeuter segelten mit dem „Piratenwind“ vom Roten Meer nach Süden. Sir Robert Rich finanzierte 1616 eine Kaperreise und hatte dabei einen in London ansässigen Kaufmann aus Genua zum Partner. Es folgten die Raubzüge der königlichen Piraten, denen Jakob I. und Karl I. Schutzbriefe ausstellten. Nach einer zwei Jahre dauernden Kreuzfahrt mit einem königlichen Kaperbrief, der sie ermächtigte, „vom Kap bis nach China und Japan einschließlich des Roten Meeres, des Persischen Golfs und der Koromandelküste“ Schiffe aufzubringen, kehrten die *Roebuck* und die *Samaritan* 1637 mit einer Beute im Wert von 40.000 Pfund nach England zurück. Kapitän Cobb von der *Roebuck* bewies dabei solches Geschick und so viel Ausdauer, daß man seine Fahrten als „Cobbs Schelmenstücke“ bezeichnete. Der Maat und zeitweilige Kapitän der *Roebuck*, David Jones, spezialisierte sich darauf, die gekaperten Schiffe mit Schüssen zu durchlöchern und zu versenken. Daher stammt wahrscheinlich der damals gebräuchliche Ausdruck „in Davy Jones' Kasten gehen“, was bedeutete, in einem versenkten Schiff zu ertrinken.

Doch erst nach 1690 begann die planmäßige Piraterie im Indischen Ozean, bei der die Seeräuber von Madagaskar aus operierten. Die Kriegsschiffe der East India Company, die selbst als „Seeräuber von Bombay“ bezeichnet wurden, waren zu schwach, um etwas gegen die europäischen Piraten auszurichten. Diese Machtlosigkeit sprach sich bald herum, ebenso die Nachricht, daß es auf den nach Ostindien fahrenden Handelsschiffen und den Schiffen des Großmoguls und der Araber, die zwischen Indien und den Häfen Jedda und Mocha verkehrten, reiche Beute zu machen gab. Natürlich richteten die Seeräuber, die schon gute Beziehungen zu New York, Boston und Rhode Island unterhielten, ihre Strategie darauf ein. Zur gleichen Zeit nahm auch der Schmuggel einen neuen Aufschwung, und die Piraterie wurde für unternehmende amerikanische Kolonisten immer interessanter, weil die Engländer versuchten, mit Hilfe neuer Seerechtsbestimmungen ein Handels- und Transportmonopol zu gewinnen. Diese Entwicklung war Teil des Vorspiels zur „Boston Tea Party“ und zum amerikanischen Unabhängigkeitskrieg.

Edward Randolph, der zwanzig Jahre als Oberster Zolleinnehmer in Neuengland Berichte und Empfehlungen nach Hause geschickt hatte, faßte 1696 die Situation in einer Denkschrift zusammen. Darin schrieb er: „In den Jahren um 1670 habe ich beobachtet, daß sie Schiffe mit 60 bis 70 Tonnen ausrüsteten, die sie Freibeuterschiffe

Links: Ein Handelsschiff der East India Company vor dem Auslaufen aus einem englischen Hafen, ca. 1620.

nannten. Sie schickten sie ohne Schutzbriefe nach Spanisch-Westindien, wo sie große Mengen von Silbermünzen und Barrensilber, reich bestickte Kirchengewänder, Kirchengeräte aus Edelmetall und andere Schätze raubten, so daß sich der spanische Gesandte darüber beschwerte ... Aber jetzt haben diese Piraten festgestellt, daß die Reise zum Roten Meer gewinnbringender und weniger riskant ist. Dort nehmen sie den Mauren alles fort, was sie haben, ohne auf Widerstand zu stoßen, und bringen ihre Beute auf irgendwelche Pflanzungen auf dem amerikanischen Festland oder auf den benachbarten Inseln, wo sie freundlich empfangen werden, gute Häfen finden und ihre Schiffe instand setzen können ... Rhode Island ist viele Jahre das Hauptversteck der Piraten gewesen und ist es noch heute. Im April 1694 brachte Thomas Tew Gold und Silber im Wert von 100.000 Pfund und eine ansehnliche Ladung Elfenbein, die ihm von Kaufleuten aus Boston abgekauft wurde ... Sehr bald kehrte er in das Rote Meer zurück, und angeregt durch seine Erfolge wurden drei weitere Schiffe ausgerüstet, um sich ihm anzuschließen."

In den Häfen Neuenglands war man eifrig damit beschäftigt, Schiffe für den „Handel" im Roten Meer zu bauen. Man nannte diese Route damals die „Piratenrunde", und erfahrene Seeleute waren sehr gesucht. Die Gouverneure verkauften Kaperbriefe zum Preis von 200 bis 300 Pfund, die den Freibeutern das Recht gaben, französische Handelsschiffe und „Einrichtungen" anzugreifen, und zwar meist vor der Küste von Guinea. Wenn die „Freibeuter" jedoch statt dessen mit ihrer Beute aus dem Osten zurückkamen, stellte niemand peinliche Fragen. Jeder war zufrieden – mit Ausnahme der „Mauren", und die waren ja nur Heiden.

Die Kaperfahrten zum Roten Meer brachten den Piraten im Lauf der zehn Jahre, in denen sie unternommen wurden, so hohe Gewinne, daß sie anfingen, ein zivilisiertes Leben zu führen. Gelegentlich boten sie den Behörden auch ihre Frauen und Kinder als Geiseln an, um damit ihre Rückkehr zu garantieren. Das war jedoch gewiß nur eine Farce, denn sie hätten ihre Familien sicher ohne Gewissensbisse im Stich gelassen, wenn sich ihnen anderswo bessere Möglichkeiten geboten hätten. Da ihnen aber hier ohnedies jede Möglichkeit offenstand, ihrem Beruf nachzugehen, hatten sie keine Veranlassung, die Behörden zu täuschen. Auch nachdem die Finanziers und Gouverneure ihren sehr beträchtlichen Anteil eingestrichen hatten (es waren bis zu 40 oder 50 Prozent der Beute), war der Gewinn noch viel höher als alles, was die Seeräuber seit der Zeit der elisabethanischen Korsaren oder der *boucaniers* der Alten Garde erbeutet hatten.

In einem 1701 veröffentlichten Pamphlet behauptete ein Beamter der East India Company, daß „diese so erfolgreiche und ungestörte Piraterie im Osten denjenigen, die mit nur geringem Erfolg gegen die Franzosen operierten, so in den Ohren klang, daß ganze Piratenkompanien aus England und Amerika dorthin strömten". Zum erstenmal seit der Inbesitznahme Jamaikas im Jahr 1655 hatte die Regierung Schwierigkeiten, genügend Männer zu finden, die bereit waren, auf ihren Freibeuterschiffen anzuheuern, und die Piraten konnten leicht die Schiffsbesatzungen der Royal Africa Company und East India Company abwerben. Wie auf New Providence gab es auch auf Madagaskar sehr gute natürliche Häfen. Hier ließen sich die Schiffe überholen, ohne durch Angriffe von See her gefährdet zu sein, es gab

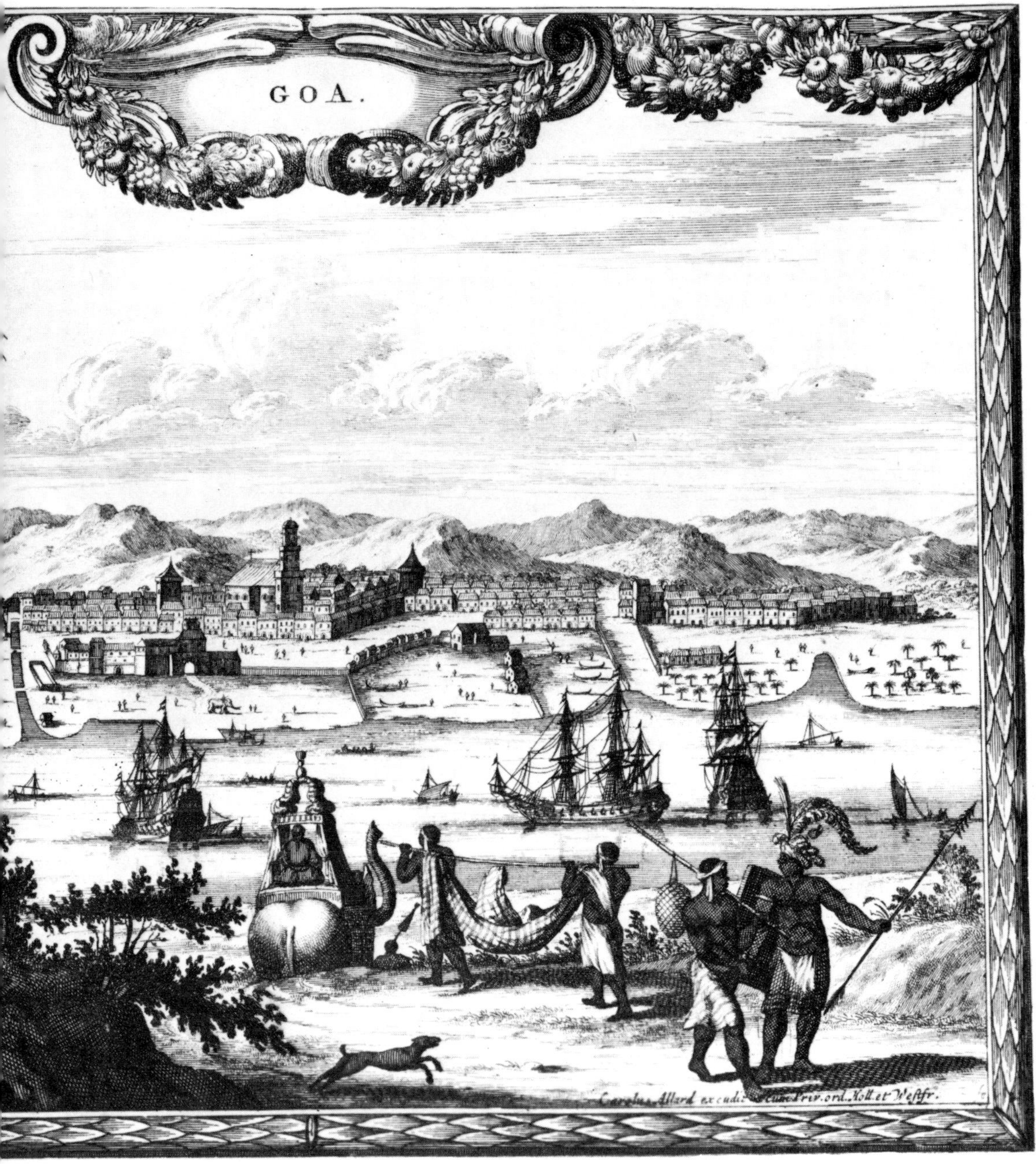

Oben: Ansicht des portugiesischen Handelszentrums Goa an der indischen Westküste im Jahre 1667. Von hier auslaufende Schiffe mit ihren reichen Ladungen wurden gern von den Seeräubern der „Piratenrunde" und Freibeutern aus Madagaskar gekapert.

reichlich frisches Wasser und Proviant, vor allem auch Zitrusfrüchte zur Vorbeugung gegen Skorbut. Oft ließen die Kapitäne an anderen Landeplätzen die sehr durchsichtige Nachricht zurück, sie seien „nach Madagaskar gesegelt, um Zitronen zu laden“. Die ständigen Streitigkeiten zwischen den primitiv bewaffneten Eingeborenenstämmen gaben den Piraten die Möglichkeit, sich ihre eigenen Herrschaftsbereiche zu erobern. Wenige mit Feuerwaffen ausgerüstete Europäer hatten die Kampfkraft einer ganzen Armee, und wenn sie sich an einem Krieg beteiligten, wurde ihnen die Hälfte aller Kriegsgefangenen zugesprochen, die sie dann an Sklavenhändler verkauften. Einige Piraten ließen sich selbst als Händler nieder. Zu den bekanntesten gehörte Adam Baldridge, der von 1690 bis 1697 als Agent für ein Syndikat aus Neuengland tätig war. Seine Handelsniederlassung auf der Insel St. Mary mit einem Lagerhaus und einer Befestigungsanlage hatte einen der besten Häfen und wurde bald zur beliebtesten Basis für Piratenkreuzer und Zuflucht für schiffbrüchige Seeleute, Ausgesetzte und Deserteure.

Baldridge führte ein Tagebuch und beschrieb die Mannschaften der Piratenschiffe bei der Verteilung ihrer Beute: „Oktober 1691. Die *Bachelor's Delight* lief ein. Kapitän George Rayner, etwa 180 Tonnen, 14 Geschütze, 80 Mann, die ein Schiff gekapert hatten, das den Mauren gehörte. Sie erbeuteten so viel Geld, daß der Anteil pro Mann ungefähr 1100 Pfund ausmachte. Sie überholten das Schiff auf St. Mary, und ich versorgte sie für die Dauer ihres Aufenthalts mit Vieh ... Für mein Vieh gaben sie mir eine Menge Perlen, fünf schwere Geschütze für die Befestigungen, Pulver und sechs Fässer Mehl und etwa 70 Eisenstangen. Am 9. Dezember segelten sie nach Karolina ab.“

Die Expedition von Tew war ebenso gewinnbringend. Nach dem Tagebuch von Baldridge lief sein Schiff, die *Amity*, im Oktober 1693 im Hafen ein, und der Anteil jedes Mitglieds der Besatzung an der Beute betrug 1200 Pfund. Tew war ein erfahrener Taktiker und stammte aus Rhode Island. Die Kreuzfahrten der *Amity* hatten Ende 1692 begonnen. Der Gouverneur der Bermudas, Isaac Richier, hatte den Kaperbrief ausgestellt. Nach dessen Wortlaut hätte die *Amity* die Royal Africa Company bei einer Expedition gegen eine französische Faktorei (Handelsstation) in Guinea unterstützen sollen. Tew hatte einen Anteil an dem Schiff gekauft, das einem Syndikat von Kaufleuten und Beamten gehörte (unter ihnen befanden sich auch Mitglieder des Bermuda Council). Die Besatzung bestand aus ehemaligen *boucaniers*. Das Ausstellen des Kaperbriefs für die in das Rote Meer fahrenden Piraten war nichts anderes als der übliche Schwindel. Jeder wußte Bescheid, und Tew brauchte seine Mannschaft nicht erst zusammenzurufen, um ihr zu erklären, daß sie die Royal Africa Company vergessen könne – wie Defoe berichtet. Es lohnt sich aber doch, auch diese Version der Geschichte zu erwähnen, weil sie für das diplomatische Schattenboxen der Piraten typisch ist. Nach Defoe behauptete Tew, die Expedition nach Guinea würde ein Schlag ins Wasser sein, „denn wenn sie erfolgreich verliefe, dann hättet ihr euch nicht um das öffentliche Wohl verdient gemacht, sondern für eine private Gesellschaft gearbeitet, von der ihr keinen eurer Tapferkeit entsprechenden Lohn erwarten dürft“. Tew setzte voraus, daß keiner seiner Zuhörer nur deshalb kämpfen wolle, weil ihm das Kämpfen

Spaß machte, und forderte sie zu „einem kühnen Vorstoß" auf, der „den Erfolg bringen wird . . . Die Mannschaft sah, daß er ihre Zustimmung erwartete, und rief einstimmig: ‚Eine goldene Kette oder ein Holzbein – wir stehen hinter dir!'"

Andererseits waren die Piraten aber auch nicht bereit, zuviel zu riskieren. Nachdem sie ein Schiff gekapert und dabei über Erwarten reiche Beute gemacht hatten, verbot der Steuermann („der hier soviel zu sagen hat wie der Großmufti bei den Türken"), nachdem er Rücksprache mit der Mannschaft genommen hatte, alle weiteren Unternehmungen. Bei seiner Rückkehr soll Tew „von Gouverneur Fletcher (von New York) sehr zuvorkommend empfangen worden sein. Der Gouverneur lud ihn zum Essen ein und stellte ihn seinem Gefolge vor". Dabei erschienen auch die Frau und die Töchter des Seeräubers in seidenen Kleidern und reich mit Diamanten behängt. Den Sommer 1694 blieb Tew in Newport und ließ die *Amity* für eine neue Reise ausrüsten. Er kaufte einen Kaperbrief von Fletcher und stach im November wieder in See. Nach drei Monaten traf er im Roten Meer den „Erzpiraten". Defoe nennt diesen Mann John Avery. Er selbst schrieb sich jedoch Henry Every, und so lautet auch sein Name in den zeitgenössischen Balladen:

Kommt zu mir, ihr Tapferen, was immer ihr wollt,
Wenn ihr mich begleitet, gewinnt ihr das Gold.
Kommt schnell nach Corunna und blickt nicht zurück,
Die *Fancy* im Hafen, sie bringt euch das Glück.

Captain Every gehört sie, nach ihm sollt ihr fragen.
Unter seiner Führung könnt ihr es wagen.
Gegen Spanier, Franzosen, Portugiesen und Heiden
Kämpft er voll Mut, bis er endlich muß scheiden.

Bei seinen guten Freunden hieß Every „Long Ben". Defoe behauptet allerdings, er sei mittelgroß gewesen, habe zum Dickwerden geneigt und ein freundliches Gesicht gehabt. Ein Zeitgenosse berichtet, er sei der Sohn von John Every oder Avery, eines wohlhabenden Tavernenwirts aus der Umgebung von Plymouth gewesen, der ihn eigentlich habe zum Gelehrten machen wollen, „. . . doch anstatt sich mit seinen Büchern zu beschäftigen, wurde ein wilder Bursche aus ihm, der nach allen Himmelsrichtungen fluchen konnte". Betrunkene Matrosen entführten ihn und brachten ihn an Bord eines Handelsschiffs, wo er zum Liebling der Mannschaft wurde. Er schlief „in einer kleinen Hängematte in der Kapitänskajüte". In Karolina verkauften ihn die Matrosen an einen Kaufmann, der Mitleid mit ihm hatte und ihn auf das College schickte. Da er auch hier nichts lernen wollte, wurde er nach Plymouth zurückgeschickt. Dort verlegte er sich aufs Stehlen und hielt es schließlich für besser, wieder zur See zu fahren, „wo er sich im Lauf der Zeit als Räuber einen ebenso großen Namen machte wie Cromwell als Rebell".

Bei einem Verhör vor Gericht schilderte ein Holländer, der auf Everys Schiff gefahren war, diesen als einen ehrlichen Seemann, der zuerst in der Kriegsflotte und dann in der Handelsflotte gedient habe, bevor er sich der Piraterie zuwandte. Ein Beamter der Royal Africa Company berichtete 1693, die Neger seien „noch nie so scheu und so knapp“ gewesen. Das läge an „den Entführungsmethoden von Long Ben alias Every und Leuten seines Schlages“. Damit meinte er vermutlich illegale Sklavenhändler, „die Sklaven jagten, ohne dafür zu bezahlen“.

Every erfreute sich damals wahrscheinlich der Protektion des Gouverneurs der Bahamas, Jones. Die nächste Nachricht von ihm besagt, daß er sich als Segelmacher auf einem 1694 von der spanischen Regierung gecharterten Freibeuterschiff, der *Charles II.*, hatte anheuern lassen. Dieses Schiff wurde in die Karibik geschickt, um die auf der Insel Martinique hausenden französischen Schmuggler daran zu hindern, ihren illegalen Handel mit den spanischen Kolonien fortzusetzen. Als die *Charles II.* in den Hafen von La Coruña eingelaufen war, um Proviant und Passagiere aufzunehmen, meuterte die Mannschaft, wählte Every zum Kapitän und taufte das Schiff auf den Namen *Fancy* um.

Nach einer planlosen Kaperfahrt in das Seegebiet um die Kapverdischen Inseln tauchte die *Fancy* in Madagaskar auf. Vor der Insel Johanna im Golf von Comorro kaperte sie das erste größere Schiff, ein französisches Piratenschiff, das maurische Beute an Bord hatte. Der größere Teil seiner Mannschaft heuerte nun auf der *Fancy* an. Bevor Every im Februar 1695 den Ankerplatz vor der Insel Johanna verließ, schrieb er einen „Offenen Brief“, den ein ostindisches Handelsschiff nach London mitnahm. Das Schreiben begann: „An alle englischen Befehlshaber! Ich befehlige das Kriegsschiff *Fancy*, die ehemalige *Charles* von der spanischen Expedition ... Damals und jetzt ein Schiff mit 46 Geschützen, 150 Mann und auf dem Wege, unser Glück zu machen ... Wenn Sie oder irgendein anderer, dem Sie diese Nachricht zukommen lassen, uns von weitem ausmachen wollen, dann lassen Sie Ihren Flaggengast in einen Korb steigen und ziehen ihn am Besanmast hinauf, nachdem Sie das Segel gerefft haben. Ich werde mit dem gleichen Zeichen antworten und Sie nicht belästigen. Aber meine Männer sind hungrig und stark und entschlossen, und wenn Sie meine Wünsche nicht berücksichtigen, dann garantiere ich für nichts ... Immer noch ein Freund der Engländer ... Henry Every.“

Vor Johanna hatten sich der *Fancy* zwei Piratenschiffe angeschlossen, und während sie im Golf von Aden an der Ausfahrt aus dem Roten Meer auf das Auftauchen einer arabischen Flotte warteten, kamen zwei weitere Schiffe in Sicht. Eines davon war die *Amity*. Every übernahm das Kommando dieses starken Geschwaders. In der Nacht gelang es der Flotte der Araber – mit Ausnahme zweier Schiffe –, an den ihr auflauernden Seeräubern vorbei ins freie Meer zu entkommen und Kurs auf Surat zu nehmen. Bei dem nun folgenden Gefecht gegen die beiden arabischen Schiffe, die *Fateh Mohamed* und die *Gang-i-sawai*, wurde Tew „von einer großen Granate“ (Baldridges Tagebuch) getötet. Aber die *Amity* konnte ihre Fahrt fortsetzen und erreichte im Dezember die Insel St. Mary.

Nachdem die *Fancy* die *Fateh Mohamed* gekapert hatte, verfolgte sie die *Gang-i-sawai* (englisch: *Gunsway*), ein viel größeres Schiff mit 62 Geschützen und 400 Soldaten an Bord. Der indische Historiker Khafi Khan bezeichnete sie als „das größte Schiff im Herrschaftsbereich des Mogul“. Das arabische Kriegsschiff leistete den Seeräubern kaum Widerstand. Der Bericht von Khafi Khan über die nun folgende

Rechts: Henry „Long Ben“ Every aus Plymouth. Seine Überfälle auf die Schiffe des Großmoguls im Indischen Ozean brachten ihm 1696 den Beinamen „Erzpirat“ ein.

Vergewaltigungs- und Plünderungsorgie wird von Gewährsleuten der East India Company bestätigt. „Die Piraten behandelten die Passagiere barbarisch, um von ihnen zu erfahren, wo sie ihr Geld versteckt hatten. An Bord befand sich auch die mit dem Großmogul verwandte hochbetagte Frau des Großwesirs, die von einer Pilgerfahrt nach Mekka zurückkehrte. Die Piraten mißbrauchten diese Frau und vergewaltigten auch mehrere andere. Ein vornehmer Araber, seine Frau und seine Dienerin nahmen sich das Leben, damit der Mann nicht Zeuge der Vergewaltigung seiner Gattin würde." Ein Besatzungsmitglied der *Fancy* sagte vor Gericht als Kronzeuge aus, daß viele Frauen über Bord sprangen, während andere an den Folgen der brutalen Vergewaltigung starben. „Wir erbeuteten große Mengen von Juwelen und mit Rubinen besetztes Sattel- und Zaumzeug, die als Geschenke für den Großmogul gedacht waren."

Das ist wahrscheinlich die wertvollste Schiffsladung gewesen, die je zur Beute von Seeräubern wurde. Die Besatzungen der fünf an dem Überfall beteiligten Piratenschiffe müssen aus insgesamt etwa 400 Mann bestanden haben. Everys Mannschaft „erbeutete so viel an Gold und Silber in Münzen und Barren, daß der Anteil eines jeden 1000 Pfund betrug". „Admiral" Every erhielt den doppelten Anteil, die anderen Kapitäne anderthalb Anteile. Nun löste sich das Geschwader auf. Auf der *Fancy* kam es zu einem hitzigen Disput über die Frage, welche amerikanische Küste sie ansteuern sollte, denn als Piratenschiff aus dem Roten Meer hatte sie keinen festen Liegeplatz in den Kolonien. Every hatte Mühe, eine Meuterei zu unterdrücken, aber endlich stimmte die Besatzung seinem Vorschlag zu, zuerst die Bahamas anzulaufen. Wer zurückbleiben wollte, wurde an Land gesetzt. Im April 1696 segelte die *Fancy* mit etwas mehr als 100 Mann Besatzung von Madagaskar ab.

Beamte der East India Company rechneten damit, daß das Unternehmen von Every „vor Gericht eine dunkle Wolke entstehen lassen wird, und wir wünschen nicht, daß daraus ein Sturm entsteht". Als der Überfall auf die *Gunsway* bekannt wurde, kam es zu den bisher unangenehmsten Vergeltungsmaßnahmen gegen die Company. In Surat und Agra belagerte die Menge die Häuser dort niedergelassener Engländer. Ein englischer Agent wurde gesteinigt, andere wurden in Ketten gelegt und ins Gefängnis geworfen. Indische Truppen umzingelten die Faktorei der Company in Bombay und beschlagnahmten dort Geld und Waren, um die Untertanen des Großmoguls für ihre Verluste zu entschädigen. Die englische Regierung setzte auf Everys Kopf eine Belohnung von 500 Pfund aus; die Company verdoppelte diese Summe.

In der Karibik angekommen, lief die *Fancy* zunächst die dänische Insel St. Thomas an, die Beute wurde zu Schleuderpreisen verkauft, und die Käufer waren zufrieden. Der Jesuit Père Labat notierte in seinem Tagebuch: „Eine Rolle goldbestickter Musselin kostete nur zwanzig Sol. Die Preise für den Rest der Ladung waren entsprechend . . . Viele Kaufleute in St. Thomas füllten ihre Magazine mit der indischen Ware und verkauften sie billiger als die Kaufleute auf Martinique . . . Ich nahm alles Geld, das ich besaß, und borgte noch 200 *écus* dazu, um soviel wie nur möglich von dieser Ware zu erwerben." Der Gouverneur der Bahamas, Nicholas Trott, wurde mit einer hohen Summe bestochen – 2000 Achterstücke, Elfenbein und

Oben: Die Docks von Bristol, eines der Hauptzentren des Freibeutertums und des Sklavenhandels. Berühmte Piraten wie Every und Bartholomew Roberts dienten auf Freibeuter- und Sklavenschiffen, bevor sie „auf eigene Rechnung" segelten.

andere Waren im Wert von 7000 Pfund –, damit er die Piraten an Land ließ. Er hatte jedoch nicht die Vollmacht, sie zu begnadigen. Am 15. Juni 1696 schrieb der Gouverneur von Jamaika einen diplomatischen Brief an den Rat für Handel und Plantagenwirtschaft: „Piraten, die aus Corunna entkommen sind, waren im Roten Meer und haben reiche Beute gemacht. Es soll sich um 200.000 Pfund handeln. Sie sind in Providence angekommen und haben zu mir geschickt, um mich zu fragen, ob ich in der Lage sei, sie zu begnadigen . . . Man sagte mir, ich würde dafür ein *großes Geschütz* (d. h. 20.000 Pfund) bekommen, aber das konnte mich nicht dazu bewegen, meine Pflicht zu vergessen."

Die Mannschaft heuerte ab und zerstreute sich. Einige der Männer gingen nach Nord- und Südkarolina oder Neuengland, wo sie sich, nachdem sie zahlreiche Beamte bestochen hatten, bereit hielten, um für neue Fahrten ins Rote Meer angeworben zu werden. Gouverneur Fletcher setzte den Gerichtshof von New Jersey unter Druck und verlangte von ihm einen Gnadenerlaß, Gouverneur Markham von Philadelphia gab einem von Everys Männern seine Tochter Jane zur Frau. Andere Besatzungsmitglieder blieben in Westindien. Every nahm den Namen Bridgeman an und segelte auf der Schaluppe *Seaflower* nach Irland. Nachdem er im Hafen von Dunfarghy in Donegal gelandet war, tauchte er unter. Einer seiner Maate, der festgenommen wurde, sagte aus, Every sei nach Schottland gegangen. Ein anderer behauptete, er habe die Absicht, nach Plymouth zurückzukehren. Ein dritter meinte, er habe sich in London niedergelassen. Defoe, der das Geheimnis unter allen Umständen lüften und für seine Geschichte ein schickliches moralisches Ende finden wollte, schrieb, Every sei als armer Mann in Bideford gestorben. Vorher habe er die Hehler in Bristol verflucht (die ihm seine Juwelen geraubt und ihn um die Bezahlung geprellt hätten) und sie „als die größten Piraten" bezeichnet, „die er je kennengelernt habe".

Juweliere und Goldschmiede in London und den meisten großen Städten waren aufgefordert worden, jeden Verdächtigen zu melden, der Edelsteine und ausländische Goldmünzen zum Verkauf anbot. Aber es gingen nur ein paar kleine Fische ins Netz. In Rochester, seiner Heimatstadt, wurde John Dann festgenommen, und zwar „durch die Aufmerksamkeit eines Mädchens, das feststellte, daß er in seiner Jacke Gold eingenäht hatte". Das Mädchen ging zum Bürgermeister und meldete seine Beobachtung. In Westport in der Grafschaft Mayo hieß es, daß die 30-Tonnen-Schaluppe *Isaac* nur Kisten mit Gold und Silber geladen habe. Die Bürger wunderten sich, als die Matrosen hohe Summen für alte Pferde boten, die keine zehn Schilling wert waren. Einige dieser Seeleute wurden in den Tavernen festgenommen, andere, als sie durch Irland zogen, um nach Bristol oder London zu entkommen. Ein zeitgenössisches Flugblatt mit dem Titel *Der Lohn der Schurkerei oder Des Piraten Abschied von der Welt* enthielt folgende lehrreiche Predigt:

So lebten wir in Saus und Braus nur von geraubtem Gut;
Das müssen wir bezahlen jetzt mit unsrem eignen Blut.
Wir haben keinen je verschont, wir haben frech geraubt,
Wir haben Gnade nicht verdient und nie daran geglaubt . . .

Doch Every blieb unentdeckt. In Flugschriften wurde behauptet, er lebe auf Madagaskar und leide dort unter den „Schrecken und Qualen eines schlechten Gewissens". In dem Bewußtsein, daß er keine Möglichkeit habe, etwas mit seinen Schätzen anzufangen, habe er „einigen mächtigen Männern große Summen angeboten, um die Erlaubnis für eine Rückkehr nach England zu erwirken. Manche behaupten sogar, er habe die gesamten Staatsschulden übernehmen wollen". In der Phantasie der Verfasser dieser Flugschriften wurde aus der alten aristokratischen Mekkapilgerin die schöne, junge Tochter des Großmoguls. In einigen Schilderungen hatte sie viele Kinder von Every und lebte mit ihm auf Madagaskar. Dort hielt er „glänzend hof ... und war Herr einer starken Truppe tapferer Soldaten aus aller Herren Länder". Nach einer anderen Version hatte er „die junge Prinzessin und die Damen ihres Gefolges entführt und nach Madagaskar gebracht, wo sie ihm ein Kind gebar, das in früher Jugend starb. Bald darauf starb auch sie an gebrochenem Herzen". Defoe verfaßte einen abenteuerlichen Bericht über Every und machte daraus 1720 den Räuberroman *Das Leben, die Abenteuer und Seeräubereien des Kapitän Singleton.* Da er es nie versäumte, einen so guten Stoff restlos auszuwerten, hat Defoe möglicherweise auch unter dem Pseudonym Charles Johnson das Drama *Der erfolgreiche Pirat* geschrieben. Es behandelt das Leben eines Piratenkönigs (Arviragus) auf Madagaskar und wurde 1712 in Drury Lane aufgeführt. Ein bekannter Kritiker verriß das Stück, weil „darin ein gemeiner Matrose, der zu nichts anderem gut ist, als das Deck zu scheuern, zum Helden einer Tragödie gemacht wird".

Die Kaperfahrt der *Fancy* hatte mit einem Skandal und mehreren Hinrichtungen geendet. Beamte und Informanten waren mit einem großen Teil der Ladung der *Gunsway* bestochen worden, aber die Legende vom „Erzpiraten" und der „Geißel des Indischen Ozeans" verbreitete sich – und ließ diesen Teil der Weltmeere als neues Eldorado erscheinen.

Rechts: Edward Russell, Earl of Orford, gehörte als Erster Lord der Admiralität zu dem Syndikat der Minister der Whig-Regierung, das die unglückliche Kaperfahrt von Kapitän Kidd finanzierte.

Den bekanntesten Versuch, Everys Erfolg mit größtmöglicher Unterstützung der Behörden zu wiederholen, unternahmen Captain Kidd und seine Leute. Mit Hilfe des Earl of Bellomont (eines irischen Adeligen, der später Nachfolger von Fletcher als Gouverneur von New York wurde) und einer Gruppe von Politikern der Whig-Partei (zu ihnen gehörten der Lordkanzler Sir John Somers, der Erste Lord der Admiralität Edward Russell, späterer Earl of Orford, der Earl of Romney als Feldzeugmeister und der Minister Herzog von Shrewsbury), die das Unternehmen im geheimen finanzierten, sollte Kidd einen großen Raubzug unternehmen. König Wilhelm, der sich natürlich für den ihm zustehenden üblichen Zehent interessierte, wurde überredet, „unserem vertrauenswürdigen und geliebten Captain William Kidd" zwei Kaperbriefe auszustellen. Der eine war eine unverblümte Freibeuterlizenz für den „Erwerb" französischer Schiffe, der zweite ein Sonderauftrag zum Kapern von Piratenschiffen und ihrer Ladung. Davon versprach man sich den größten Gewinn.

Im Herbst 1695 formulierten Bellomont, Kidd (als Schiffseigner aus New York) und der New Yorker Bankier Colonel Livingston, die sich an der Finanzierung beteiligten, die Bestimmungen des Vertra-

ges. Livingston schilderte Fletcher verächtlich als einen Mann, „der niemals Sixpence ausgab, ohne Twelvepence dabei zu gewinnen ... ein kleiner Buchhalter, der es geschickt verstanden hat, sich in den Besitz der wertvollsten Ländereien in der Provinz zu setzen". Kidd und Livingston waren über den Atlantik gekommen, um vor der Handelskammer gegen Fletcher auszusagen, dem Amtsmißbrauch vorgeworfen wurde. Über die Herkunft von Kidd weiß man nichts Genaues. Wahrscheinlich wurde er 1645 in Schottland, vielleicht in Greenock, als Sohn eines presbyterianischen Geistlichen geboren. Mit Sicherheit ist nur bekannt, daß er in den Jahren 1669 bis 1691 in Westindien als Freibeuterkapitän gegen die Franzosen gekämpft hat. Obwohl er angeblich ein fähiger Seeoffizier war, meuterte seine Mannschaft und nahm unter der Führung eines gewissen Robert Culliford das Piratenhandwerk auf. Kidd heiratete eine reiche Witwe, die ein ansehnliches Grundstück und ein prächtiges Haus in der Wall Street mit in die Ehe brachte. Nachdem er Bellomont durch seine Zeugenaussage gegen Fletcher einen Dienst geleistet hatte, war es sein größter Ehrgeiz, Kapitän auf einem Kriegsschiff Seiner Majestät zu werden. Man übertrug ihm statt dessen das Kommando auf der *Adventure Galley* und schickte ihn in den Indischen Ozean, um Piratenschiffe aufzubringen und damit für die Minister des britischen Kabinetts ein Vermögen zu verdienen.

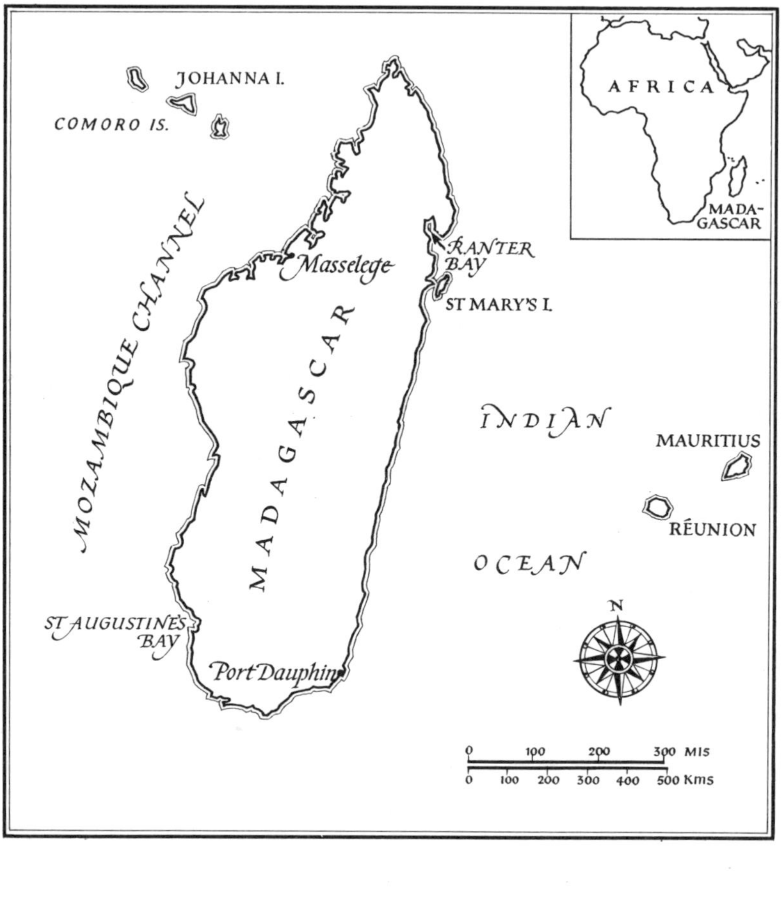

Links: Madagaskar und die benachbarten Inseln, Stützpunkte der „Piratenrunde", die im Roten Meer und im Persischen Golf operierte.

Die Reise nahm einen schlechten Anfang. Nachdem Kidd im Februar 1696 aus dem Hafen von Deptford ausgelaufen war, stieg ihm sein neues Amt offenbar zu Kopf, denn er weigerte sich, vor einer Schaluppe der Kriegsflotte zum Gruß die Flagge zu dippen. Daraufhin kam eine Preßpatrouille an Bord und nahm ihm viele seiner besten Seeleute fort. Nachdem er im April endlich aus dem Hafen von Plymouth ausgelaufen war, nahm er Kurs auf New York und ergänzte dort seine Mannschaft aus dem Bestand von Piratenmatrosen, die bisher Fletcher zur Verfügung gestanden hatten. Sie zwangen ihn, den Heuervertrag zu ihren Gunsten zu ändern und den Beuteanteil der Mannschaft von 25 auf 40 Prozent hinaufzusetzen. Fletcher rächte sich und schrieb nun ebenfalls einen Brief an die Handelskammer, in dem er anführte, daß Kidd „viele Leute aus allen Teilen des Landes zuströmten; Männer, die sich in einer verzweifelten Lage befanden und damit rechneten, reiche Beute zu machen. Man ist hier überall der Ansicht, daß sie nur auf das Geld aus sind und er, wenn er sein Ziel nicht erreicht, auch nicht in der Lage sein wird, mit einer solchen Horde fertigzuwerden, ohne sie durch reiche Beute bei guter Laune halten zu können".

Im September begann die *Adventure Galley* die Reise, die sie über eine Strecke von 9000 Meilen führen sollte. Drei Monate später konnte sie vor dem Kap der Guten Hoffnung nur mit Mühe einer zweiten Preßpatrouille entkommen. Im Verlauf einer einzigen Woche starb ein Drittel der Mannschaft an Cholera und Skorbut, und Kidd mußte auf der Insel Johanna fünfzig neue Besatzungsmitglieder anwerben. Nun bestand die Besatzung fast ausschließlich aus erfahrenen Korsaren. Im August mißlang der Versuch, ein Schiff aus einer Handelsflotte des Moguls, die von holländischen und englischen Wachschiffen eskortiert wurde, abzudrängen und zu kapern. Das einzige Fahrzeug, dessen sie bisher hatten habhaft werden können, war ein französisches Fischereischiff, das nur Salz und Fischereigeräte an Bord hatte und den Behörden in New York übergeben wurde. Die *Adventure Galley* war inzwischen leck geworden, und die Mannschaft wollte meutern. Die Besatzung einer arabischen Barke, die Kidd angehalten und ihres ganzen Proviants beraubt hatte, alarmierte die Faktoreien der East India Company und berichtete dort von einem „englischen Piraten". Daraufhin wurde die *Adventure Galley* vor Goa von zwei portugiesischen Küstenwachschiffen angegriffen und schwer beschädigt. Als Kidd sich nun auch noch weigerte, das englische Handelsschiff *Loyal Captain* zu kapern, verlor seine Besatzung die Geduld. Während einer heftigen Auseinandersetzung mit dem Kanonier William Moore ergriff Kidd einen Eimer und versetzte Moore damit einen tödlichen Schlag auf den Kopf.

In den folgenden Wochen wurden drei kleine Schiffe aufgebracht, um die Meuterer zu beruhigen und Proviant zu beschaffen, und zwar ein holländisches Schiff mit von der französischen Ostindischen Kompanie ausgestellten Papieren, sowie ein arabisches und ein portugiesisches. Schon bald darauf, im Februar 1698, kaperte Kidd vor der Malabarküste die *Quetta Merchant*. Mit diesem Erfolg hatte sich die Reise endlich bezahlt gemacht. Das Schiff war mit Gold, Juwelen, Seide, Musselin, Eisen und Zucker beladen. Dieser reiche Fang genügte der Mannschaft, um dem Kapitän ein paar unbedeutende Übergriffe und den Mord an einem seiner Besatzungsmitglieder zu verzeihen. Das erbeutete Schiff gehörte einem Inder, die Ladung war Eigentum armenischer Kaufleute, die Besatzung bestand aus Arabern und der Kapitän war Engländer, aber es fuhr mit französischen Papieren, und deshalb war es legal und zugleich sehr lukrativ, es zu kapern. Was konnten die Auftraggeber von Kidd mehr verlangen?

Doch Kidd machte einen Fehler, der in der Gerichtsverhandlung gegen ihn als Anklagepunkt aufgeführt wurde; er vergriff sich an der Ladung, verkaufte einen Teil für 10.000 Pfund und verteilte den Erlös unter seine Mannschaft. Aber wahrscheinlich hätten sie ihn umgebracht, wenn er das nicht getan hätte.

Nun nahmen die *Adventure Galley* – die kaum noch seetüchtig war, denn acht Mann mußten sich stündlich an den Pumpen ablösen – und die *Quetta Merchant* Kurs auf Madagaskar. Wie es der Zufall wollte, lag vor St. Mary die *Mocha* vor Anker, eine Fregatte, die früher der East India Company gehört hatte und deren Kapitän kein anderer war als Robert Culliford, derselbe Mann, der in Westindien Kidds Brigantine gestohlen hatte. Hier hatte Kidd offenbar die beste Gelegenheit, seinen guten Ruf wiederzugewinnen und eine alte Rechnung zu begleichen, indem er einen Piraten festnahm. Culliford und seine aus 40 Mann bestehende Besatzung flohen vor dem überlegenen Gegner an Land. Jetzt wäre es leicht gewesen, die *Mocha* in Besitz zu nehmen. Aber Kidds Leute dachten anders über die Sache als er. Die meisten liefen zu Culliford über, sie plünderten die *Adventure Galley* und die *Merchant*, soweit sich die Ladungen auf der *Mocha* unterbringen ließen, und versprachen Kidd, der sich in seiner Kabine verbarrikadiert hatte, eine Kugel in den Kopf, wenn er versuchen sollte, Schwierigkeiten zu machen. Dann verbrannten sie, wie er später behauptete, das Logbuch der *Adventure Galley* und vernichteten damit ein wichtiges Beweisstück zu seinen Gunsten.

Im Juni 1698 stach die *Mocha* wieder in See und überließ Kidd seinem Schicksal. Dieser aber gab nicht auf. Er warb eine aus „beschäftigungslosen" Freibeutern bestehende Mannschaft an, verbrannte den Rumpf der *Adventure Galley*, um das darin verarbeitete wertvolle Eisen nicht zurücklassen zu müssen, und setzte die *Quetta Merchant* für die lange Heimreise instand. Von der Beute war noch genug übriggeblieben, um die Auftraggeber zufriedenzustellen und auch selbst etwas zu behalten. Auf jeden Fall wollte er beweisen, daß er alles getan hatte, um seinen Auftrag zu erfüllen. Er besaß auch noch die französischen Schiffspapiere als Beweisstücke.

Selbst in den fünf langweiligen Monaten, die er in schlechter Gesellschaft im Hafen von St. Mary auf den Nordostmonsun warten mußte, der ihn auf den Atlantik hinausbringen sollte, ließ sich Kidd nicht von seinem Entschluß abbringen. Im November 1698 segelte die *Quetta Merchant* ab und nahm Kurs auf die Karibik. Etwa zur gleichen Zeit bot eine königliche Proklamation allen Piraten ostwärts des Kaps der Guten Hoffnung – mit Ausnahme von Kidd – die Begnadigung an, und ein Flottengeschwader wurde ausgerüstet, um die neue „Geißel" des Indischen Ozeans zu fangen. In London fielen die Tories in zahlreichen Flugblättern über das Whig-Kabinett her und bezeichneten es als „eine Gesellschaft von Piraten". Die von der East India Company unter Druck gesetzte Regierung bezeichnete Kidd als einen „verabscheuungswürdigen Seeräuber". Die Gouverneure der englischen Kolonien von Jamaika bis nach Massachusetts erhielten die Anweisung, ihn festzunehmen, wo immer sie seiner habhaft werden konnten. Die Zeitungen waren voll von Gerüchten über den Mann, der jetzt im Mittelpunkt eines der delikatesten politischen Skandale des Jahrhunderts stand.

Kidd hatte seinen Schatz nach Calidonia auf den Isthmus von Darien gebracht, wo die unglücklichen schottischen Kolonisten ihn „mit all seinen Reichtümern" empfangen hatten. Dem Gouverneur von St. Thomas hatte er eine Bestechungssumme von 45.000 Achterstücken angeboten, wenn er ihm Asyl gewähren wollte, und dieser Versuch, sich zu retten, wäre fast geglückt. Aber als er auf St. Thomas an Land gehen wollte, wurde er schließlich doch abgewiesen. In Antigua gab ein Freund ihm den Rat, die *Quetta Merchant* aufzuge-

Unten: William Kidd: Als mißratener Pfarrerssohn wird er von Balladendichtern und Malern häufig dargestellt, wie er seine Bibel vergräbt.

ben. Er kaufte die Schaluppe *Antonio*, setzte die *Merchant* in einer abgelegenen Flußmündung an der Südostküste von Hispaniola auf Grund, brachte einen Teil seiner Beute auf die Schaluppe und ließ 20 Mann bei der *Merchant* zurück, die den Rest bewachen sollten. Während Kidd nach Norden aufbrach und nach Long Island segelte, wo er einige Schatzkisten bei seinem Freund John Gardiner deponierte, verkauften die Wachen die Ladung der *Merchant* an vorüberkommende Schiffe und interessierte Händler, was ihnen pro Mann 300 bis 400 Pfund einbrachte.

Nach einigen Versuchen, mit Bellomont in Boston zu verhandeln, wurde die Beute auf der *Antonio* und auf den von Gardiner verwalteten Inseln, deren Schätzwert 14.000 Pfund betrug, beschlagnahmt, und Kidd händigte in dem verzweifelten Bemühen, seine Unschuld zu beweisen, dem neuen Gouverneur die französischen Schiffspapiere aus. Bellomont sperrte ihn sofort ins Gefängnis und weigerte sich, ihn nach Hispaniola zurückkehren zu lassen, von wo er die dort zurückgelassene Beute im Wert von 60.000 Pfund holen wollte. In seinem Schreiben an Somers bezeichnete er den Gefangenen als „ein Ungeheuer . . . Es hat nie einen größeren Lügner oder Dieb auf der Welt gegeben als Kidd". Mit sechzehn Pfund schweren Eisenketten gefesselt, mußte Kidd sechs Monate in einem feuchten und eiskalten Verlies zubringen und sich eine Neujahrspredigt des ehrwürdigen Cotton Mather über folgendes Thema anhören: „Er hat unrecht Gut erworben, muß es in der Mitte seines Lebens aufgeben und wird am Ende seiner Tage ein Narr sein." Im Februar 1700 wurde er nach England gebracht.

Körperlich und geistig ein gebrochener Mann, schmachtete er bis zum 27. März 1701 im Gefängnis von Newgate. Dann mußte er vor dem Unterhaus erscheinen, doch seine konfiszierten Papiere gab man ihm nicht zurück. Hätte er zu seiner Verteidigung gesagt, eine Bande von schurkischen Beamten habe ihm eine Falle gestellt, dann wäre er vielleicht für die Tories ein Held geworden oder wenigstens ein nützliches Werkzeug und hätte von ihnen eine Pension oder ein einträgliches Amt bekommen. Statt dessen behauptete er, daß er selbst und alle, die in die Angelegenheit verwickelt waren, ehrliche Leute seien; wahrscheinlich weil er wußte, daß das relativ bequeme Leben in Newgate davon abhing, daß er gegenüber seinen Auftraggebern „loyal" blieb. Bei seinen Aussagen machte er den Eindruck eines verwirrten, widerspenstigen, betrunkenen Mannes. Die Tories verloren das Interesse an ihm. Einer von ihnen sagte: „Ich hatte geglaubt, er sei nur ein Schuft, aber jetzt weiß ich, daß er ein Narr ist."

Die französischen Schiffspapiere tauchten nicht wieder auf. Zweihundert Jahre später wurden sie von einem amerikanischen Forscher in einem Archiv entdeckt. Die Gerichtsverhandlungen gegen Kidd fanden am 8., 9. und 10. Mai 1701 an drei Verhandlungstagen im Old Bailey statt, und jeder wußte, wie das Urteil ausfallen würde. Zunächst wurde er des Mordes für schuldig befunden. Er habe „angeregt und verführt durch die Versuchungen des Teufels auf hoher See mit einem hölzernen Eimer, der von eisernen Ringen zusammengehalten wurde und acht Pence wert war, einen tätlichen Angriff gegen William Moore unternommen . . . Diesen Eimer hielt er, der besagte William Kidd, damals und an jener Stelle in seiner rechten Hand und schlug den vorbenannten William Moore mit aller Kraft, mit Vorbedacht, aus freiem Willen und in böser Absicht ein kleines Stück oberhalb des rechten Ohrs damals und dort auf hoher See innerhalb des Bereichs der Rechtsprechung der Admiralität von England. Dabei fügte er besagtem William Moore eine tödliche Verletzung zu, an welcher dieser dahinsank und starb". Außerdem wurde er für zwei Verbrechen der Piraterie schuldig gesprochen, und auch in diesem Schuldspruch bediente sich das Gericht einer ähnlich quälend pedantischen Ausdrucksweise. Gegen Ende der dritten Sitzung des Gerichts behauptete Kidd, Palmer und Bradenham, zwei Mitglieder seiner Mannschaft, die als Kronzeugen aufgetreten waren, um das eigene Leben zu retten, seien unverschämte Lügner, und er sagte zum Richter: „Es ist ein sehr harter Schuldspruch. Ich bin der Unschuldigste von allen, nur haben Meineidige gegen mich Zeugnis abgelegt."

Auf seine an den Sprecher des Unterhauses gerichtete Berufung, in der er beantragte, unter Bewachung zur *Quetta Merchant* gebracht zu werden, um den (nicht mehr existierenden) Schatz zu bergen, dessen Wert er jetzt mit 100.000 Pfund angab, erhielt er keine Antwort. Am 23. Mai wurde er von Newgate auf einem schwarz drapierten Armensünderkarren nach Wapping gebracht. Ein Deputy Marshal, der das Emblem des Admiralitätsgerichts, ein silbernes Ruder, über der Schulter trug, ging dem Zug voraus. Kidd war vollkommen betrunken. Die letzten Tröstungen des Geistlichen drangen nicht bis an sein Ohr. Sogar auf dem Schafott wendete sich das Glück noch einmal gegen ihn. Beim ersten Versuch, ihn zu hängen, riß das Seil, und der Henker mußte einen anderen Strick nehmen. Anschließend wurde Kidds mit Teer beschmierter Leichnam in Ketten am Tally Point aufgehängt „als Abschreckung für alle, nicht solche Verbrechen zu begehen".

Kidd, der auf einer alptraumhaften Seereise fast unerträglichen Versuchungen und Einschüchterungen widerstanden hatte, war jetzt nicht nur der Sündenbock für die „Korporation von Piraten" der Whigs, sondern auch für Culliford, Every und Dutzende von anderen, die nie vor Gericht gestellt worden sind. Seine Hinrichtung trug dazu bei, die East India Company und den Großmogul zu besänftigen.

Der damals bekannteste politische Kommentator der Whigs, Defoe, ließ an dem armen Kidd kein gutes Haar. Kidd wurde zum Buhmann und Kinderschreck, bis Blackbeard ihn ablöste. Nach seinem vergrabenen Schatz hat man seither in New York, Neuschottland, Florida und Hispaniola vergeblich gesucht, und ein anläßlich einer neuen Suchexpedition 1951 erschienener Pressebericht schätzt seinen Wert auf 1 Million Pfund. Kidd selbst ist zu einer bekannten Gestalt in der amerikanischen Folklore geworden. Ängstliche Matrosen sehen sein Schiff im Nebel über das Wasser gleiten, obwohl kein Wind die Segel blähen könnte. Schatzsucher, deren Schaufel an eine vergrabene Kiste stößt, erbleichen, wenn Kidd sich im Mondlicht vor ihnen zeigt und das Entermesser schwingt. Doch es gibt auch eine Legende über diesen unglücklichen Sündenbock, die mehr Verständnis zeigt. Sie erzählt von einem Seemann mit durchnäßten Kleidern, der an der Tür eines Farmhauses in der Nähe von New York anklopft, nach dem Weg zur Wall Street fragt und für seine Übernachtung mit fremdartigen Goldmünzen aus dem Osten bezahlt.

Die Kaperfahrten ins Rote Meer wurden immer seltener, nachdem der glücklose Kidd Madagaskar verlassen hatte. Die meisten Freibeuter, die sich an diesen Unternehmen beteiligen wollten, hatten ähnliche Vorstellungen wie Samuel Burgess, der zunächst nur rasch zu einem Vermögen kommen wollte, um sich dann zur Ruhe zu setzen und den Traum seines Lebens zu verwirklichen – ein Landhaus in Long Island. Aber die meisten hatten das Gefühl, daß die englische, die holländische und die französische East India Company ihren Konkurrenzneid einmal wenigstens für eine kurze Zeit begraben würden, um gemeinsam etwas gegen die Piraten zu unternehmen, und daß die wunderbare Zusammenarbeit mit den Behörden und Großkaufleuten in Neuengland bald ihr Ende finden könnte. Die Vernunft schien es zu gebieten, daß man sich wenigstens vorübergehend in eine der internationalen Piratensiedlungen auf Madagaskar zurückzog, die von französischen, englischen, holländischen und portugiesischen Seeräubern bewohnt wurden. Die Siedlungen auf St. Mary, Masselege, Maritain, St. Augustin und Port Dauphin müssen mehrere tausend Bewohner gehabt haben. Ihre Anführer waren Samuel Burgess aus New York, Nathaniel North aus Bermuda, John Bowen aus Rhode Island und Abraham Samuel, ein Mulatte aus Jamaika, der sich zum Piratenkönig von Port Dauphin gemacht hatte. Sie lebten davon, daß sie Beute und Sklaven gegen Schießpulver, Blei, Proviant und Branntwein eintauschten. Diese Leute hielten kameradschaftlich zusammen, genossen einen gewissen Luxus, es gab genügend Frauen, und die in den Kolonien üblichen Intrigen und Eifersüchteleien sorgten für Abwechslung.

Im Frühjahr 1699 tauchte ein Geschwader der englischen Flotte unter Commodore Warren vor der Insel St. Mary auf. Zu Baldridges Zeiten war der rings von Land umgebene Hafen mit seiner sehr engen Einfahrt fast uneinnehmbar gewesen. Doch diesmal schwiegen die vierzig Geschütze, die ihn bewachten. Als die Piraten die Kriegsflotte sahen, versenkten sie ein paar Schiffe, um die Einfahrt zu sperren, und flohen landeinwärts oder setzten nach Madagaskar über. Sie hatten nicht die Absicht zu kämpfen. Ihre Kampf-„Moral“ war vom Zynismus der Ausgestoßenen unterhöhlt, und der Müßiggang in den heißen Zonen hatte ihnen den Rest gegeben. Neun Monate kreuzte Warrens Geschwader vor Madagaskar und wurde dann von zwei Kriegsschiffen abgelöst, die diese langweilige Aufgabe für ein weiteres Jahr übernahmen. Es hatte den Anschein, als sei die Piraterie im Roten Meer und am Persischen Golf ein für allemal zu Ende.

Aber dennoch starb die Kolonie auf Madagaskar nicht ganz aus. Das Leben eines Seeräubers erschien manchen immer noch so verlockend, daß sie sich von den damit verbundenen Gefahren nicht abschrecken ließen. Die immer wieder erlassenen Amnestien haben viel zu dem Auf und Ab in diesem Gewerbe beigetragen. Wie andere vor ihm, so hatte auch Edward Randolph gesagt, man könne der Piraterie nur dann Einhalt gebieten, wenn man die Schiffahrtswege durch starke Flottenverbände schütze und die Tätigkeit der Kolonialbeamten streng überwache. Wenn Piraten begnadigt wurden, ermutigte sie das oft dazu, sich wieder auf Seeräuberschiffen anheuern zu lassen, denn dann brauchten sie nur auf die nächste Amnestie zu warten und mußten oft nicht einmal auf ihre Beute verzichten.

Selbst wenn sie gefangen wurden, bestand für sie eine gute Chance, mit dem Leben davonzukommen und auch nicht lange eingesperrt zu werden. Auf Madagaskar hatten viele Matrosen Zuflucht gefunden, die von Kriegs- oder Handelsschiffen desertiert waren und sich damit rechtfertigten, sie seien zum Dienst „gepreßt" worden. Da die Nachfrage nach erfahrenen Seeleuten immer groß war, konnten sie damit rechnen, daß man ihnen glaubte. Im Jahre 1696 wurden einige von Cullifords Männern in Bombay aus dem Gefängnis entlassen, um als Besatzungsmitglieder auf einer Fregatte der East India Company eingesetzt zu werden, die nach China segelte. Vor Sumatra meuterte die Mannschaft, tötete den Kapitän, setzte alle diejenigen aus, die sich nicht an der Meuterei beteiligen wollten, verteilte das an Bord befindliche Geld und die Waren und machte auf einer drei Jahre dauernden Piratenkreuzfahrt den Indischen Ozean unsicher.

Als es in Europa zum Krieg kam, wurden die Flottenpatrouillen vor Madagaskar zurückbeordert, weil dort die Lage bereits so ruhig war, daß man die Kriegsschiffe für überflüssig hielt. Aber es gab immer noch ein paar Abenteurer, die den Atlantik überquerten, um ihr Glück zu versuchen. Zu ihnen gehörte auch Captain John Halsey aus Boston (1704), der einige reichbeladene Schiffe kaperte und sich dann mit dem größten Teil seiner Mannschaft nach Madagaskar zurückzog. Als Woodes Rogers 1711 nach Kapstadt kam, erzählten ihm zwei ehemalige Piraten, die auf Madagaskar gelebt hatten, wenn die Piraten nicht von der Insel vertrieben würden, „könnte es für alle möglichen Vagabunden eine Versuchung sein, dorthin zu gehen und wieder ein gefährliches Freibeuternest aus der Insel zu machen".

Diese Gefahr bestand tatsächlich, aber die Regierung hatte zuviel mit den Piraten in Amerika zu tun, um sich auch noch um den Indischen Ozean zu kümmern – wenigstens zunächst. Mehr als hundert Piraten, unter ihnen Blackbeard und Stede Bonnet, waren innerhalb weniger Monate bei Seegefechten getötet oder gefangengenommen und hingerichtet worden. Das war eine bisher noch nie dagewesene Verlustziffer, die sehr abschreckend wirkte.*

Das unter den Piraten um sich greifende Entsetzen und die Befriedung von New Providence durch Woodes Rogers führten jedoch – Ironie der Geschichte – nur dazu, daß Madagaskar neu besiedelt wurde.

Im Sommer 1718 kehrte Christopher Condent aus Plymouth als erster in die östlichen Seegebiete zurück. Im Juni 1719 landete er auf Madagaskar und nahm hier die Reste der Mannschaft von Halsey in seine Schiffsbesatzung auf. Anschließend segelte er auf der traditionellen Route ins Rote Meer. Ein arabisches Schiff, das Condent nicht weit von Bombay kaperte, brachte die bei weitem reichste Beute seit der Zeit, als die Piraten in größerer Zahl das Rote Meer befahren hatten. Der Wert des Schiffes und der Ladung wurde auf dreizehn

* Stede Bonnet, der mit dreißig Mann seiner Besatzung in Charleston gehängt wurde, soll an den Gouverneur das folgende absurde Gesuch gerichtet haben: „Ich flehe Euch aus tiefstem Herzen an, mir das Leben zu schenken. Ich werde mich freiwillig außerstande setzen, ein so ruchloses Leben weiterzuführen, indem ich mir alle Glieder vom Körper trenne, um nur noch über meine Zunge zu verfügen und mit ihr unablässig den Herrn, meinen Gott, zu preisen. Ich will meine Tage in Sack und Asche beschließen und zuversichtlich auf meine Erlösung hoffen an jenem großen und schrecklichen Tag, an dem alle rechtschaffenen Seelen ihren gerechten Lohn empfangen werden."

Lakhs Rupien oder etwa 150.000 Pfund geschätzt. Als die Mannschaft nach der Verteilung der Beute auseinanderging, lag auf dem Strand von St. Mary eine Riesenauswahl der verschiedensten Luxuswaren – Seide, bestickter Musselin und viele Arten Gewürze. Condent und vierzig seiner Männer schlossen mit dem Gouverneur der Insel Réunion einen Vertrag über eine französische Amnestie. Etwa zwanzig von ihnen ließen sich auf der Insel nieder. Einer mit Namen Adam, der inzwischen 104 Jahre alt geworden war, lebte 1770 immer noch dort. Defoe berichtet, Condent habe die Schwägerin des Gouverneurs geheiratet, sei nach St. Malo gegangen und habe sich dort als wohlhabender Schiffseigner niedergelassen.

Andere Piratengesellschaften aus New Providence folgten Condent, unter ihnen diejenigen, die von Edward England angeführt wurden, einem Iren, den Defoe als einen „gutmütigen . . . tapferen, nicht allzu gewinnsüchtigen und humanen" Menschen beschreibt, der sich jedoch „allzu oft von anderen überstimmen ließ", wie etwa John Taylor und Oliver la Bouche.

Nachdem er etliche maurische Schiffe gekapert hatte, traf England auf der *Fancy* vor der Insel Johanna ein. Fast gleichzeitig mit ihm erschien John Taylor, ein bedenkenloser und grausamer Mann, welcher die *Victory* befehligte. In der Bucht lagen zwei Handelsschiffe der East India Company vor Anker, die *Cassandra* und die *Greenwich*. Die *Greenwich* kappte rasch die Ankertaue und floh ins offene Meer hinaus, aber die *Cassandra* unter Captain James Macrae stellte sich zum Kampf. Bei einem mehrere Stunden dauernden Gefecht fielen dreizehn Besatzungsmitglieder der *Cassandra*, vierundzwanzig wurden verwundet. Die Verluste bei den Piraten waren noch viel höher, und als sie das feindliche Schiff enterten, machten sie rachedurstig jeden nieder, der sich nicht an Land hatte retten können. Macrae, schwer am Kopf verwundet, kam an Bord der *Victory*, nachdem man ihm freies Geleit zugesichert hatte. Nach einer erregten Auseinandersetzung mit Taylor schenkte ihm England die Freiheit und überließ ihm die schwerbeschädigte *Fancy* mit einer aus nur wenigen Leuten bestehenden Mannschaft und der Hälfte der ursprünglichen Ladung. Seine Reise nach Bombay dauerte sieben Wochen, und während dieser Zeit verdurstete der größte Teil der Mannschaft. Zur Belohnung für seine Leistung wurde Macrae befördert und zum Gouverneur von Madras ernannt. Obwohl sein Gehalt nur 500 Pfund im Jahr betrug, konnte er sich nach acht Jahren mit einem Vermögen von 800.000 Pfund zur Ruhe setzen. England aber wurde von seiner Mannschaft abgesetzt, weil er sich gegenüber Macrae „zu weich" gezeigt hatte. In einem offenen Boot gelang ihm die Überfahrt nach Madagaskar, wo er wenig später völlig verarmt starb.

Die auf der *Cassandra* erbeutete Ladung war angeblich 75.000 Pfund wert, aber das wichtigste Beutestück war die Medikamentenkiste, denn die Piraten waren alle an Syphilis erkrankt. Nachdem er England losgeworden war und seine Leute mit den vorgefundenen Quecksilberpräparaten behandelt hatte, machte sich Taylor mit der *Victory* und der *Cassandra* auf, um einen der erfolgreichsten und grausamsten Raubzüge in der Geschichte der Piraterie zu unternehmen. Er kaperte zwei arabische Dhaus und ließ ihre Kapitäne rücksichtslos foltern. Nachdem er noch einige andere

Oben: Der irische Kapitän Edward England starb im Elend, nachdem ihn seine Mannschaft abgesetzt hatte, „weil er zuviel Menschlichkeit zeigte“.

Schiffe aufgebracht hatte, zu denen auch ein Handelsschiff der East India Company gehörte, gelang es Taylor, die Beamten in dem holländischen Hafen Cochin zu bestechen und die Landeerlaubnis zu bekommen. Weihnachten 1720 waren beide Schiffe wieder auf See, und die Mannschaften suchten „in wilden Orgien das Vergessen“. Sie verbrauchten ihren Proviant so schnell, daß sie halbverhungert auf Mauritius ankamen. Nach einer Ruhepause, in der sie sich mit Nahrungsmitteln versorgten, segelten sie nach Réunion weiter. Auf dem Wege dorthin kaperten sie, ohne auf Widerstand zu stoßen, ein portugiesisches Schiff, auf dem sich der Conde de Ericeira, der Vizekönig von Goa, befand.

Taylor ließ sich ein hohes Lösegeld für den Vizekönig zahlen, gab seine beiden inzwischen leck gewordenen Schiffe auf und segelte in dem jetzt auf den Namen *Victory* umgetauften portugiesischen Schiff mit seiner Beute weiter, die aus Diamanten im Wert von etwa vier Millionen Dollar und 500.000 Pfund Hartgeld bestand. Bei der Verteilung der Beute auf St. Mary bekam jeder Mann ungefähr 4000 Pfund in bar und eine Handvoll Diamanten. Defoe schreibt:

„Sie scheuerten das Deck und verteilten dann die Beute. Dabei bekam jeder Mann 42 kleine Diamanten oder, wenn sie größer waren, auch weniger. Ein unwissender oder übermütiger Bursche, der nur einen Stein bekam, dessen Wert ebenso hoch geschätzt wurde wie der von 42 kleinen, beschwerte sich über die ungerechte Verteilung und zerstieß seinen Diamanten in einem Mörser. Dann allerdings behauptete er, besser davongekommen zu sein als alle anderen, denn er hatte den Stein, wie er sagte, in 43 Splitter zerstoßen."

Einige „trennten sich von ihren Kameraden und gingen zu ihren alten Bekannten auf Madagaskar, mit denen sie übereinkamen, daß derjenige, der am längsten am Leben blieb, alles haben sollte". Die meisten aber blieben bei Taylor, der gemeinsam mit La Bouche die Reise fortsetzte, eine zweite Kaperfahrt plante und wieder Cochin anlaufen wollte, um die Diamanten dort zu verkaufen. Dann aber änderte er seinen Plan, als er hörte, daß ein Geschwader der Flotte unter Commodore Thomas Matthews das Kap umfahren habe. Matthews fand die Insel St. Mary verlassen vor. Am Strand lag noch ein Teil der zurückgelassenen Beute; er war „einen Fuß dick mit Pfeffer und Gewürznelken bestreut". Auf der Hauptinsel wurde der Commodore von den Piratenkönigen herrschaftlich empfangen. Er hat sich aber offenbar nicht die Mühe gemacht, einen der vierzehn schwerbewaffneten Korsaren aufzubringen, die nach einer Mitteilung der East India Company noch immer in diesen Gewässern kreuzten.

Matthews' gefürchtetes Geschwader hatte nicht eingegriffen, aber die Piraten hatten keine Garantie, daß das immer so bleiben würde. Schon morgen konnte der Commodore seine Taktik ändern. Die Bedrohung blieb, und auch die Nachricht von den hohen Verlusten bei dem Gefecht mit der *Cassandra* trug wahrscheinlich dazu bei, den Exodus der Piraten zu beschleunigen. 1722 war die zweite „Piratenrunde" zu Ende, und die Ostindischen Gesellschaften der verschiedenen Nationen konnten sich auf die Bekämpfung der eingeborenen Piraten konzentrieren.

Taylor kehrte mit seinen Leuten nach Westindien zurück. Nachdem es ihm (ebenso wie Every) nicht gelungen war, vom Gouverneur von Jamaika eine Amnestie zu kaufen, einigte er sich mit dem Gouverneur von Portobello. Hier „ließen sie sich nieder, um die Früchte ihres unehrlichen Fleißes ohne das geringste Bedauern oder die mindesten Gewissensbisse zu genießen", und andere Piratenbesatzungen mögen diesem Beispiel gefolgt sein.

„Wenn sie gewußt hätten, was die Direktoren der South Sea Company in England trieben, sie hätten sich mit gutem Gewissen trösten können: Welche Raubzüge auch immer sie unternommen hatten, sie waren nicht die größten Schurken, die frei in der Welt herumliefen!"

Defoes Worte, freilich ohne deren ironischen Hintersinn, hätten gut und gern auch aus dem Munde eines dieser Piraten kommen können.

7 Piratenkapitäne aus Wales

Die Küste von Guinea war zwar portugiesisches Reservat, wurde aber immer wieder von elisabethanischen Korsaren heimgesucht. Prinz Ruprecht von der Pfalz, ein muskulöser Riese, der so stark war, daß er einen meuternden Matrosen an den Beinen aufheben und mit dem Kopf nach unten über die Reling halten konnte (in anderer Beziehung war er ein schlechter Seemann), erschien hier Anfang 1652 mit einigen Schiffen, nannte sich einen „königlichen Freibeuter" und kaperte ein paar kleine spanische und englische Fahrzeuge. Auch Piraten aus Madagaskar kamen gelegentlich an diese Küste, aber erst nach dem Auszug aus New Providence nahm die Tätigkeit der Korsaren in diesem Seegebiet wesentlich zu.

Die Küste von Guinea war weniger einladend als Madagaskar, denn die Royal Africa Company hatte hier Befestigungen gebaut, und die Neger waren nach ihren bösen Erfahrungen mit Sklavenjägern den Weißen gegenüber feindlich eingestellt. Es gab jedoch zahlreiche schützende Flußmündungen und kleine, der Küste vorgelagerte Inseln, und entschlossene, wendige Männer konnten mit reicher Beute rechnen. Was wir über die Piraterie in dieser Gegend wissen, beweist, daß die Seeräuber mit großem Geschick vorgingen.

Im Jahre 1719 wurde ein Seemann aus Pembrokeshire, Howell Davis aus Milford Haven, zum Schrecken der englischen und portugiesischen Schiffahrt und der kolonialen Siedlungen. Die Geschichte seines Lebens hört sich an wie ein Abenteuerroman. Er war als Maat auf einem Sklavenschiff gefahren, das auf der Reise von Nassau nach Madagaskar von Edward England gekapert wurde. Defoe erzählt, Davis habe „sich entschieden geweigert, den Heuervertrag mit den Piraten zu unterschreiben, und gesagt, er werde sich lieber erschießen lassen. Seine Tapferkeit imponierte England, der ihn und seine Männer an Bord der Brigg die Reise fortsetzen ließ, nachdem er ihn anstelle von Skinner, der im Gefecht gefallen war, zum Kapitän ernannt hatte. Er übergab ihm ein versiegeltes Papier mit dem Befehl, das Siegel erst zu öffnen, wenn er einen bestimmten Breitengrad erreicht habe. Mit diesem Dokument machte England das Schiff und seine Ladung Davis und der Mannschaft großzügig zum Geschenk und beauftragte ihn, nach Brasilien zu fahren (vielleicht zu einem Verbindungsmann von England), dort die Ladung zu einem günstigen Preis zu verkaufen und den Erlös gerecht und gleichmäßig zu verteilen".

Die Mehrheit der Mannschaft weigerte sich, diesen Anweisungen zu folgen, und verlangte, daß die Sklaven an ihren ursprünglichen Bestimmungsort, Barbados, gebracht würden. Dort angelangt, wurde Davis drei Monate ins Gefängnis gesperrt, dann aber wieder entlassen, weil man ihn nicht wegen Piraterie vor Gericht stellen konnte. Empört über diese ungerechte Behandlung, ging er nach New Providence, wo er feststellen mußte, daß Woodes Rogers die Piratenrepublik mit Hilfe von hundert invaliden Soldaten und einer neuen

Amnestie aufgelöst hatte. Rogers gab ihm einen Arbeitsplatz auf der *Buck*, einer mit ehemaligen Piraten bemannten Schaluppe, deren Ladung für den Handel mit den französischen und spanischen Inseln bestimmt war. Vor Martinique beteiligte sich Davis an einer Meuterei und wurde „bei einem großen Kessel Punsch" zum Kapitän gewählt. Er entwarf einen Heuervertrag und „hielt eine kurze Ansprache, in der er praktisch der ganzen Welt den Krieg erklärte". Nachdem die Mannschaft das Schiff in Coxon's Hole an der Ostküste von Kuba instand gesetzt hatte, kaperten Davis und seine 35 Mann zwei französische Schiffe. Das zweite, ein ansehnliches Kriegsschiff mit 24 Geschützen, wurde durch eine List zur Kapitulation gezwungen, indem Davis die auf dem zuerst gekaperten Schiff gemachten Gefangenen an Bord antreten ließ, wodurch auf dem Kriegsschiff der Eindruck entstand, daß ihm ein zahlenmäßig weit überlegener Feind gegenüberlag.

Nachdem Davis die beiden gekaperten Schiffe ausgeraubt hatte, ließ er sie weitersegeln und setzte mit der *Buck* die Fahrt zu den Kapverdischen Inseln fort, wo er die englische Flagge aufzog. Man hielt ihn deshalb für einen englischen Freibeuter, und „der Gouverneur und die Bewohner bemühten sich darum, ihn zu verwöhnen". In den folgenden fünf Wochen „fehlte es ihnen an keinem Vergnügen, das die Portugiesen ihnen bereiten konnten oder das man mit Geld hätte kaufen können". Fünf Mann der Besatzung blieben an Land, und „einer von ihnen, der aus Monmouthshire stammte, heiratete und ließ sich dort nieder". Auf der Weiterreise nach Gambia „kleideten sich Davis, der Steuermann und der Schiffsarzt wie Gentlemen" und behaupteten, sie seien Kaufleute aus Liverpool, die „sich auf dem Weg zum Fluß Senegal befinden, um dort Gummi und Elefantenzähne einzukaufen". Sie überlisteten den Gouverneur der Festung Gambia, nahmen ihn während eines gemeinsamen Abendessens gefangen – Davis hatte eine Korbflasche europäischen Brandy mitgebracht – und stachen mit einer ansehnlichen Ladung Barrengold und Elfenbein wieder in See. Nach einiger Zeit stieß die *Buck* auf zwei andere Piratenschiffe. Der Kapitän des einen war La Bouche; das andere wurde von Thomas Cocklyn, einem Flüchtling aus New Providence, befehligt. Man wählte Davis zum Commodore für eine gemeinsame Kaperfahrt, aber er lehnte diese Ehre ab, als „starke Getränke Meinungsverschiedenheiten verursachten und sie zu streiten anfingen . . . ‚Da wir uns in Liebe begegnet sind', sagte er, ‚laßt uns auch in Liebe scheiden, denn ich glaube, daß drei Männer vom gleichen Handwerk niemals einig werden können'".

Im Lauf der folgenden Monate kaperte Davis sieben englische und holländische Schiffe mit Sklaven, Goldstaub und Elfenbein an Bord. Dann gab er die *Buck* auf und übernahm mit seiner Mannschaft ein holländisches Schiff, das er auf den Namen *Royal Rover* umtaufte. Eines der vor Anamabo in Sichtweite des Forts Kap Corso Castle gekaperten Schiffe war die *Princess*, ein Sklavenschiff, dessen zweiter Maat, der sechsunddreißigjährige Bartholomew Roberts aus Haverfordwest, ebenfalls aus Pembrokeshire stammte. Davis tat sich etwas darauf zugute, daß er niemanden zwang, Pirat zu werden. Er nahm Roberts mit, um ihm Zeit für seine Entscheidung zu lassen, und segelte nach Osten weiter. Dabei hatte er das Glück, ein Schiff „mit dem Gouverneur von Akkra an Bord" zu kapern, der „mit all seinen

Rechts: Prinz Ruprecht von der Pfalz, ein schneidiger Kavallerieführer im englischen Bürgerkrieg, wurde 1648 „Freibeuter".

Prince Rupert.

Effekten nach Holland reiste". Vor der Prinzeninsel hatte Roberts, an Bord wie ein Gast behandelt, die Gelegenheit, seinen Landsmann aus Wales zu beobachten und festzustellen, wie geschickt er vorging. Wieder fuhr Davis unter der englischen Flagge und überzeugte die portugiesischen Beamten davon, daß er der Befehlshaber eines Flottengeschwaders auf Piratenjagd sei. Er ließ sich wie ein Offizier der Kriegsflotte mit einer Pinasse an Land bringen und wurde mit militärischen Ehren empfangen. Seine Unverfrorenheit erreichte ihren Höhepunkt, als er sich entschloß, ein französisches Schiff zu plündern, das in den Hafen einlief, um Proviant aufzunehmen. „Um der Sache den Anstrich der Rechtmäßigkeit zu geben, redete er den Portugiesen ein, das Schiff habe Geschäfte mit Piraten gemacht, und er habe an Bord geraubte Waren gefunden, die er im Namen des Königs beschlagnahmt habe. Der Gouverneur war von dieser Geschichte so beeindruckt, daß er den Eifer von Davis nur loben konnte."

Die Leichtgläubigkeit der Kolonialbeamten kannte offensichtlich keine Grenzen, denn nun wollte Davis dem Gouverneur „ein Dutzend Neger zum Geschenk machen . . . und ihn anschließend mit seinen Beamten und einigen Mönchen auf das Schiff zum Essen einladen. Sobald sie an Bord waren, sollten sie in Eisen gelegt und so lange festgehalten werden, bis 40.000 Pfund Lösegeld bezahlt waren". Aber hier wendete sich sein Glück. Einer der Neger schwamm in der Nacht an Land und verriet den Plan. Als die „Seeoffiziere" am nächsten Morgen landeten, wurden sie aus dem Hinterhalt angegriffen und niedergeschossen. Davis wurde tödlich getroffen, aber „noch im Stürzen zog er seine Pistolen und schoß auf seine Gegner, um nicht ungerächt zu sterben".

Das Leben eines Mannes, dessen Gefolgschaft von seinen „Fähigkeiten und seinem Mut eine so hohe Meinung hatte, daß sie glaubte, ihm sei nichts unmöglich", war beendet. Seine Leute liefen nun einem anderen, gleichfalls aus Wales stammenden Piraten zu, von dem sie glaubten, er werde sie mit dem gleichen Geschick führen. Sie sollten nicht enttäuscht werden. Roberts, der auf der *Royal Rover* die Piraterie zunächst gewissermaßen als Logengast erlernt hatte, wurde zum gefeiertsten Seeräuber seiner Zeit, obwohl die Legende den Namen Every, Kidd und Blackbeard mehr Glanz verliehen hat. Defoe schildert ihn als einen großgewachsenen Mann mit dunklem Teint, der sich nach der Mode kleidete, nie hochprozentige alkoholische Getränke, sondern meist nur Tee trank, aber doch kein Spielverderber war. Er hatte sich – ebenso wie Howell Davis – nur zögernd zur Piraterie entschlossen, aber nachdem der entscheidende Schritt getan war, handelte er mit aller Konsequenz. Er schickte einen gewissen Walter Kennedy mit einem Kommando an Land, um das portugiesische Fort anzugreifen. Die *Royal Rover*, bestückt mit 32 Kanonen und 27 Drehbassen, leistete Feuerschutz. Bei der Beschießung wurden auch zwei portugiesische Schiffe in Brand gesetzt. Nachdem die *Royal Rover* auf der Insel Anabona Proviant geladen hatte, beschloß die Mannschaft in einer Abstimmung, nach Brasilien zu segeln.

Nach neun Wochen auf hoher See hatte sich kein Schiff gezeigt, das man hätte kapern können. Dicht vor dem Festland sichtete die *Rover* endlich eine aus 42 Fahrzeugen bestehende portugiesische Flotte, voll

Rechts: Bartholomew Roberts, dessen größter Erfolg das Kapern von elf Segelschiffen bei Whydah war. Sein Schiff führt seine persönliche Flagge in Mißachtung der Kolonialgouverneure.

beladen für die Rückreise nach Lissabon. Sie wurde von zwei Kriegsschiffen mit je 70 Geschützen eskortiert. Roberts ging längseits eines der kleinen Schiffe, holte den Kapitän an Bord und befahl ihm zu sagen, welches das am reichsten beladene Schiff der Flotte sei. Es war die mit 40 Geschützen bestückte *Sagrada Familia.* Sie hatte 150 Mann Besatzung an Bord. Die *Rover* nahm Kurs auf das Schiff, feuerte eine Breitseite ab, und die Piraten enterten es. Während die beiden Kriegsschiffe, durch die Signale der anderen Handelsschiffe alarmiert, herbeieilten, segelte Roberts die *Sagrada Familia* aus dem Flottenverband hinaus und davon. Das war eines der kühnsten Unternehmen, die je von einem Piraten durchgeführt worden sind. Die Beute bestand aus 50.000 Moidores (Goldstücke im Wert von 70.000 Pfund), Tabak, Zucker und Fellen, „dazu Ketten und

Geschmeide von beachtlichem Wert, besonders ein mit Diamanten besetztes, für den König von Portugal bestimmtes Kreuz".

Roberts verbrachte einige geruhsame Wochen auf der Teufelsinsel, und der spanische Gouverneur hatte hinsichtlich der von den Piraten gemachten Beute keine Skrupel. Dann segelte er nach Westindien, wurde jedoch von britischen Patrouillenschiffen verfolgt und mußte die *Royal Rover* aufgeben. Ein paar Monate später, im Juni 1720, meldete Gouverneur Spotswood, daß Roberts auf einer Schaluppe mit 10 Geschützen und 60 Mann in den Hafen von Trepanny auf Neufundland eingelaufen sei, wo sehr viele Handelsschiffe lagen. Diese verfügten über eine Streitmacht von insgesamt mehr als 1200 Mann und 40 Kanonen, aber „da es diesem führerlosen Haufen an Mut gebrach, plünderte und verbrannte Roberts etliche Schiffe und machte so viele Gefangene, wie er nur wollte". Die Bostoner Zeitung *News Letter* schilderte, wie die Schaluppe von Roberts „unter Trommelwirbeln und Trompetenstößen herankam, am Großmast gehißt die englische Flagge sowie die Piratenflagge mit Totenkopf und Entermesser". Und der Gouverneur von Neuengland meinte in seinem Bericht über den Zwischenfall, „man kann dieser Tapferkeit und diesem Wagemut die Bewunderung nicht versagen".

Nachdem er eine in Trepanny gekaperte Galeone aus Bristol mit 16 Geschützen bestückt hatte, heuerte Roberts weitere Mannschaften an.* Er verfügte jetzt über 100 Mann und kaperte vor der Küste zehn französische Segelschiffe. Er behielt das beste, ein Schiff mit 26 Geschützen, das er *Royal Fortune* taufte, und überließ dem französischen Kapitän dafür die Galeone aus Bristol. Die wertvollste in einer Reihe weiterer Prisen war die *Samuel* aus London mit mehreren Passagieren, denen, wie die *News Letter* berichtete, die Piraten alles Bargeld und sogar ihre Kleider raubten. Die Seeräuber „benahmen sich wie eine Horde Wilder. Sie machten sich über die Amnestie des Königs Georg lustig und behaupteten, sie hätten noch nicht genug Geld beisammen, aber wenn sie es einmal hätten und wenn er sie dann noch begnadigen wolle, würden sie es ihn wissen lassen und ihm dafür dankbar sein".

Die Journalisten machten eine Sensation aus den Vorgängen und behaupteten, Roberts ließe es zu, daß „die Gefangenen barbarisch mißhandelt wurden. Einige von ihnen wurden fast zu Tode geprügelt, anderen wurden die Ohren abgeschnitten, wieder andere hängten sie in die Rahen und benutzten sie als Zielscheiben". Sicherlich geriet die Mannschaft gelegentlich außer Kontrolle, aber Roberts hatte mehr

Rechts: Ein Druck aus dem 18. Jahrhundert zeigt die Anlandung und Verarbeitung von Fisch in Kanada. Um den elenden Lebens- und Arbeitsbedingungen zu entfliehen, heuerten Hunderte von Arbeitern in Neufundland auf Piratenschiffen an.

* Das öde und nur dünn besiedelte Neufundland war seit Ende des 16. Jahrhunderts ein Platz gewesen, an dem die Piraten in der Dorschsaison ihre Mannschaften anheuerten. Dann versammelten sich dort viele schlecht bezahlte Leute, die mit den Fischereiflotten aus Bristol, Barnstaple und Topsham herübergekommen waren, um bei der Verarbeitung des Fangs zu helfen. Defoe schätzt, daß 1720 mehr als tausend dieser Arbeiter dort zusammengekommen waren, „die in der Saison (die harten Arbeitsbedingungen und die kalten Nächte setzten ihnen hart zu) sehr gern Black Strap trinken, eine Mischung aus Rum, Melasse und Chowderbier. Unter dem Einfluß dieses Getränks bekommen sie Schwierigkeiten mit der Polizei und müssen dann zur Strafe im Winter Zwangsarbeit leisten. Die dort lebenden Unternehmer halten es für durchaus gerechtfertigt, aus der Notlage dieser Leute Nutzen zu ziehen . . . Deshalb fliehen sie manchmal in Schaluppen und Booten oder lassen sich von Piraten anwerben".

C.
G.
H.
M.

Autorität als die meisten Kapitäne und sorgte dafür, daß die im Heuervertrag festgelegten Regeln befolgt wurden, wenn er auch keine diktatorischen Vollmachten hatte. Defoe erzählt, daß Roberts einen betrunkenen Seemann getötet habe, der ihn beleidigte. Es sei danach zu einem schweren Streit gekommen, und ein Maat habe Roberts zu attackieren versucht, jedoch der Steuermann griff ein, „um die Würde des Kapitäns zu wahren", und ließ in einer Abstimmung beschließen, daß der Maat die Prügelstrafe erhielt. Die Tatsache, daß in „seinen" Bestimmungen das Glücksspiel verboten war, die Kerzen um 8 Uhr gelöscht sein mußten und „wenn einige Mannschaften noch nach dieser Stunde trinken wollen, sie es auf dem offenen Deck tun sollen", bewies noch nicht, daß Roberts ein strenger Zuchtmeister war. Es zeigte nur, daß er sich um die Einhaltung der notwendigsten Sicherheitsbestimmungen kümmerte. Auch der Artikel, in dem es hieß, daß „die Musiker am Sabbat Ruhe haben sollen", bedeutete nicht, daß er ein Puritaner war, der den Sonntag heiligen wollte, sondern die Mannschaft war übereingekommen, daß jeder das Recht auf einen freien Tag habe.

Rechts: Die Mannschaft von Kapitän Roberts bei einem Trinkgelage am Old Calabar River. Durch Langeweile zur Trunksucht und zum Glücksspiel getrieben, ließen es die Mannschaften der Piratenschiffe oft an Disziplin mangeln.

Defoe schildert eine Verhandlung vor dem Piratengericht auf der *Royal Fortune* mit einem kritischen Seitenblick auf andere Gerichte der damaligen Zeit: „Hier wurde in gewisser Weise Gerechtigkeit geübt, und mehr können auch andere Gerichte, die weit bessere gesetzliche Grundlagen haben, nicht tun. Hier gab es keine Honorare für Verteidiger, keine Bestechung der Zeugen ... keine Beeinflussung der Geschworenen ... keine Komplizierung des Verfahrens durch unverständliche Fachsprache und nutzlose Definitionen. Die Angeklagten wurden nach den Piratengesetzen vor Gericht gestellt, die sie sich selbst geschaffen hatten."

Gewiß hat auch Roberts bei Annäherung an ein Beuteschiff alle wohlberechneten Register des Schreckens gezogen, um den Mut der feindlichen Besatzung sinken zu lassen – dazu gehörte das Hissen der schwarzen Flagge, das laute Trommeln und Trompeten der Schiffsmusikanten*, das Herumfuchteln mit dem Entermesser und das Fluchen und Drohen – jedoch geht aus Zeugenaussagen hervor, daß Roberts nicht brutaler war als Blackbeard, und zwar aus den gleichen Gründen. Obwohl er gelegentlich Spezialisten, zu denen auch die Trommler und Trompeter gehörten, zum Dienst auf seinen Schiffen „preßte", hatte er nie Schwierigkeiten, Mannschaften anzuwerben, und weigerte sich, Leute ohne seemännische Erfahrung einzustellen. Obwohl nur ganz gefinkelte Burschen mit einiger Aussicht auf Erfolg vor Gericht behaupten konnten, sie seien gepreßt worden, war Roberts stets bereit, neu angeworbenen Mannschaften eine Bescheinigung auszustellen, nach der sie mit Gewalt gezwungen worden waren, auf einem seiner Schiffe zu fahren.

Im September 1720 war Roberts wieder in der Karibik, wo er sehr erfolgreiche Raubzüge unternahm. Der Gouverneur der französischen Antillen berichtete: „Vom 28. bis zum 31. Oktober kaperten, verbrannten oder versenkten diese Piraten fünfzehn französische und englische Schiffe und vor Dominica einen holländischen Eindringling

* Das war die eigentliche Aufgabe der Musikanten, nicht etwa Seemannslieder zu begleiten oder die Mannschaft zu unterhalten.

mit 42 Geschützen.“ Augenscheinlich war Roberts entschlossen, sich an den Behörden dafür zu rächen, daß frühere Unternehmen in diesen Gewässern fehlgeschlagen waren. Er segelte deshalb nach Basseterre Road vor St. Kitts, wo er unter dem Feuer der Küstenbatterien eine Anzahl von Schiffen plünderte und verbrannte. Wenig später erhielt der stellvertretende Gouverneur der britischen Antillen den folgenden Brief:

Royal Fortune, 27. September 1720
Gentlemen!
Ich schreibe Ihnen dieses, um Sie ausdrücklich wissen zu lassen, daß ich kein einziges Schiff in Ihrem Hafen angerührt hätte, wenn Sie, wie die guten Sitten es gebieten, zu mir gekommen wären, um mit mir und meinen Leuten ein Glas Wein zu trinken. Im übrigen war es nicht das Feuer Ihrer Geschütze, das mich abgeschreckt und gehindert hat, an Land zu kommen, sondern nur der Wind, der nicht unseren Erwartungen entsprach. Die *Royal Rover* haben Sie schon verbrannt und einige unserer Leute barbarisch mißhandelt. Aber jetzt haben wir ein ebenso gutes Schiff, und Sie dürfen weder jetzt noch später etwas anderes von uns erwarten als Vergeltung! Im übrigen, Gentlemen, der arme Kerl, den Sie jetzt in Sandy Point im Gefängnis haben, ist vollkommen ahnungslos, und was er besitzt, wurde ihm geschenkt. Folgen Sie daher bitte Ihrem Gewissen und lassen Sie mich die Bitte aussprechen, daß Sie ihn wie einen ehrlichen Mann behandeln ... Wenn wir etwas anderes hören, dann müssen Sie damit rechnen, daß wir niemandem auf Ihrer Insel Pardon geben werden.

Ihr Bartholomew Roberts

Diesen Brief hätte auch ein militanter Gewerkschaftsführer schreiben können. Hier vermischen sich klassenkämpferische Drohungen mit einem Appell an die Menschlichkeit, und Roberts sucht dem Empfänger des Schreibens klarzumachen, daß beide Parteien eigentlich die gleichen Interessen haben und sich an einem Tisch zusammensetzen sollten, um die Meinungsverschiedenheiten beizulegen.

Die Kolonialbehörden sahen sich außerstande, Vergeltungsmaßnahmen durchzuführen. Eine von Engländern und Franzosen ausgerüstete Expedition erreichte nichts, weil die Mannschaft meuterte, und Roberts reagierte auf die Bemühungen der Gouverneure von Martinique und Barbados, ihn zu fangen, nur damit, daß er sich eine neue Piratenflagge machen ließ. Sie zeigte ihn höchstpersönlich, mit jedem Fuß auf einem Totenschädel stehend. Der eine war mit den Buchstaben ABH, der andere mit AMH bezeichnet (A Barbadian's Head – der Kopf eines Bewohners von Barbados, und A Martinican's Head – der Kopf eines Bewohners von Martinique). Im Mai 1721 ließ Gouverneur Spotswood 54 Geschütze an strategisch wichtigen Punkten der Küste Virginias aufstellen, um einen Angriff „des großen Piraten Roberts“ abzuwehren, der neun Monate lang mit zwei Schiffen (der *Royal Fortune* und der Brigantine *Ranger*) und 150 Mann die Karibik beherrscht hatte.

Roberts hatte einmal versucht, die Karibik zu verlassen, aber ungünstige Winde hatten ihn zur Umkehr gezwungen. Es war eine ungeheuer anstrengende Reise über mehr als 2000 Meilen, auf der ihm Proviant und Wasser ausgingen, so daß „viele ihren eigenen Urin oder

Meerwasser tranken, was ihren Durst nicht löschte, sondern ins Unerträgliche steigerte, und sie starben".

Ende 1721 hatte sich Roberts in den Besitz einer neuen *Royal Fortune* gesetzt. Es war die ehemalige Fregatte *Onslow* der Royal Africa Company. Damals gehörten noch zwei weitere Schiffe zu seinem Geschwader, und zwar die *Great Ranger* und die *Little Ranger.* Vor Whydah brachten sie elf englische, französische und portugiesische Schiffe auf und forderten für jedes ein Lösegeld von acht Pfund Goldstaub. Für die Bezahlung stellte Roberts Quittungen aus wie diese:

Hiermit wird bestätigt, daß wir GLÜCKSRITTER acht Pfund Goldstaub als Lösegeld für die *Hardy* unter Kapitän Dittwitt erhalten haben und dafür das besagte Schiff entlassen.

Durch unsere Unterschrift — Bartholomew Roberts
beglaubigt am 13. Januar 1722 — Harry Glasby

Defoe berichtet: „Auch portugiesische Kapitäne erhielten Quittungen in der gleichen Form, die aber von Sutton und Sympson unterschrieben wurden, zwei Spaßvögeln, die als Aaron Whifflingpin und Simon Tugmutton zeichneten."

Einen Geistlichen an Bord der *Onslow,* der seine neue Pfarrstelle auf Kap Corso übernehmen wollte, verhöhnten die Piraten und fragten ihn, weshalb er nicht bei ihnen bleiben wolle, denn hier habe er „nichts zu tun als Punsch zu brauen und zu beten".

Doch der Raubzug vor Whydah war der letzte in einer Reihe glänzender Erfolge, die Roberts im Verlauf von mehr als vier Jahren verbuchen konnte. Das Ende seiner Piratenlaufbahn kam, als das englische Kriegsschiff *Swallow* auf dringendes Ersuchen der Gouverneure in den Golf von Guinea einlief, um die Handelsschiffahrt zu beschützen. Wenige Tage nach dem Überfall bei Whydah sichtete die *Swallow* unter dem Kommando von Kapitän Chaloner Ogle das Seeräubergeschwader, das vor Kap Lopez an der Papageieninsel vor Anker gegangen war. Die Piraten hielten das Kriegsschiff für ein portugiesisches Handelsschiff. Mag sein, daß es eine Kriegslist gebrauchte und die portugiesische Flagge gehißt hatte. Die *Great Ranger* ging in die Falle, nahm Kurs auf die *Swallow* und wurde nach einem blutigen Gefecht, bei dem zehn Piraten fielen und zwanzig verwundet wurden, genommen. Unterdessen hatte Roberts ein anderes Handelsschiff mit einer Ladung Brandy aufgebracht. Seine Mannschaft war zum größten Teil stockbetrunken, als die *Swallow* zur Papageieninsel zurückkehrte, um mit den Piraten abzurechnen.

Der Kapitän wurde beim Frühstück gestört, bei einer Portion „wohlschmeckender Solomon Grundy" (*salmagundi,* ein stark gewürztes westindisches Gericht). Defoe erzählt: „Bei diesem Gefecht war er prächtig gekleidet. Er trug Weste und Hose aus schwerem, dunkelrotem Damast, eine rote Feder am Hut, eine goldene Kette mit einem Diamantkreuz um den Hals, den Säbel in der Hand, und zwei Paar Pistolen hingen an einem seidenen Gurt, den er über die Schulter gelegt hatte . . . Vielleicht hätte er den Kampf unter verzweifelten Anstrengungen doch noch gewonnen, wenn er nicht von einem Kartätschenschuß direkt in die Kehle getroffen und tödlich verwundet worden wäre. Er sank auf die Vertäuung eines Geschützes nieder, und ein gewisser Stephenson eilte herbei. Er erkannte nicht sofort, daß der Kapitän verwundet war, schrie ihn an und forderte ihn auf, wie ein Mann weiterzukämpfen. Doch als er seinen Irrtum feststellte, brach er in Tränen aus und wünschte, vom nächsten Schuß selbst getötet zu werden."

Wie er selbst es angeordnet hatte, wurde Bartholomew Roberts in seiner prächtigen Kleidung über Bord geworfen. Die Piraten, halb ernüchtert und durch den Tod ihres Führers, der wie Howell Davis für unbesiegbar und kugelfest gegolten hatte, vollkommen verwirrt, holten die Flagge nieder und baten um Gnade. Die Gouverneure in New York, Jamaika und sogar in Bombay atmeten erleichtert auf, als sie erfuhren, was geschehen war. Kapitän Ogle, der für diesen Sieg geadelt wurde, brachte 169 Gefangene nach Kap Corso Castle. Derselbe Priester, den die Piraten auf der *Onslow* verhöhnt hatten, durfte ihnen nun ihr schändliches Verhalten predigen. Defoe berichtet, daß sie kaum Reue zeigten. Sie unternahmen Fluchtversuche, um an die Küste zu kommen und dort eine neue Mannschaft zusammenzustellen, „anstatt wie Hunde aufgehängt und in der Sonne gedörrt zu werden". Die wenigen Männer, die sich die Ermahnungen des Priesters zu Herzen nahmen, wurden von den anderen wie Verräter behandelt. Sutton, „der zufällig an derselben Kette lag wie ein anderer Gefangener . . . der im Gebetbuch las und betete, wie er nur irgend konnte, beschimpfte diesen Burschen und fragte ihn, was er mit soviel Jammern und Beten bezwecke. ‚Mein Himmel', sagte der andere, ‚ich hoffe!' – ‚Mein Himmel', sagte Sutton, ‚hast du je gehört, daß ein Pirat dorthin kommt? Gib mir die Hölle, da ist es lustiger. Wenn ich hineinkomme, will ich für Roberts dreizehn Salutschüsse abfeuern.' Als er das gesagt hatte, bat Sutton den Offizier, den Mann entweder woanders unterzubringen oder ‚Nehmen Sie ihm das Gebetbuch weg, er ist ein Störenfried'".

Als die Gerichtsverhandlung am 28. März 1722 begann, befanden sich unter den Angeklagten nur wenige alte Korsaren. Nur sechs hatten die ganze Zeit unter Davis und Roberts gedient. Zwei hatten seinerzeit zur Mannschaft von Blackbeard gehört. Alle anderen waren ebenso wie Glasby, ein gepreßter Spezialist, der als Kronzeuge der Anklage auftrat, in den letzten 18 Monaten auf dem Atlantik, in der Karibik und vor der Küste von Guinea von gekaperten Schiffen abgeworben worden. Sie alle bekannten sich „nicht schuldig", weil sie gepreßt worden seien. Einundneunzig von ihnen wurden schuldig gesprochen und zweiundfünfzig gehängt. Die anderen Verurteilten, die meist aus London oder Westengland stammten, wurden mit sieben Jahren Zwangsarbeit bestraft. Die meisten der Freigesprochenen waren vor kurzem angeworbene Seeleute oder Spezialisten. Die Schiffsärzte wurden bis auf einen alle freigesprochen,* ebenso die Musikanten.

So endete das erste wirklich erfolgreiche Unternehmen der königlichen Flotte gegen die Piraten und die Herrschaft der Waliser Piratenkapitäne, die ihr Handwerk mit so viel Verstand, Stil und

* Es zeigt sich, daß Robert Louis Stevenson die Geschichte der Piraterie von Defoe sehr genau studiert haben muß, denn Long John Silver erinnert sich: „Es war ein Meisterchirurg, der mich amputiert hat – College und alles, was dazugehört –, Latein eimerweise und was nicht noch. Aber er wurde gehängt wie ein Hund und mußte ebenso wie die anderen auf Corso Castle in der Sonne trocknen. Das waren Roberts' Männer, ja, das waren sie . . ."

Oben: Die Küste von Guinea, Mitte des 18. Jahrhunderts. Hier gab es zahlreiche Befestigungen, wie Cape Corso Castle, wo die Mannschaft von Roberts vor Gericht gestellt wurde.

Vergnügen ausgeübt hatten. Natürlich war es während ihrer „großen Zeit" auch zu manchen eigenartigen Zwischenfällen gekommen. So desertierte zum Beispiel der Ire Walter Kennedy mitsamt einer gekaperten Schaluppe aus Roberts Geschwader und segelte nach Westindien. (Später heuerte Roberts möglichst keine Iren mehr an.) Nachdem Kennedy einige Schiffe aufgebracht hatte, beschlossen er und etwa zwanzig seiner Leute, nach Irland zu segeln, wie Every das vor fünfundzwanzig Jahren getan hatte. Defoe schreibt: „Unter ihnen befand sich nur einer, der behauptete, etwas von der Navigation zu verstehen." (Kennedy, ein ehemaliger Taschendieb und Einbrecher, konnte weder lesen noch schreiben.) „Es zeigte sich, daß er es nur behauptete, denn anstatt Kurs auf Irland zu nehmen, kamen sie an die Nordwestküste von Schottland, wo sie ihr Fahrzeug in eine enge Flußmündung brachten und an Land gingen . . . Die Bande verbreitete überall, wo sie auftauchte, Furcht und Schrecken. Die Männer betranken sich und benahmen sich so wild, daß die Leute sich in ihren Häusern einschlossen . . . Manchmal luden sie ganze Dörfer zu ihren Trinkgelagen ein und verschwendeten ihr Geld, als wollten sie die Last in ihren Taschen erleichtern. Zwei dieser betrunkenen Landstreicher kamen bei Schlägereien um, elf Mann wurden in der Nähe von Edinburgh festgenommen und ins Gefängnis geworfen."

Mit Ausnahme der beiden Kronzeugen, die sich der Anklage zur Verfügung stellten, kamen sie alle an den Galgen. Nur wenige waren entkommen, unter ihnen auch Kennedy, der sich unerkannt in Deptford niederließ und als Bordellbesitzer ein angenehmes Leben führte, bis eine seiner Huren ihn verriet und er im Juli 1721 hingerichtet wurde.

„Wir sehen also", schließt Defoe seinen Bericht, „daß der Böse von einem unheilvollen Schicksal ereilt wird und nur selten der gerechten Strafe für seine Missetaten entgeht." Er fügt jedoch hinzu, daß immerhin acht oder neun Piraten der Gerechtigkeit entgangen und sich der Tatsache bewußt waren, „daß das Gericht auf sie wartete und ihr Gewissen sie nie ruhig schlafen ließ, wenn sie nicht gerade betrunken waren". Über das Schicksal, das Kennedy ereilte, sollen sie

HORUSCE en HAREADEN BARBAROSSA

Links: Holländischer Stich zu Ende des 17. Jahrhunderts, der die Brüder Barbarossa (Rotbart) als sadistische Piratenhäuptlinge darstellt – eine verbreitete christliche Legende.

nur mit den Schultern gezuckt und gesagt haben: „Er war ein armer Hund, aber er hat seine Strafe verdient.“

Sicher hat das Bekanntwerden von Roberts' Tod und der Massenhinrichtung auf Kap Corso abschreckend gewirkt. Dennoch sah sich auch dann noch mancher versucht, als Pirat sein Glück zu machen. Man muß dies aber im Zusammenhang mit den damals in der Justiz herrschenden Umständen sehen. Kennedys Ende wäre das gleiche gewesen, wenn er nur einen Laib Brot gestohlen hätte. Erst als man begann, im Strafrecht Unterschiede bei der Beurteilung von Verbrechen zu machen, hörten die Kriminellen auf zu sagen, daß es schließlich gleichgültig sei, ob man ein Schaf oder ein Lamm stiehlt. Auch besserten sich die Verhältnisse auf den Schiffen der Kriegs- und Handelsflotte nur sehr allmählich. Die schlechte Bordverpflegung, für die meist nur korrupte Einkäufer verantwortlich waren, verursachte in den engen Mannschaftsunterkünften gefährliche Epidemien. Der Bootsmann, der Bootsmannsmaat und sogar der Fähnrich, der oft nur ein junger Milchbart war, schlugen die Leute immer noch mit dem Tauende. Im Siebenjährigen Krieg fielen 1522 Mann vor dem Feind, aber die Verluste durch Krankheit und Fahnenflucht betrugen fast 150.000 Mann. Auf den Landstraßen wimmelte es von Vagabunden, und wer eine Vorliebe für die See, das Schmuggeln und die Piraterie hatte, dem fehlte es nicht an Gelegenheiten. Roberts' Motto, „ein lustiges und kurzes Leben“, war nicht nur Ausdruck seiner verrückten Tollkühnheit, sondern ein Stück unwiderlegbarer Logik, die durch die Erfahrungen der Unterprivilegierten täglich bestätigt wurde.

Das Mittelmeer

8 Die Korsaren auf Malta und an der Barbarenküste

Während Männer wie François Leclerc, Jacques Sores, Hawkins, Drake und Oxenham das iberische Monopol in der Neuen Welt zu brechen suchten, war das Mittelmeer die Szene eines Machtkampfes, der so wild und vielschichtig war wie in den Tagen der Phönizier, Griechen und des Römischen Reichs. Auf die großen Eroberungszüge der Araber im 8. Jahrhundert folgten die Kreuzzüge und die Rückeroberung Spaniens. Die Spanier bemühten sich darum, den Westteil der nordafrikanischen Küste, die sogenannte Barbarenküste, die nach ihren Bewohnern, den halbnomadischen Berbern, ihren Name hatte, in Besitz zu nehmen. Doch die Mauren leisteten unter der Führung von zwei tüchtigen türkischen Abenteurern, den Brüdern Barbarossa, Arudsch und Kair-ed-Din, organisierten Widerstand. Gegen 1530 wurde Kair-ed-Din zum Regenten von Algier ernannt, das ebenso wie Tunis und Tripolis eine Außenprovinz des Ottomanischen Reichs war, in welcher die Türken die Regierungsgewalt innehatten und eigene Truppen, die Janitscharen, unterhielten. Die Nachfolger von Kair-ed-Din, Dragut und Ochiali, führten die türkischen Truppen bei der berühmten Belagerung von Malta (1565) und in der Schlacht von Lepanto (1571).

Mit Lepanto ging die heroische Phase des Ringens zwischen Moslems und Christen zu Ende, und der „Heilige Krieg“ nahm „normale“ Ausmaße an. Freibeuterflotten operierten von den Häfen an der Barbarenküste und von Malta aus. Englische und holländische Kauffahrteischiffe, die sich am levantinischen Handel beteiligen wollten, sowie spanische und italienische Korsaren, sie alle befuhren dieses Seegebiet, und ihr Hauptinteresse bestand darin, vom dahinschwindenden Reichtum Venedigs noch einen Anteil zu ergattern. Man machte Gefangene und befreite sie, man zahlte und forderte Lösegeld, man unternahm Raubzüge an fremde Küsten, die im Lauf vieler Jahrhunderte schon unzählige Male überfallen worden waren. So entstand in der relativen Enge dieses Raumes eine Stimmung der Furcht und des Schreckens, wie wir sie nicht einmal gegen Ende des Zeitalters der *boucaniers* erlebt haben.

Fälschlicherweise hat man behauptet, Kair-ed-Din sei ein wollüstiger Barbar gewesen, ein christlicher Renegat, der als Pirat nur darauf bedacht war, seinen Harem mit schönen weißen Frauen zu füllen. Erst im Alter von neunzig Jahren sei er, ausgehöhlt von sexuellen Ausschweifungen, gestorben. In Wirklichkeit starb er mit etwas mehr als sechzig Jahren als ein von Angehörigen aller Rassen und Religionen geachteter, ehrgeiziger, aber enthaltsamer Mann, der seine Kräfte bei harter Arbeit, in ständigen Feldzügen und bei der Wahrnehmung seiner offiziellen Pflichten erschöpft hatte. Er war hochkultiviert, sprach mehrere Sprachen, darunter auch Spanisch und Italienisch, galt als großzügiger Kunstmäzen und schloß als Admiral und Botschafter des Sultans Verträge mit christlichen Fürsten, ganz im Sinne des schon damals gültigen Grundsatzes des Gleichgewichts der Kräfte.

Rechts: Dragut leitet die Belagerung von Malta durch die Türken (1565). Auf dieses Ringen um die Verherrschaft im Mittelmeer folgte der „Heilige Krieg“ zwischen den christlichen Korsaren auf Malta und den islamischen Seeräubern an der Barbarenküste.

Wenn die Korsaren an der Barbarenküste je blutrünstige Piraten unter der Führung verräterischer Renegaten geworden sind, dann geschah das erst, als europäische Seeräuber ein neues Tätigkeitsfeld suchten, nachdem die große Zeit der elisabethanischen Korsaren zu Ende gegangen war.

Nach Beendigung des Spanischen Krieges im Jahr 1603 blieben viele englische, holländische und französische Seeleute ohne Beschäftigung. Jetzt waren sie keine Helden mehr, sondern ausgestoßen, überflüssig, der Vagabondage preisgegeben. Doch dort in den Häfen an der Barbarenküste gewährte man ihnen gegen den üblichen Beuteanteil Schutz, garantierte ihnen die Immunität an Land und stellte ihnen sogar Kaperbriefe aus, mit denen sie die Erlaubnis erhielten, spanische Schiffe aufzubringen, denn die Türken befanden sich immer noch im Krieg gegen Spanien. Algier, Tunis und Sallee (in Marokko) boten Unterschlupf für Hunderte, ja vielleicht Tausende von christlichen Abenteurern, die eigentlich nur dem Namen nach Christen waren und in vielen Fällen den türkischen Glauben und türkische Lebensgewohnheiten annahmen. Viele von ihnen waren Spezialisten – Navigatoren, Schiffsartilleristen, Schiffszimmerleute und sogar Schiffsbauer. Sie revolutionierten den Schiffsbau der Korsaren im Mittelmeer, indem sie ihren Gastgebern beibrachten, wie man hochseetüchtige Schiffe baute.

Diese ausländischen Söldner schockierten die Türken und Mauren sehr oft durch ihr rohes Benehmen. Ein französischer Beobachter in

Oben: Galeeren von der Barbarenküste auf hoher See. (17. Jahrhundert)

Tunis schrieb: „Der große Gewinn, den die Engländer dem Lande bringen, ihre übermäßige Großzügigkeit und die Ausschweifungen, bei denen sie ihr Geld verschwenden, bevor sie die Stadt verlassen und in den Krieg zurückkehren, wie sie das Brigantentum zur See nennen, hat sie bei den Janitscharen so beliebt gemacht wie keine andere Nation. Sie tragen den Säbel an der Seite, laufen betrunken durch die Stadt und schlafen mit den Frauen der Mauren. Kurz gesagt, die Behörden gewähren ihnen alle denkbaren Freiheiten." Aber diese ausländischen Abenteurer brachten ihre Beute und ihre hart erkämpften Erfahrungen mit, und deshalb duldete man sie als ein notwendiges Übel.

Einige dieser Renegaten erwarben große Vermögen und finanzierten ihrerseits die Unternehmen anderer Freibeuter. Zu ihnen gehörte auch John Ward, ein Fischer aus Faversham in Kent, der eine Zeitlang selbst Freibeuter gewesen war. Unzufrieden mit den Lebensbedingungen und der Heuer als Matrose auf der *Lion's Whelp*, einem der wenigen Schiffe, die die Flotte noch unterhielt, gehörte auch er zu den Seeleuten, die sich in den Tavernen von Portsmouth versammelten, um sich wehmütig an die „gute, alte Zeit" zu erinnern. Damals „konnten wir noch singen, fluchen, huren und unsere Feinde umbringen, wie der Kuchenbäcker die Fliegen erschlägt. Die offene See war unser Reich, in dem wir rauben konnten, was uns gefiel, und die Welt war unser Garten, in dem wir uns nach Belieben vergnügten". Ward und etwa dreißig seiner Spießgesellen stahlen 1605 im Hafen von Portsmouth eine Barke und kaperten vor den Scilly-Inseln ein französisches Handelsschiff. Er taufte es auf den Namen *Little John* um, fuhr damit nach Plymouth, um genügend Mannschaft anzuwerben, segelte ins Mittelmeer, wo er weitere Schiffe kaperte, brachte seine kleine Piratenflotte nach Tunis und schloß einen Vertrag mit dem Bey.

Mit Hilfe seiner beiden tüchtigen Artillerieoffiziere, James Proctor aus Southampton und John Frith aus Plymouth, gelang es Ward innerhalb von wenigen Jahren, eine Flotte aus neun oder zehn gut bestückten Schiffen zusammenzustellen, unter denen sich auch eine Anzahl umgebauter venezianischer Galeeren und Galeonen befand. Auf einer einzigen Kreuzfahrt, die er 1607 gemeinsam mit dem holländischen Renegaten Jan Casten unternahm, machte er Beute im Wert von 400.000 Kronen und verursachte an der venezianischen Börse fast eine Panik. Die „neuen Männer an der Barbarenküste" waren zu den gefürchtetsten Piraten im Mittelmeer geworden. Der Flame Simon Dansiker, der 1608 vor Cadiz mehr als 30 französische, holländische und englische Schiffe gekapert hatte, wurde in Algier so schnell reich, daß er schon ein Jahr später mit seiner Flotte und seinem Vermögen nach Marseille übersiedeln konnte. Ward hatte ähnliches Glück. Der Großherzog der Toskana und der Herzog von Savoyen boten ihm geeignete Hafenanlagen als Stützpunkte an, die als „Freihäfen" mit Algier und Tunis konkurrierten. Doch wahrscheinlich machten ihm die Türken ein günstigeres Angebot, denn man weiß, daß Ward 1622 in Tunis starb.

Ein 1609 in London erschienenes volkstümliches Buch vermittelt dem Leser einen Begriff von dem Räuberleben Wards, das danach nichts anderes war als „ein ununterbrochener Kampf gegen die Christen, die er verachtete". Er „hielt nichts vom Gottesdienst" und weigerte sich, „während eines Sturmes zu beten". Er verspottete jeden, der es tat, und hatte keinerlei Hemmungen, auch englische Schiffe zu plündern und ehrliche englische Seeleute zu ermorden. „Der Herrgott war Augenzeuge seiner Trunkenheit und sinnlosen Verschwendungssucht." Nur allzu deutlich kommen Neid und Selbstgerechtigkeit zum Ausdruck, wenn in dem Buch beschrieben wird, in welchem Luxus Ward zu Lande und auf See lebte. Er hatte „ein sehr ansehnliches Haus in Tunis, das reich mit Marmor und Alabaster ausgestattet war und sich eher für einen Fürsten als für einen Piraten geeignet hätte. In seiner Kabine ließ er sich von zwölf Türken bewachen und erfreute sich des gleichen Ansehens wie der heidnische Pascha". Aber doch war diese Stellung durchaus nicht gesichert, denn „solche Ehren sind wie Buchstaben, die man in den Sand schreibt und die von jedem Windstoß fortgeblasen werden".

In der *Ballade von Dansiker, dem Holländer* wird von einem starken, wenn auch nur kurzlebigen Bündnis zwischen dem Holländer und Ward berichtet:

Aus London die *Elizabeth*
Haben die Räuber jüngst genommen,
Auch die reichbeladenen Schiffe,
Die *Pearl* und die *Charity*
Konnten ihnen nicht entkommen . . .
Aus Hull die *Bonaventure*,
Die oft das Meer befuhr
Bis hin zu der Barbarenküste . . .

In der beliebten Ballade *Kapitän Ward und der Regenbogen* versucht Ward, sich von König Jakob I. eine Amnestie zu kaufen. Der König weigert sich, und als er hört, daß der Pirat auch englische Schiffe gekapert hat, befiehlt er den Bau „eines tüchtigen Schiffs", der *Rainbow*, um Wards Hochmut zu bestrafen. Es kommt zu einer gewaltigen Seeschlacht,* die sich aber geschichtlich nicht belegen läßt, und Ward leugnet standhaft, englische Schiffe geplündert zu haben:

Schießt nur und trefft, spricht Captain Ward,
Denn das gefällt mir sehr;
Und wer zuerst getroffen wird,
Sein Schiff versinkt im Meer.

Es gibt keine Unterlagen darüber, daß Ward eine Amnestie gewährt worden ist oder daß er auch nur darum gebeten hätte. Die Macht der Piraten war beträchtlich. Peter Eston, der 1612 eine aus 25 Schiffen bestehende Piratenflotte im Mittelmeer kommandierte, zwang den Senat von Venedig, besondere Verteidigungsmaßnahmen zum Schutz der Adria gegen diese Bedrohung anzuordnen, und wies eine

* *Rainbow* war der Name eines der Schiffe von Drake bei der Expedition nach Cadiz im Jahr 1587; ein Schiff gleichen Namens gehörte zur Flotte des Königs Jakob. Es ist nicht bekannt, ob dieses Schiff jemals an einem Gefecht gegen Ward beteiligt war. Hingegen ist die Möglichkeit nicht ausgeschlossen, daß Wards altes Schiff, die *Lions' Whelp*, die im Mittelmeer gegen die Piraten kämpfte, auch gegen ihn eingesetzt wurde.

Oben: Angehörige des Ordens der Redemptoristen versuchen, christliche Kriegsgefangene von den Türken loszukaufen.

Begnadigung durch König Jakob I. glatt zurück: „Weshalb sollte ich die Befehle eines Königs befolgen, da ich doch selbst ein König bin?"

Dieser Korsarenadmiral, ein ehemaliger Landarbeiter aus Somerset, hatte den Kanal von Bristol unsicher gemacht, französische, flämische und portugiesische Dorschfangflotten vor Neufundland geplündert, wo er auch ein paar Hundert englische Fischer anheuerte, und sich schließlich unter dem Schutz des Herzogs von Savoyen in Villefranche niedergelassen. Hier kaufte er den Titel eines Marquis und heiratete eine aus adeliger Familie stammende Frau.

Der vielleicht berühmteste Pirat zur Zeit Jakobs, Henry Mainwaring, begann seine Laufbahn zur See als Piratenjäger. Im Jahre 1611 bekam er den Auftrag, Eston zu fangen, was ihm allerdings nicht gelang. Dafür hatte er fünf Jahre später, als er nach England zurückkehrte, auf dem Gebiet der Piraterie reiche Erfahrungen gesammelt. Mainwaring gehörte einer bekannten Familie aus Shropshire an, und bevor er zur See ging, war er Rechtsanwalt und diente auch als Soldat in den Niederlanden. Das Korsarenhandwerk betrieb er mit der Grandezza, die an die Gentlemanabenteurer aus der Zeit Elisabeths erinnert. Schon 1612 kaufte er die *Resistance*, ein schnelles Schiff von 160 Tonnen, das der hervorragende Schiffsbauer Phineas Pett gebaut hatte, und begann seine erste Reise mit einem Kaperbrief, der es ihm erlaubte, spanische Schiffe in Westindien aufzubringen.

Statt dessen nahm er Kurs auf Gibraltar und wählte den Hafen Mamurra bei Sallee an der marokkanischen Atlantikküste als Stützpunkt. Von hier aus konnte er die aus Westindien zurückkehrenden spanischen Schiffe überfallen. Wie Eston segelte auch er nach Neufundland, um Schiffe auszurauben und Mannschaften anzuheuern. Als er nach Marokko zurückkam, stellte er fest, daß der spanische Admiral Fajardo in seiner Abwesenheit den Hafen Mamurra besetzt hatte. Mainwaring verlegte seine Basis nach Villefranche und schlug 1616 eine aus fünf Kriegsschiffen bestehende spanische Strafexpedition in einem entscheidenden Gefecht. Anschließend hatte er die Wahl, sich entweder vom König von Spanien begnadigen zu lassen, der ihm außerdem das Kommando über ein spanisches Geschwader und ein hohes Gehalt anbot, oder ein ähnliches Angebot anzunehmen, das ihm ein Sondergesandter König Jakobs überbrachte. Als patriotischer Pirat entschied er sich für das letztere und segelte nach Dover, wo er und die Mitglieder seiner Schiffsbesatzung, die sich ihm freiwillig angeschlossen hatten, begnadigt wurden. In der Urteilsbegründung hieß es, er habe zwar die ihm übertragenen Vollmachten überschritten, „aber kein großes Unheil angerichtet".*

Mainwaring wurde 1618 geadelt, zum Befehlshaber der Festung Dover und Stellvertretenden Kommandanten der „Fünf Häfen" ernannt und zum Parlamentsabgeordneten für Dover gewählt. Er verfaßte eine sehr informative Schrift über das Piratenunwesen und dessen Unterdrückung, worin er unter anderem auch empfahl, keine Amnestien mehr zu gewähren und gefangene Piraten zur Zwangsarbeit in der königlichen Flotte zu verurteilen. Als er hoch in Ehren verstarb, bekleidete er bereits den Rang eines Vizeadmirals.

Ein anderer Gentlemanabenteurer, Sir Francis Verney, hatte weniger Glück als Mainwaring, Eston und Ward. Seine Stiefmutter hatte ihn gezwungen, in fast noch kindlichem Alter eine Ehe einzugehen, und betrog ihn überdies um sein Erbe. Er trat in die Fremdenlegion des Kronprätendenten von Marokko, Muley Sidan, ein. Bald nach dessen Tod im Jahr 1607 wurde in England bekannt, daß Verney in Algerien lebte, sich zum türkischen Glauben bekehrt und als Pirat bereits mehrere englische Handelsschiffe aus Poole und Plymouth gekapert hatte. Schließlich kam er in Gefangenschaft eines „christlichen" Korsaren aus Sizilien, war zwei Jahre lang Galeerensklave auf einem Freibeuterschiff und wurde auf Fürsprache eines englischen Jesuiten freigelassen. Er trat daraufhin in die sizilianische Armee ein und starb, einunddreißigjährig, in einem Lazarett in Messina.

Ein paar orientalische Gegenstände aus seinem persönlichen Besitz erinnern daran, daß er davon geträumt hatte, an der Barbarenküste sein Glück zu machen. Sie wurden in das Haus der Familie Verney nach Claydon in Buckinghamshire zurückgebracht, wo man sie noch

Rechts: Darstellung von Howard Pyle: Die Männer von Kapitän Kidd vergraben den Schatz, den er zurücklassen muß.

* Wie Sabatinis Captain Blood beraubte auch Henry Mainwaring nur die Spanier. Blood weigerte sich, „gegen englische Schiffe und englische Männer zu kämpfen. Das würde unsere Aussichten ruinieren". Zwar standen er und seine Leute außerhalb des Gesetzes, aber „wir unterscheiden uns von den anderen dadurch, daß wir nur Feinde Spaniens sind. Wir sind noch keine *hostis humani generis*, und solange wir das nicht geworden sind, brauchen wir die Hoffnung nicht aufzugeben, daß eines Tages unser Handeln nicht mehr als gesetzlos angesehen werden wird".

Umseitig:
Seegefecht zwischen einer holländischen Flotte und Piratengaleeren von der Barbarenküste; Gemälde aus dem 17. Jahrhundert.

W.K.

Links: Eine ottomanische Miniatur aus dem Jahre 1557 zeigt den Empfang des echten Kair-ed-Din Barbarossa – Staatsmann und Admiral – durch Sultan Suleiman den Großen.

heute besichtigen kann: ein Turban, zwei Paar arabische Pantoffeln und ein Pilgerstab mit eingelegten Kreuzen aus Perlmutt.

Wirklich ernst wurde die Lage erst, als die Seeräuber von der Barbarenküste und aus Sallee auf hochseetüchtigen Schiffen, geführt von Renegatenkapitänen, Navigationsoffizieren und Artilleriefachleuten, das Mittelmeer verließen und die „türkische Gefahr" näher an England heranrückte. Ermutigt durch Berichte über den desolaten Zustand der englischen Flotte (Korsaren aus Dünkirchen hatten Schiffe an der Küste zwischen Newcastle und King's Lynn überfallen), richteten sie ihre Raubzüge gegen die Südwestküste, verlegten ihre Basis nach Baltimore in Irland, lauerten den Handelsschiffen im Kanal von Bristol auf oder überquerten den Atlantik, um die Fischereiflotten vor Neufundland anzugreifen. Hier kam es ihnen vor allem darauf an, Spezialisten anzuheuern und Sklaven zu erbeuten. Es kam aber auch vor, wenn auch selten, daß sie in Baltimore, Devon oder Cornwall an Land gingen, um Männer, Frauen und Kinder zu verschleppen.

In Frankreich, Italien, Spanien und England gab es viele Geistliche, die es als ihre Aufgabe sahen, Sammlungen zu veranstalten und diese Sklaven loszukaufen. Sie malten ein düsteres Bild vom Schicksal und den Leiden christlicher Sklaven. (Dabei erwähnten sie allerdings nicht, daß mindestens ebenso viele gefangene Türken und Mauren in Spanien, Italien und auf Malta in die Sklaverei verkauft wurden.) Sie appellierten an die Gefühle der Verwandten und Landsleute. Barnstaple gelang es zum Beispiel 1622, die beachtliche Summe von 240 Pfund zu sammeln, um sechs Seeleute loszukaufen, die angeblich in Algier ein grausames Schicksal zu erleiden hatten. Im Inneren des Landes gelegene Dörfer zahlten ihre Spenden in eine gemeinsame Kasse. Das Loskaufen gefangener Landsleute wurde dann zu einem lukrativen Geschäft für eine kleine Armee von Mittelsmännern, die sich aus Laien und Priestern zusammensetzte. Der Kapitän eines 1622 im Golf von Biskaya gekaperten algerischen Schiffes war ein beturbanter englischer Renegat – „wie man sagt, der Sohn eines Kerzenziehers aus Southwark" –, und die Mannschaft bestand hauptsächlich aus Engländern, Franzosen und Holländern. Oft drängten sich in der Lobby des englischen Unterhauses die Frauen und Kinder von Männern, die als Gefangene an der Barbarenküste lebten. Von Zeit zu Zeit wurden die Einnahmen aus einer Einfuhrsteuer dafür verwendet, die dringendsten Bedürfnisse dieser Menschen zu befriedigen, und 1624 wurde eine Geldsammlung im ganzen Land veranstaltet. Im Oberhaus zeichneten die Barone zwanzig Shilling und die Adeligen höheren Ranges vierzig Shilling. Das Unterhaus beschloß, daß jedes Mitglied, das zum Gebet zu spät kam, eine Geldstrafe für die Spendenkasse der „Barbarenwitwen" zahlen sollte.

Nur etwa ein Sechstel der so aufgebrachten 70.000 Pfund wurde für das Loskaufen der Gefangenen verwendet. Der Rest ging an die Admiralität. Aber die Seestreitkräfte waren so schwach – manche Seeräuber aus Sallee fuhren sogar plündernd bis weit die Themse hinauf! –, daß die Regierung den Eigentümern von Handelsschiffen erlaubte, die Beute zu behalten, falls sie gelegentlich ein Piratenschiff überwältigen sollten. Man löschte sogar die Lichter auf dem Leuchtturm Lizard Light, der 1588 gebaut worden war, weil „dieses Licht die Piraten anlocken könnte". Die Piraten und die Strandräuber an

Oben: Uskoken („Scochi“) greifen ein Handelsschiff an. Die Wildheit der Uskoken glich die Unterlegenheit ihrer Fahrzeuge wieder aus.

der Westküste haben sicherlich herzhaft gelacht, als sie von diesen beiden Verordnungen erfuhren. Als aber Karl I. nach 1634 vernünftigerweise eine Schiffssteuer einführen wollte „für die Sicherheit der Seewege gegen gewisse Piraten . . . sowohl Türken als auch andere“ (die spanischen Korsaren waren in der Tat an der Südwestküste viel aktiver), lehnte man diese Steuer als ein weiteres Beispiel für die Despotie des Königs ab.

Das größte Aufsehen erregte ein Unternehmen von Piraten der Barbarenküste gegen Island im Jahr 1627. In Reykjavik raubten sie große Mengen von gesalzenem Fisch, Häute und vierhundert – nach manchen Berichten sollen es achthundert gewesen sein – Männer, Frauen und Kinder. Der Lotse dieser Expedition war ein dänischer Renegat. In der Flotte dienten mindestens drei englische Renegaten. Der Befehlshaber war ein Holländer mit Namen Jan Jansz (bekannt als Murad Rais), neben Ward und Dansiker die schillerndste Persönlichkeit unter allen Renegaten. Über ihn gibt es auch die meisten schriftlichen Berichte. Jansz, der alle christlichen Schiffe ohne Unterschied aufbrachte – nur wenn er ein spanisches Schiff angriff, hißte er die Flagge des Prinzen von Oranien, um seine Verbundenheit mit der alten Heimat zu dokumentieren –, war mit einer aus etwa 18 Schiffen bestehenden Flotte von Algier nach Sallee gekommen und spezialisierte sich auf Handelsschiffe aus Ostindien und Guinea.

Der Hafen lag im Herrschaftsbereich des Kaisers von Marokko, aber sehr bald nach dem Eintreffen von Jansz im Jahre 1620 erklärten sich die Bewohner von Sallee für unabhängig und errichteten eine Piratenrepublik, die von einem aus vierzehn Renegaten bestehenden Rat regiert wurde. Die Republik Sallee wurde von den europäischen Mächten anerkannt und sogar hofiert. Ein holländischer Konsul, der 1640 nach Sallee kam, besuchte den Gouverneur Murad Rais im großen Saal einer stark befestigten Burg, wo ihn letzterer „in großer

Pracht auf einem Teppich sitzend, rings von seidenen Kissen und Sklaven umgeben" empfing. Wann und wie Murad Rais gestorben ist, weiß man nicht. Sein Biograph, der sich selbst als „Schulmeister aus Oostzaan" bezeichnet und „erschüttert davon war, daß Jansz Frau und Kinder in Haarlem verlassen" hatte, schließt seinen Bericht jedoch mit der moralisierenden, aber etwas vagen Feststellung, daß er „ein sehr böses Ende nahm".

Das eigenartigste und berüchtigtste Piratengemeinwesen im Mittelmeerraum war das der Uskoken. Sie hausten in Segna bei Fiume (dem heutigen Rijeka) an der Adria. Die Bewohner dieses Gebiets, das die Türken nicht hatten erobern können, weil es durch ein Labyrinth von Flußmündungen und engen Wasserstraßen geschützt war, hatten sich seit Jahrhunderten als harte und verschlagene Seeräuber erwiesen. Geographisch gesehen, waren sie Untertanen des Habsburgerreichs, was sie aber wenig bedrückt haben dürfte. Der Papst, der Galeerensklaven von ihnen kaufte, schätzte sie als „christliche Krieger", aber meist beschäftigten sie sich damit, venezianische Schiffe zu kapern. Dabei befanden sie sich in guter Gesellschaft, denn der Umstand, daß auch die Venezianer Katholiken waren, hinderte die Italiener und Spanier nicht daran, sie unbarmherzig auszuplündern. Der Vizekönig von Neapel hatte katholische Geistliche damit beauftragt, diese Piraterie theologisch zu rechtfertigen, und sie bezeichneten die Venezianer als doppelt verdammenswürdige Häretiker, denn ihre Schiffe beförderten muselmanische Waren und waren dazu noch in vielen Fällen von englischen, deutschen und holländischen Ketzern gechartert. Das war allerdings in erster Linie der Tätigkeit neapolitanischer, toskanischer und uskokischer Korsaren zu verdanken.

Die Piratenbande, mit der die Flotte der Uskoken bemannt war, bestand aus nur etwa 500 Mann. Es war dies der aktive Kern, dem sich Kriminelle und Abenteurer aus allen italienischen Häfen einschließlich von Venedig angeschlossen hatten. Wenn sie auf einem Schiff Waren aus mohammedanischen Ländern fanden – oder untergeschoben hatten –, dann spielten sie sich als Kreuzfahrer auf. Ungefähr ein Dutzend uskokische *fuste* (mittelgroße, flache Galeeren), die mit Musketenschützen besetzt waren und unter Trommelwirbel mit fliegenden Fahnen von allen Seiten angriffen, konnten eine venezianische Galeone ohne weiteres zur Übergabe zwingen. Die Seeräuberei war in diesem Gebiet das einzige einträgliche Gewerbe, und die Uskoken waren in ganz Dalmatien dafür bekannt, daß man bei ihnen zu günstigen Preisen kaufen konnte, was sie erbeutet hatten.

Im 17. Jahrhundert hatten diese dalmatinischen Räuber, die überall im venezianischen Beamtenapparat Spione bezahlten, ihre Operationen bis nach Brindisi ausgedehnt und bekamen Kaperbriefe vom Vizekönig von Neapel und vom Herzog von Ossuna. Der Grimm der Venezianer war begreiflich. Gefangene Uskoken wurden bis auf den letzten Mann niedergemacht, ihre abgeschlagenen Köpfe auf dem Markusplatz als Siegestrophäen zur Schau gestellt. Aber sie glichen ihre Verluste rasch wieder aus. Ihre Gewalttaten waren für sie eine mystisch-religiöse Pflicht. Ein venezianischer Spion berichtete 1601, er habe die Bewohner von Segna auf bloßen Knien vom Hafen zu den zahlreichen Kirchen und Kapellen rutschen gesehen, wo sie sich für den Erfolg bei „ihren ständigen Raubüberfällen und Morden" bedankten. Priester und Mönche, die aus der Piraterie nicht nur materiellen Nutzen zogen, sondern die Piraten oft sogar auf ihren Reisen begleiteten, stachelten die Leidenschaften ihrer geistlichen Schutzbefohlenen an und riefen sie in ihren Predigten dazu auf, ihre Pflichten als Kreuzritter zu erfüllen. Jeder gesunde erwachsene Mann, der dieser Aufforderung nicht nachkam, galt als Feigling, und diejenigen Familien genossen das höchste Ansehen, aus deren Reihen die meisten Männer als Piraten geköpft oder gehängt worden waren. Uskokische Frauen zeigten ihren Ehemännern oder Verlobten die kalte Schulter, wenn sie sich weigerten, als Piraten hinauszufahren, und nahmen, nachdem sie ihre Trauer über den Tod eines „Kreuzfahrers" in leidenschaftlicher Weise zur Schau gestellt hatten, schon nach wenigen Tagen einen neuen Mann.

Die Venezianer wußten sich ihren primitiven Gegnern geistig wie auch materiell überlegen und empfanden daher die andauernden Schlappen, die man ihnen beibrachte, um so schmerzlicher. Sie begannen sich mit dem Glauben zu trösten, daß die Uskoken mit dem Teufel im Bunde seien. Man behauptete, ihre Frauen seien Hexen, die in dunklen Höhlen Ritualfeuer anzündeten und darüber Zaubersprüche murmelten, um die Windrichtung zu ihren Gunsten zu bestimmen. Der Bruder des Dogen, Nicoló Donà, berichtete dem venezianischen Senat: „Ich habe tatsächlich über jenen Bergen so plötzlich und heftig Rauch aufsteigen sehen, daß dies keine natürlichen Ursachen gehabt haben kann und ich annehmen mußte, es sei Zauberei."

Im Vergleich mit den Uskoken erschienen die Korsaren auf Malta und an der Barbarenküste recht zahm, obwohl sie noch zweihundert Jahre nach Lepanto einen geschäftlich sehr erfolgreichen „heiligen" Krieg führten. In der zweiten Hälfte des 17. Jahrhunderts kam es, nachdem die beteiligten Mächte die Beschießung von Algier und Tunis angedroht oder tatsächlich durchgeführt hatten, zu einer Reihe von Vereinbarungen, nach denen englische, französische und holländische Schiffe freies Geleit erhielten, wenn sie dafür Tribut in Form von Geld oder Schiffsausrüstung zahlten. Damit verringerte sich die Zahl der christlichen „Feinde", und die Raubzüge über die Straße von Gibraltar hinaus weit in feindliches Gebiet hörten praktisch auf. Dafür richteten die Piraten ihre Aufmerksamkeit mehr auf katalanische, italienische und griechische Handelsschiffe.

Die türkischen Sultane gewährten den Staaten an der Barbarenküste ein großes Ausmaß an Selbständigkeit. Die Parallele zwischen den Korsaren in den westlichen Randbezirken des Ottomanischen Reichs und den krimtatarischen Reitervölkern im Norden, die ebenfalls halbautonom waren, ist nicht zu übersehen. Ein venezianischer Historiker schrieb: „Der Sultan hat zwei Flügel, mit denen er sehr weit fliegen kann: die Barbarenküste auf dem Meer und die Tatarei zu Lande. Beide sind unersättliche Raubvögel." Aber gerade weil schwerbewaffnete Janitscharen auf den Korsarenschiffen mitfuhren, kam es nur selten zu Seegefechten. Meist genügte es schon, wenn sie ihre kriegerischen Absichten dadurch erkennen ließen, daß sie den Gegner mit lautem Geschrei einschüchterten, in die Hände klatschten, lärmend an die Bordwand ihrer Dhaus schlugen und ihre Krummsäbel schwangen. Kanonen, Musketen und Pfeile abzuschießen war nur selten nötig. Pfeil und Bogen wurden von den Korsaren

Rechts: Christliche Abenteurer waren als Schiffsbauer und Navigatoren in den Barbarenstaaten gern gesehen. Um Karriere zu machen, nahmen sie den türkischen Glauben und türkische Lebensgewohnheiten an.

der Barbarenküste noch bis ins 18. Jahrhundert verwendet, denn in der gleichen Zeit, in der man damals eine Feuerwaffe laden und abfeuern konnte, ließen sich dreißig Pfeile abschießen.

Die Korsarenschiffe zeigten ihre Stärke tatsächlich eher bei Gefechten zur Verteidigung ihrer Heimathäfen als auf dem offenen Meer. Im 17. Jahrhundert waren die vor allem aus der Levante stammenden Janitscharen die eigentlichen Beherrscher von Algier und Tunis. Ihre gewählten Führer, die sogenannten Beys oder Deys, waren mächtiger als die Paschas, die von der Regierung in Konstantinopel ernannt wurden. Oft kam es zu Palastrevolutionen, und die politische Geschichte dieser Staaten ist eine monotone Aufzählung von Giftmorden, Strangulierungen und Janitscharenrevolten. Es gab ständig Spannungen zwischen den von ihren Kapitänen, den Rais, geführten Korsarengemeinwesen und den militärischen Führern, die ihre Hauptaufgabe darin sahen, aufständische Stämme auf dem Festland zur Räson zu bringen. Die Reibereien zwischen den Rais und den Agas, den militärischen Führern, führten manchmal zu bürgerkriegsähnlichen Zuständen. In Algier bildeten die solide gebauten Wohnhäuser der Rais eine Art Seemannsghetto. Die Behausungen der Schiffsbesatzungen gruppierten sich um diese festen Häuser wie die Hütten mittelalterlicher Dörfer um die Mauern der Fluchtburgen.

In Malta war jedermann am *corso* – so hießen die Raubzüge der Piraten – beteiligt, der Großmeister, die Johanniterritter, die Kaufleute, Priester, Nonnen, Seeleute und Bauern. Sie alle hielten diese Unternehmungen für eine religiöse Pflicht. Die Johanniterritter bestimmten die Strategie und richteten die Überfälle hauptsächlich gegen die nordafrikanische Küste und die Handelswege der ottomanischen Schiffahrt im östlichen Mittelmeer. Gefangene zu machen und Schiffe zu erbeuten war wichtiger als das Ausrauben der Ladungen, die an der Barbarenküste vor allem aus Wein, Korn, Fisch und Obst bestanden. Die Malteser interessierten sich mehr für Gewürze, Seide, Edelsteine und Konkubinen, sowie für Reis, Weizen und Kaffee. Von Sklaven geruderte Galeeren bildeten den Kern der französischen, italienischen, päpstlichen und türkischen Flotten bis ins 18. Jahrhundert hinein. Besonders gesucht waren wegen ihrer körperlichen Kraft und Widerstandsfähigkeit die türkischen Ruderer, aber man versuchte es auch mit Negern und sogar mit Indianern vom Stamme der Irokesen, doch waren deren Leistungen weniger befriedigend.

Der *corso* wurde als regelrechter Beruf angesehen, dem man während einer kurzen Sommersaison nachging, auf die eine lange Winterpause folgte. Die Korsaren aus Malta konnten sehr bequem auf den griechischen Inseln überwintern. Auf der Insel Argentiera, einer ihrer Hauptbasen in der Ägäis, wohnten acht Priester und etwa fünfhundert Frauen, die, wie ein französischer Reisender es ausdrückte, „ausschließlich von ihrer natürlichen Begabung leben, so daß alle Kaufleute und Korsaren eine Gefährtin nach ihrem Geschmack finden können".

Viele der Rais von der Barbarenküste waren Renegaten, und auf See waren sie den Agas, die die Janitscharen befehligten, unterstellt und wurden von ihnen scharf überwacht. Die Kapitäne auf Malta waren meist Franzosen, einige aber auch Korsen und Spanier. Auf beiden Seiten waren die Korsaren nur kleine Schachfiguren in einem komplexen politischen und wirtschaftlichen Spiel, das nur wenig

Rechts: Die Seemächte, die ein finanzielles und politisches Interesse an den Aktivitäten der Korsaren hatten, schickten gelegentlich ein Geschwader aus, um ihre Macht zu demonstrieren, wie bei dieser Ende des 17. Jahrhunderts unternommenen Strafexpedition gegen Algier.

Algiers

Oben: „Weiße Sklaven" werden in Algerien an Land gebracht (ca. 1700), wo sie vielleicht bessere Aussichten hatten, voranzukommen, als in der Heimat.

Raum für persönliche Initiative gab. Die Regierungen in Frankreich, England und Holland hatten, wie bereits erwähnt, Verträge mit den Barbarenstaaten abgeschlossen und erlaubten ihren Untertanen, sich vom Großmeister des Johanniterordens „Kreuzfahrer-Freibriefe" ausstellen zu lassen. Die Franzosen finanzierten im geheimen die Ausrüstung von Korsarenschiffen, verlangten jedoch, daß nur eine beschränkte Zahl von Handelsschiffen gekapert werden durfte. Es sollte hier nicht zu so umfangreichen Operationen kommen, daß dadurch die Lage in der fernen und unruhigen Karibik gefährdet wurde.

Schwerbewaffnete französische Kauffahrteischiffe, die sich außerdem des Schutzes der Verträge mit den Beys und Deys erfreuten, übernahmen einen ständig wachsenden Anteil am Transportgeschäft im Mittelmeer, und zwar zu sehr hohen Frachtraten, die aber von den italienischen, griechischen und sogar türkischen und venezianischen Schiffseignern gerne bezahlt wurden, weil sie wußten, daß die so beförderten Waren ihre Bestimmungshäfen auch erreichten. Französische, englische und holländische Kaufleute schickten Agenten auf die Märkte in Algier, Tunis und Malta, um dort billige Piratenware einzukaufen. Die Aufschriften auf den Warenballen wurden von Fälschern so verändert, daß sie nicht einmal ihre rechtmäßigen Eigentümer wiedererkannt hätten.

Gerüchte über die angebliche Ausrüstung einer gemeinsamen Flottenexpedition zur „Vernichtung der Barbarenpiraten" waren nichts als Gerede und Teil eines Täuschungsmanövers, mit dem man den Eindruck erwecken wollte, Algier sei eine finstere Höhle der Barbarei, „die Stadt, die aus Gott einen armen Mann gemacht hat".

Das war eine grobe Verdrehung der Tatsachen. Die sechs „Gefangenen" aus Barnstaple führten in Algier höchstwahrscheinlich ein sehr angenehmes Leben als „Spezialisten" in der Korsarenflotte und hätten über die Idee, sich loskaufen zu lassen, nur gelacht. Die Sklaverei war nur selten von langer Dauer. Ihre Schrecken wurden absichtlich durch gerade diejenigen Organisationen übertrieben, die sich mit dem Loskaufen der Gefangenen beschäftigten und die rassischen und religiösen Vorurteile ausnutzten, um ihre Geschäfte zu machen. Für die Kaufleute und Korsarenführer auf beiden Seiten war das Einfangen von Sklaven und das Zahlen von Lösegeld eine Routineangelegenheit. Die Gefangenen wurden oft ausgetauscht oder im Rahmen eines Friedens- und Tributabkommens in die Heimat zurückgeschickt. Es gab drei verschiedene Kategorien der „Sklaverei". Christliche Gefangene wurden als Kriegsgefangene behandelt. Wenn sie zum mohammedanischen Glauben übertraten und Glück hatten, konnten sie in hohe gesellschaftliche und politische Stellungen aufsteigen. Georgische und tscherkessische Sklaven aus der Levante konnten weder losgekauft noch repatriiert werden. Sie durften aber arbeiten und selbständig Geld verdienen und sich damit ein gewisses Maß an Freiheit und sozialem Ansehen erkaufen. Auf der niedrigsten Stufe standen die Negersklaven, die zu Fuß von Kano oder Bornu zu den Hafenstädten getrieben wurden. Sie wurden von Christen und Moslems gleicherweise verachtet, ebenso wie die jüdischen Unternehmer, die als Vermittler für Lösegeldzahlungen und Hehler geraubter Schiffsladungen zu Wohlstand kamen.

Die Haussklaven der reichen Mohammedaner führten ein angenehmes Leben und waren oft so einflußreich, wie sie es sich als freie Männer in ihrer christlichen Heimat nie hätten träumen lassen. Die *bagnos* oder Sklavenunterkünfte in Algier und Tunis, riesige Gebäude, in denen zweitausend Sklaven untergebracht werden konnten, boten geschickten Leuten reichlich Gelegenheit voranzukommen. Die Innenhöfe waren von Buden gesäumt, die meist Tavernen oder Eßlokale beherbergten. Die Wirte waren Sklaven, die dem türkischen Hausverwalter eine Miete zahlten. Soldaten, Matrosen und sogar angesehene Bürger saßen an den Tischen, tranken, rauchten und redeten über das Geschäft. Die *bagnos* mit ihren katholischen, orthodoxen und protestantischen Kirchen und Geistlichen waren die kosmopolitisch-gesellschaftlichen Zentren in den Städten. Emanuel d'Aranda, ein Spanier, der um 1640 eine Zeitlang Gefangener an der Barbarenküste war, fand das Leben dort so interessant und anregend, daß er nach seiner Entlassung noch mehrmals dorthin zurückkehrte. Zu seinen Mitgefangenen gehörten Seeleute aus Dünkirchen, Holländer, die nach Ostindien, Japan und China gesegelt waren, Dänen und Hamburger, die vor Grönland Wale gejagt hatten, Franzosen, die etwas über Kanada zu erzählen wußten, und Spanier, die über das Leben in Mexiko und Peru berichteten. Auf der Höhe ihrer Macht und ihres Ansehens waren Algier und Tunis die faszinierendsten Städte im Mittelmeerraum. Im Getriebe der Unterwelt dieser Gemeinwesen fanden europäische Abenteurer eine soziale Mobilität, die in ihren Heimatländern unbekannt war, und niemand kümmerte sich um ihre Vergangenheit. Die Versuchung, die orientalische

Oben: Während einer französischen Strafexpedition sollen die Algerier achtundvierzig französische Einwohner der Stadt, darunter auch den französischen Konsul, mit Mörsern gegen das die Stadt blockierende Geschwader abgeschossen haben.

Lebensweise anzunehmen, war für die Europäer so groß, daß der Marinekommissär in Algier den Behörden in Frankreich schrieb, sie sollten „die Kapitäne anweisen, hier niemanden an Land zu lassen, denn besonders die Provençalen werden ebenso gern einen Turban aufsetzen wie eine Nachtmütze".

Doch nach 1730 war die Glanzzeit vorüber. Die *bagnos* hatten sich nahezu geleert, und die Korsarenflotten in Malta und an der Barbarenküste waren viel kleiner geworden. Die Kriegsflotten der Seemächte, die mit Hilfe der „Piraten" den Handel im Mittelmeer schützten, sorgten nun dafür, daß die Verträge eingehalten wurden, wenn auch die Beys und Deys gelegentlich dagegen verstießen, sobald sie einmal dringend Geld brauchten oder in anderen privaten Schwierigkeiten waren.

Der Großmeister des Johanniterordens hatte es ganz besonders schwer, von der Piraterie abzulassen, denn die maltesische Wirtschaft hatte sich völlig darauf eingestellt. Er versuchte, die Piraten auch weiterhin zu unterstützen, indem er ihnen erlaubte, unter seiner Flagge zu segeln. (Später segelten sie unter den Flaggen von Spanien, der Toskana, Monaco und sogar von Rußland.) Als die Franzosen sie nicht mehr an die levantinische Küste ließen, fanden sie allerlei Ausflüchte wie etwa: „Wir wollten unsere Kreuzfahrt vor der Barbarenküste fortsetzen, aber ein Nordweststurm verschlug uns in die Levante." Auch das Argument, daß christliche Korsarenschiffe „französischen Untertanen die notwendigen Erfahrungen in der Seefahrt vermitteln und berühmte und tapfere Kapitäne, die sich später in den Dienst Frankreichs gestellt haben, seit jeher aus dieser Schule hervorgegangen sind", war zwar zutreffend, zog jedoch immer weniger. In den Jahren nach 1750 gab es in Malta und Algier nicht mehr als zwanzig Korsarenschiffe anstelle der hundert, die früher von diesen Häfen aus operiert hatten. Tunis und Algier mußten einander den Krieg erklären, damit nicht ein völliger Stillstand eintrat. Die lange verfolgten griechischen Schiffseigner gewannen sogar, ausgestattet mit von französischen, englischen und holländischen Konsuln teuer verkauften Freibriefen, einige Prozesse vor den notorisch langsam arbeitenden und kostspieligen Kapergerichten auf Malta.

Während der französischen Revolution und der Napoleonischen Kriege von 1793 bis 1815 kam es auf Malta und an der Barbarenküste zu einer Renaissance der Piraterie, da die Fregatten der Seemächte anderswo beschäftigt waren. Auf die Besetzung Maltas durch Napoleon im Jahr 1798, wo er etwa 2000 türkische und maurische Gefangene befreite und dem *corso* Einhalt gebot, folgte eine Zeit gewinnbringender Freibeuterei, die von den Briten unterstützt wurde. Rais Hamidou, einer der letzten und kühnsten algerischen Korsarenkapitäne, erkannte die Möglichkeiten, die sich für die Seeräuberei ergaben, als sich die Großmächte aus diesem Gebiet zurückzogen. „Allah segne Napoleon", sagte er, „denn solange er siegt, wird man uns nicht stören." Mit seinem Bruder Hamidan plünderte er alle Schiffe, deren er nur habhaft werden konnte.

Die Handelsschiffe aus den Vereinigten Staaten schienen eine besonders leichte Beute zu sein, obwohl 1795 ein Nichtangriffspakt unterzeichnet worden war und die Regierung der Vereinigten Staaten bis 1810 Schutzgeld zahlte. Der amerikanische Konsul in Tunis empörte sich: „Kann man es glauben, daß dieser Rohling, der Dey, es fertiggebracht hat, sich sieben Könige in Europa, zwei Republiken und einen ganzen Kontinent tributpflichtig zu machen, während seine gesamten Seestreitkräfte kaum so stark sind wie zwei Schlachtgeschwader?" Im Jahre 1799 bestand der Tribut aus 50.000 Pfund in bar, 28 Geschützen, 10.000 Kanonenkugeln, einer großen Menge Bauholz, Tauen und Schießpulver. Trotzdem überfielen Rais Hamidou und andere Korsaren von der Barbarenküste und aus Sallee (darunter Peter Lisle, ein schottischer Renegat in Tripolis, der wie Jan Jansz den Namen Murad Rais angenommen hatte) auch weiterhin amerikanische Schiffe, weil sie nicht mit der amerikanischen Kriegsflotte rechnen mußten, die sich viel zu weit vom Schauplatz der Handlung aufhielt. Die Empörung der Öffentlichkeit zwang den amerikanischen Kongreß 1803, eine Flottenexpedition auszuschicken, aber ebenso wie die englischen, französischen und holländischen Strafexpeditionen in den Jahren 1620, 1655 und 1683 erreichte sie kaum etwas und endete mit einer Katastrophe, als die *Philadelphia* vor Tripolis auf Grund lief, gekapert wurde und die gesamte Besatzung in Gefangenschaft geriet. Eine zweite Expedition unter der Führung von Stephen Decatour hatte 1815 mehr Erfolg. Seinem Geschwader, das unter der englischen Flagge fuhr, gelang es, das Schiff von Hamidou, das ebenfalls die englischen Farben zeigte, zur Kapitulation zu zwingen. Hamidou fiel im Gefecht. Als die Amerikaner das Schiff enterten, waren sie überrascht zu sehen, wie die Janitscharen, „die wie immer tapfer gekämpft hatten, jetzt ruhig auf dem Deck saßen und mit der ihnen eigenen Würde ihre langen Pfeifen rauchten".

Das amerikanische Geschwader hatte zwar einen Sieg errungen, das Ende der Korsarenherrschaft an der Barbarenküste zeichnete sich aber erst nach der Niederlage Napoleons ab. Hinter dem Beschluß des Wiener Kongresses, in dem es hieß, „die erfolgreiche Bekämpfung der afrikanischen Piraterie und die Beendigung der Versklavung weißer Menschen wird allgemein als notwendig angesehen", standen sowohl imperialistischer Ehrgeiz als auch humanitäre Gefühle. Als es die Männer an der afrikanischen Küste zu spüren bekamen, daß man sie nicht länger dulden wollte und ihnen keinen Tribut mehr zahlte, verteidigten sie ihre gewohnte Lebensform mit überraschender und bisher unüblicher Brutalität. Der Versuch des Dey, die Ausländer im Bereich von Algier als Geiseln zusammenzutreiben, endete mit einem Massaker in einer Kirche in Bone. Im August 1816 beschoß eine starke englisch-holländische Flotte unter dem Kommando von Lord Exmouth und Vizeadmiral Baron von Capellan Algier und zwang die Stadt zur vorübergehenden Kapitulation. Hunderte von Menschen kamen dabei um, 1600 Sklaven wurden freigelassen, und der Dey wurde gezwungen, sich öffentlich bei dem britischen Konsul, Mr. McDonnell, zu entschuldigen, den er nach einem Bericht der *Times* in einer für verurteilte Mörder bestimmten Zelle in Ketten gefangengehalten hatte.

Der Dey kam an den Galgen, aber sein Nachfolger, Ali Khoja, setzte den Widerstand fort. Der amerikanische Konsul berichtete, daß er und andere ausländische Gesandte bei ihrem ersten offiziellen Besuch an einer Reihe von Leichen vorübergehen mußten, bis sie dem neuen Herrscher gegenüberstanden. „Prächtig gekleidet saß er mit einem Buch in der Hand da und tat so, als werde er durch unser Eintreten in seinen Studien gestört." Ali Khoja glich in seinem Auftreten den legendären türkischen Korsarenkapitänen. Er hatte eine Vorliebe für weiße Konkubinen und nahm auf diese Weise Rache an seinen Feinden. Als Rosa Ponsombio, ein Mädchen aus Sardinien, auf den Stufen des französischen Konsulats entführt wurde, empörte sich der „Präsident der Gesellschaft zur Bekämpfung von Piraten und für das Loskaufen von Sklaven an der Barbarenküste", Admiral Sir Sidney Smith. Rosa soll einen Brief über die Haremsmauer geworfen haben, in dem sie die britischen, spanischen und holländischen Konsuln aufforderte, ihre Frauen besser zu bewachen. Sie blieb bis zum Tode des Dey 1818 in seiner Gewalt. Die Veröffentlichung der folgenden Zeilen, die angeblich ein Auszug aus dem Tagebuch des Herrschers waren, ließ die Leser christlicher Zeitungen erschauern: „Mr. McDonells Tochter, hübsch und jung für meinen Harem; die Tochter des spanischen Konsuls, die häßlich ist, als Dienerin für meine Favoritin. Ich werde dem britischen Konsul den Kopf abschlagen lassen und sie alle töten, wenn sie es wagen, sich zu beschweren."

Während die Pest auf algerischen Schiffen nach Europa eingeschleppt wurde, begaben sich die Korsaren erneut auf ihre Raubzüge, und in den *bagnos* begann ein neues Leben. Nach einer ernsten Debatte auf dem Kongreß von Aix-la-Chapelle erschien ein englisch-französisches Geschwader im September 1819 vor Algier und beschoß die Stadt. Es kam aber vor allem in diplomatischer Mission. In den anschließenden Verhandlungen erreichten beide Parteien nur ein Unentschieden. Nachdem man sie aufgefordert hatte, „ihre seeräuberischen Unternehmungen aufzugeben und sich statt dessen auf den legalen Handel zu verlegen", wiesen der Bey von Algier und der Dey von Tunis darauf hin, daß in ihren Städten Ordnung herrsche und kein Alkohol getrunken werde, während in dem unter britischer Herrschaft stehenden Tanger Ausschweifungen und Korruption an

Rechts: Ein 1745 vom Duc de Penthievre, Admiral von Frankreich, ausgestellter *lettre de marque* (Kaperbrief).

LOUIS JEAN-MARIE DE BOURBON, DUC DE PENTHIEVRE, GOUVERNEUR ET LIEUTENANT-GENERAL *pour le Roy en sa Province de Bretagne*, AMIRAL DE FRANCE, A TOUS *ceux qui ces presentes Lettres verront*, SALUT. *Sçavoir faisons, Que Nous avons donné Congé & permission à*

Maistre & Capitaine d *nommé* *du port de* *tonneaux ou environ, monté de* *pieces de Canons & de* *Pierriers, estant de present au Port de* *de faire équipper en Guerre & Marchandise l* *armer & munitionner de toutes choses necessaires, & le charger de telles marchandises que bon lui semblera, pourvû qu'elles ne ...nt ni prohibées ni défenduës, pour aller trafiquer* *... en ce faisant, faire la guerre aux Ennemis de l'Estat, à tous Corsaires, Pirates, gens sans aveu, & autres qui voudront empescher la liberté du Com...rce aux Sujets du Roy; les attaquer en quelques lieux & endroits qu'il les pourra rencontrer, les prendre & amener prisonniers avec leurs Vaisseaux, Equi...ges & Marchandises, & exercer sur eux toutes les voyes & actes permis & usitez par les Loix de la Guerre; à la charge par ledit* *de garder & faire garder par ceux de son Equipage, durant son voyage, les Ordonnances & Reglemens de la Marine sur les peines y con...ues; de porter pendant son voyage les Pavillons & Enseignes des Armes du Roy & les nostres; de faire enregistrer le present Congé au Greffe de l'Ami...uté le plus proche du lieu d'où il partira; y mettre un Rôlle signé & certifié de lui, contenant les armes, munitions, les noms, surnoms, naissances & de...ures des hommes qui s'embarqueront. Et à son retour qu'il fera dans l'un des Ports du Royaume qui lui sera le plus commode, & avant de rien décharger; ...ra bon & fidel rapport pardevant les Officiers de l'Amirauté & non autres, de ce qu'il aura fait pendant son voyage; déclarera s'il a ramené tous ses hom...es; & s'il ne les a ramenez, le lieu où il les aura laissez; lequel rapport & verification d'icelui il envoiera au Secretaire general de la Marine, pour estre sur ...lui par Nous ordonné ce que de raison. Et en cas de prise en Guerre, fera faire des procedures pardevant les Officiers de l'Amirauté, conformément aux Or...nnances, lesquelles seront pareillement envoyées au Secretaire general de la Marine, avant que lesdites prises puissent estre déchargées, pour sur icelles estre par ...ous ordonné ce qu'il appartiendra.* PRIONS ET REQUERONS *tous Rois, Princes, Potentats, Etats, Republiques, Amis, Alliez & Confederez de cette ...ouronne, leurs Amiraux, Gouverneurs de leurs Provinces, Villes, Ports, Havres & Passages, Capitaines, Chefs & Conducteurs de leurs Vaisseaux & Equi...ages, & autres leurs Officiers & Sujets qu'il appartiendra, de donner audit* *toute assistance, passages & retraite en leurs Ports, ...ec sondit Vaisseau, & ce qu'il aura pû conquerir, offrant de faire le semblable lorsque Nous en serons par eux requis.* MANDONS ET ORDONNONS *aux ...ice-Amiraux, Lieutenans-Generaux des Armées Navales, Chefs d'Escadres, Capitaines de Vaisseaux, & à tous autres Officiers de Marine qu'il appartiendra, ... laisser seurement & librement passer ledit* *avec sondit Vaisseau & Equipage, & tout ce qu'il aura pû conquerir pendant son ...oyage en vertu du present Congé, sans lui donner ni souffrir lui estre fait ou donné aucun trouble ni empeschement, mais au contraire tout le secours, ayde ...aveur & assistance dont il aura besoin: & ne servira le present Congé que pour un seul voyage.* EN TE'MOIN *dequoy Nous avons signé ces Presentes, & ...elles fait apposer le Sceau de nos Armes & contre-signer par le Secretaire general de la Marine. A* *...ur du mois d* *mil sept cent*

L. J. M. de Bourbon

PAR SON ALTESSE SERENISSIME,

Donkerque

Links: Jean Bart aus Dünkirchen, der berühmteste französische Korsar, setzte den holländischen Heringsflotten schwer zu und unternahm mit seinem Nordseegeschwader Raubzüge gegen die englische Küste in der Umgebung von Newcastle-on-Tyne.

Rechts: Der in St. Malo geborene berühmte Freibeuter René Duguay-Trouin wurde später Kommandant des Hafens Brest und starb 1736 als angesehener Mann.

der Tagesordnung seien. Sie behaupteten, Lord Exmouth und seine angelsächsischen „Piraten" hätten mehr Elend verursacht und innerhalb weniger Stunden mehr unschuldiges Blut vergossen als die „Schiffe der Herrscher" an der Barbarenküste bei ihren „Verteidigungsmaßnahmen", die im Verlauf von fast drei Jahrhunderten stets maßvoll und nachsichtig vorgegangen seien.

Um 1820 und danach lebten die amerikanischen und europäischen Konsuln an der Barbarenküste fast ebenso gefährlich wie die Diplomaten in den siebziger Jahren des 20. Jahrhunderts in Lateinamerika. Auf die Dauer konnten sich die von ihnen vertretenen Staaten aber nicht derartig an die Wand drücken lassen. Schon 1819 schrieb der französische Generalkonsul: „Man muß das Übel mit der Wurzel ausreißen und die Stadt Algier, die Seele der Piraterie, belagern. Sobald sie den Europäern in die Hand gefallen sein wird, werden auch die übrigen Barbarenstaaten, die sich weigern, die Menschenrechte anzuerkennen, folgen."

Elf Jahre später folgte man seinem Rat. Der Feldzug dauerte sechs Wochen. Eine fast 40.000 Mann starke französische Armee beschoß Algier und eroberte es. Doch obwohl sich Tunis und Tripolis unterwarfen, gab es im Verlauf der folgenden dreißig Jahre noch große Schwierigkeiten mit den Rif-Piraten in Marokko, die alle englischen und französischen Strafexpeditionen überdauerten, sich dem Zugriff der Flottenpatrouillen entzogen und bis fast 1870 alle Handelsschiffe plünderten, die in die Nähe ihrer Küste kamen.

Die letzten Jahre der Geschichte der Korsaren auf Malta und an der Barbarenküste verschmelzen, zeitlich gesehen, mit dem sich lange hinziehenden Kampf der Griechen um ihre Unabhängigkeit. Nicht zuletzt als Folge der Ideen, die Lord Byron und andere romantische Liberale verbreiteten, sah die öffentliche Meinung in Europa die griechischen Korsaren als die Verfechter der Demokratie, der klassischen Kultur und einer christlichen Zivilisation an, die von reaktionären und barbarischen Türken unterdrückt wurden. Den Piraten konnte nichts Besseres widerfahren. Im östlichen Mittelmeer hausten sie grausamer als je seit der Zeit der kretischen und kilikischen Seeräuber. Die griechische „Flotte" bestand in Wirklichkeit aus Freibeutern, und die provisorische Regierung, die einmal sogar unter der Führung eines bekannten Piraten stand, hatte keinen Einfluß auf Leute, die, wie sogar die glühendsten Verehrer Griechenlands zugeben mußten, „nicht geeignet waren, die Seefahrt zu kontrollieren, und sich darüber hinaus in der Erfüllung ihrer Pflichten auch nicht gerade vorbildlich verhielten".

Die Piraten errichteten regelrechte Basen in Skiathos und in der Nähe der Festung Grabusa auf Kreta, und wenn britische Patrouillenschiffe erschienen, zogen sie sich wie im Versteckspiel ganz einfach von einer ägäischen Insel auf die nächste zurück. Ihr Aktionsradius reichte aber bis in die Gewässer vor Malta.

Kapitän Hamilton von der *Cambrian*, einem Schiff der britischen Flotte, stellte fest, „nicht nur auf See, sondern auch auf jedem Ankerplatz ist ein Schiff in Gefahr, geplündert zu werden. Auch Schiffe, die Proviant für griechische Garnisonen geladen haben, werden ausgeraubt". Überlebende solcher Angriffe erzählten grausige Geschichten. Einige Gefangene waren mit Knuten solange verprügelt worden, bis sie zusammenbrachen. Andere waren auf abgelegenen öden Inseln ausgesetzt worden, und türkische Gefangene wurden auf die grausamste Weise abgeschlachtet.

Aber die britische Regierung empörte sich noch mehr darüber, daß in London eine Hungersnot entstand, weil so viele Schiffsladungen gekapert wurden, die von Smyrna kamen und für Großbritannien bestimmt waren. Nachdem ein Geschwader aus britischen, französischen und russischen Kriegsschiffen die türkische Flotte am 20. Oktober 1827 in der Bucht von Navarino vernichtet hatte, warnte der Flottenbefehlshaber, Admiral Sir Edward Codrington, die griechische Regierung: „Die Flotte Ihres Feindes existiert nicht mehr. Achten Sie jetzt auf Ihre eigene, denn wir werden sie, wenn nötig, vernichten, um die systematische Piraterie auf hoher See auszuschalten. Das würde bedeuten, daß Sie außerhalb des Völkerrechts gestellt werden." Anfangs 1828 griff das britische Schiff *Isis* den Piratenstützpunkt Grabusa mit vernichtender Wirkung an und versenkte oder verbrannte Dutzende von Briggs, Schonern und kleineren Fahrzeugen, sogenannten *misticos*.

Rechts: Die französischen Korsaren zur Zeit der Revolution und der Napoleonischen Kriege wurden zu Nationalhelden, denn sie machten mit ihren Erfolgen das Versagen der Flotte wett. Noch heute heißen Straßen und Hotels in St. Malo nach Robert Surcouf (1773–1827).

9 Die Piraten werden gezähmt

Links: „Paul Jones erschießt einen Matrosen, der während eines Gefechts versucht, die Flagge zu streichen." Druck aus dem Jahre 1779.

Auf Malta und in Segna war jeder am *corso* beteiligt. Etwa das gleiche galt für St. Malo, Dünkirchen, Nantes und La Rochelle, damals die bekanntesten Seeräuberhäfen Frankreichs. Die *armateurs* (die Leute, die die Freibeuter ausrüsteten und finanzierten) von St. Malo gehörten zu den reichsten Männern des Landes und besaßen die prächtigsten Häuser. Die Geistlichkeit, die große Summen in diese Unternehmen investierte, versicherte ihnen immer wieder, daß die Gewinne, die sie dabei machten, kein „Sündengeld" seien, denn ihre Operationen dienten der wichtigen Aufgabe, die Feinde des Königs zu schädigen: die Holländer und die Engländer. Es war üblich, daß die Besatzungen der Freibeuterschiffe vor dem Aufbruch zu einer neuen Reise an einer Bittmesse teilnahmen, und viele Schiffseigner vermachten der militanten Kirche aus Dankbarkeit für ihre Fürbitte und moralische Unterstützung große Legate.

Im 18. Jahrhundert erreichte die Aktivität der Korsaren während des langen Ringens mit England um die Kolonien einen neuen Höhepunkt, und die Profite der *armateurs* nahmen gewaltig zu. Aber das Aufleben der ersten revolutionären Vorstellungen, mit denen sich auch der Wunsch vermischte, die Auswirkungen der Macht Großbritanniens zur See zu neutralisieren, brachte auch Kritik an einem Verhalten mit sich, das dem Dogma der brüderlichen Verbundenheit aller Menschen widersprach und das man für eine abzulehnende Manifestation des alten reaktionären Regierungssystems ansah. Im Mai 1792 kam es in der Nationalen Gesetzgebenden Versammlung in Paris auf einen Vorschlag von Benjamin Franklin zu einer Debatte über die Abschaffung des Freibeutertums und über eine Garantie für die Immunität unbewaffneter Handelsschiffe. Aber im Januar 1793, nach der Kriegserklärung an England, proklamierte der Konvent mit ebenso großen Worten die Notwendigkeit der Wiederaufnahme eines patriotischen Freibeutertums großen Stils in „einem Krieg des Eisens gegen das Gold". Das von dem „verderbten Adel" gereinigte Frankreich werde unbesiegbar sein: „Als unser Land von Despoten beherrscht wurde, hat es Korsaren wie Jean Bart und Duguay-Trouin hervorgebracht. Wozu sollte es unter der Herrschaft der Gleichheit nicht fähig sein? Wenn freie Männer kämpfen, dann müssen sie es mit Leidenschaft tun. Unsere Grenadiere erstürmen mit gefälltem Bajonett feindliche Geschützstellungen. Wir haben unsere Husaren zu Pferde feindliche Brustwehren attackieren sehen. Ihr Korsaren sollt mit der Axt in der Hand das feindliche Schiff entern und jene stolzen Inselbewohner niedermachen, die Despoten des Ozeans!"

Es wurde eine Verordnung erlassen, nach der jede Ladung, die für einen feindlichen Hafen bestimmt war, konfisziert werden durfte, weil man die Briten als Tyrannen ansah und Frankreich sich aufgerufen fühlte, „in der Welt Seite an Seite mit Amerika die heiligen Menschenrechte wieder in Geltung zu setzen". Im Jahre 1803 wurden die Freibeuterschiffe, die im Kanal, auf dem Atlantik, in der Karibik, im Pazifik und im Indischen Ozean gegen den britischen Handel operierten, offiziell als Hilfsstreitkräfte zur See anerkannt. Es war die große Zeit der französischen Korsaren. Innerhalb von drei Jahren kaperten sie bis Ende 1795 mehr als 2000 Schiffe, darunter auch einen großen Teil der Jamaikaflotte. Bei einer Expedition nach Labrador wurden die Fischfabriken zerstört und 80 Dorschfangschiffe versenkt. Von Guadeloupe auf den Kleinen Antillen aus begann der aus Marseille stammende Victor Hugues, dessen Geschäft in Port-au-Prince in Französisch-Hispaniola durch die Sklavenrevolte auf Haiti vernichtet worden war, einen Feldzug, bei dem die Hauptstadt von Guadeloupe, Pointe-à-Pitre, in ein zweites Tortuga verwandelt wurde.

Hugues, ein ehrgeiziger und rücksichtsloser Abenteurer, erwarb als „revolutionärer Pirat" ein großes Vermögen. Das gleiche taten die Kaufleute in Pointe-à-Pitre und die den verschiedensten Nationen angehörenden Korsarenkapitäne. Antonio Fuët, ein Seemann aus Narbonne, bekannt als Kapitän Moëda,* machte sich einen Namen als grausamer und tapferer Freibeuter, als er ein portugiesisches Schiff mit Kanonen beschoß, die er mit Goldmünzen geladen hatte, weil ihm die Kanonenkugeln und Kartätschen ausgegangen waren. Nach dem Gefecht sollen die Ärzte seines Schiffes, der *Sans-Pareil,* fieberhaft gearbeitet haben, um mit ihren Skalpellen wenigstens einen Teil der Goldmünzen aus den gefallenen, sterbenden und verwundeten Feinden herauszuschneiden.

Hugues erklärte auf eigene Initiative den Vereinigten Staaten den Krieg und beschuldigte die Amerikaner, Waffen und Schiffe an Großbritannien verkauft zu haben. Er erklärte: „Schon der Name Amerika löst hier Empörung und Schrecken aus. Die Amerikaner sind zu den reaktionären Feinden des Gedankens der Freiheit geworden, nachdem sie die Welt mit ihrem Quäkerschauspiel zum Narren gehalten haben. Wir werden diese verräterische Nation daran erinnern müssen, daß George Washington als Verräter aufgehängt worden wäre, wenn wir ihnen nicht mit unserem Blut und unserem Geld geholfen hätten, die Unabhängigkeit zu gewinnen."

Der Krieg der „Briganten" gegen die amerikanische Handelsschiffahrt – die Kapitäne wurden gezwungen, Erklärungen zu unterschreiben, daß ihre Ladungen britisches Eigentum seien – war so erfolgreich, daß der Kongreß im Juli 1798 als Gegenmaßnahme Frankreich in den amerikanischen Gewässern den Krieg erklärte. Das bedeutete eigentlich die Kriegserklärung an Victor Hugues, der sich zum Robespierre der Inseln gemacht hatte und sich weigerte, die Befehle des „konterrevolutionären" Direktorats in Paris zu befolgen. Ja er erwog sogar, im Namen der „echten" Revolution auch dem Direktorat den Krieg zu erklären. Seine Kapitäne – Antonio und Modesto Fuët, Pierre Gros, Peg-Leg Langlois, Joseph Murphy und Petréas der Mulatte – verschonten nur die holländischen Schiffe und profitierten gewaltig durch ihren Anteil an der Beute. Pointe-à-Pitre, wo die Verteilung stattfand, wurde in diesen Jahren zu einer der reichsten Städte Amerikas.

Einige französische Korsaren wie Jean-Jacques Fourmentin aus Boulogne, der in den Jahren 1793 bis 1814 wenigstens hundert

* Ein Spitzname, etwa: „Kapitän Goldstück".

Oben: Lafitte und seine Mannschaft entern ein Handelsschiff der East India Company.

britische Schiffe gekapert haben soll, wurden zu Rittern der Ehrenlegion ernannt und als Nationalhelden gefeiert. In St. Malo heißen noch heute Straßen, Hotels, Tankstellen und Restaurants nach Robert Surcouf, der fast zehn Jahre lang der Schrecken der britischen Schiffahrt im Indischen Ozean war. Die East India Company setzte für seine Gefangennahme zweieinhalb Millionen Francs Belohnung aus, und Surcouf hatte oft Schwierigkeiten mit den französischen Kolonialbehörden, weil er illegal mit Sklaven handelte und sich weigerte, die von ihm gemachte Beute abzuliefern. Bei Port Louis auf Mauritius warf er Fässer mit Goldstaub ins Meer, um sie nicht an den Gouverneur als örtlichen Vertreter der Revolutionsregierung abliefern zu müssen. Nachdem er ein großes Vermögen angesammelt hatte, heiratete Surcouf die Tochter eines reichen *armateurs* und stellte sich ohne Schwierigkeiten auf die in St. Malo üblichen Geschäftsmethoden um. Hier betrog er die Zollbehörden, fälschte seine Bücher und behielt mehr von der auf gekaperten Schiffen gemachten Beute, als ihm zustand.

Umseitig: Das am 23. September 1779 zwischen Paul Jones auf der *Bonhomme Richard* und dem britischen Kriegsschiff *Serapis* im Mondschein ausgetragene Gefecht ist eines der bekanntesten der Seekriegsgeschichte.

In den britisch-amerikanischen Kolonien profitierten die Cliquen, die die Seeräuberei unterstützten und die Beute der Piraten aus New Providence aufkauften, auch weiterhin vom Schmuggel und von der Freibeuterei. Bis zur Unabhängigkeitserklärung richteten die Seeräuber ihre Unternehmungen in erster Linie gegen die französische Handelsschiffahrt. Doch in den Jahren 1776 bis 1783 und im Krieg 1812 bis 1814 kaperten sie auch britische Schiffe. Die Flotte der

Rebellen bestand damals aus 13 stark reparaturbedürftigen Fregatten, während Großbritannien bereits mehr als 100 Kriegsschiffe in amerikanischen Gewässern unterhielt. Der Kontinentalkongreß sanktionierte daher eines der umfangreichsten und ausgefallensten Korsarenunternehmen in neuerer Zeit. Alles, was schwimmen konnte, erhielt die Erlaubnis zur Kaperei: Handelsschiffe, Lotsenschiffe, Fähren, Walfangschiffe, Langboote und Fischereifahrzeuge. Ein Beobachter schreibt: „Die Leute wurden bei dem Gedanken, als Freibeuter hinausfahren zu dürfen, wie verrückt. In einigen Gebieten, besonders vor Halifax und im Golf des Sankt-Lorenz-Stroms, gab es so viele Korsaren, daß sie sich gelegentlich gegenseitig angriffen. Dazu erlaubten auch noch die Franzosen amerikanischen Freibeutern oder französischen, die amerikanische Kaperbriefe hatten, im Seegebiet von den Shetlandinseln bis nach Gibraltar zu operieren."

Dabei kam es zu manchem wagemutigen Unternehmen. Eine Barke aus Chesapeake, die in der Irischen See kreuzte, war so klein, daß der Kapitän eines angegriffenen Handelsschiffs sie für eine Pinasse hielt und die Mannschaft fragte, wo sie denn ihr Schiff gelassen habe. John Paul, der seefahrende Sohn eines Gärtners auf dem Landgut Lord Selkirks bei Kirkcudbright, nahm den Namen John Paul Jones an und wurde zu einem der unverschämtesten Rebellenpiraten vor den Küsten Englands, Schottlands und Irlands. Er segelte den Fluß Dee hinauf, um das Schloß von Lord Selkirk zu plündern. Seine Kühnheit wird in einer Ballade gefeiert:

Zu Paul Jones spricht voll Furcht unser Zimmermann:
„Nach dem Gefecht sind wir leck, sieh dir's doch an!"
Doch stolz läßt Paul Jones den Zimmermann stehn:
„Wenn es sein soll, dann werden wir untergehn."

In vielen Häfen Neuenglands war der Hauptgeschäftszweig das Freibeutertum. Jeder investierte in der Korsarenindustrie – einschließlich George Washington, der Porzellan aus dem Privateigentum des britischen Kronanwalts in Westindien besaß. Versorgungsschiffe der britischen Armee wurden aufgebracht, und Korsaren, die mit französischen Mannschaften und französischen Papieren von Martinique ausliefen, kaperten nach Westindien segelnde Handelsschiffe. Mit Leinen beladene Schiffe aus Dublin mußten im Geleitzug fahren, und die Versicherung für die Reise von Dover nach Calais kostete zehn Prozent vom Wert der Ladung. Die Einnahmen der Hafenbehörden in Portsmouth und Plymouth gingen auf die Hälfte zurück, und der Handel in Liverpool wurde so schwer getroffen, daß 10.000 Arbeiter ihre Arbeitsplätze verloren. In einem Bericht aus dem Jahre 1778 heißt es, daß „die Themse den ungewohnten und traurigen Anblick zahlreicher ausländischer, besonders französischer Schiffe bietet, die Ladungen mit englischer Ware aufnehmen, die für verschiedene europäische Häfen bestimmt ist".

Der Seekrieg wurde 1812 fast ausschließlich von Korsaren ausgefochten, und zwar mit ebenso vernichtender Wirkung, obwohl sie wußten, daß die britische Flotte mit einem drei- bis vierfachen Blockadering fähig war, die Küste zu schützen, und trotzdem noch über Reserven verfügte. Dieser unglaubliche Erfolg war einer neuen „Geheimwaffe" zuzuschreiben, den von amerikanischen Schiffsbauern entwickelten Baltimore-Clippern. Diese langen Fahrzeuge mit geringem Tiefgang, hohen Masten und einer großen Segelfläche setzten den britischen Linienschiffen ebenso erbarmungslos zu wie seinerzeit die neuen Schiffsmodelle von Hawkins der spanischen Armada. In den ersten Monaten gingen wieder ganze Flottillen von winzigen Schiffen, die nur mit einem oder zwei kleinen Geschützen bestückt waren, zum Angriff über. Die *Times* meldete, die amerikanischen Freibeuter in Westindien seien „so verwegen, daß sie sogar Schiffe aus den Häfen herausholten und Kommandos an Land gehen ließen, die das Vieh von den Pflanzungen trieben".

In New York wurden allein 120 Kreuzer ausgerüstet, die 275 Schiffe einbrachten und darüber hinaus eine große Zahl versenkten. Ein Schiff kam, nachdem es siebzehn Verfolger abgeschüttelt hatte, mit einer Beute im Wert von 300.000 Dollar in den Hafen zurück. Die Gewinne waren so hoch und stellten sich so regelmäßig ein, daß in New York ein Gesetz „zur Förderung der Freibeutergesellschaften" erlassen wurde. Im August 1814 schrieb die Londoner Zeitung *Morning Chronicle:* „Die ganze Küste Irlands von Wexford bis nach Carrickfergus ist praktisch durch ein paar kleine Nachtvögel blockiert." Obwohl drei Fregatten und vierzehn Schaluppen in den irischen Gewässern kreuzten, stiegen die Kosten für die Versicherung der Schiffsladungen auf fast 15 Prozent. In Halifax mußte man 35 1/2 Prozent bezahlen, wenn sich überhaupt eine Gesellschaft bereitfand, einen Versicherungsvertrag abzuschließen. Die *True-Blooded Yankee* brachte innerhalb von 37 Tagen 27 Schiffe auf, und die Mannschaft erhielt einen Beuteanteil in Höhe von 3 Millionen Dollar, dazu beträchtliche Zuschüsse der Regierung, die oft die Hälfte des Schätzwertes eines jeden versenkten bewaffneten Schiffes ausmachten.

Jefferson, dessen humanitäre Ideale erheblichen Schaden genommen hatten, unterstützte die Politik des „Verbrennens, Versenkens oder Vernichtens" mit einigem Unbehagen, empfand dabei aber augenscheinlich doch eine gewisse Befriedigung. An Monroe schrieb er: „Ermutigen Sie diese Freibeuter, die von ihnen aufgebrachten Schiffe zu verbrennen, und lassen Sie die öffentliche Hand dafür bezahlen. Diese Leute werden uns gewaltig betrügen; das tut aber nichts, denn die englischen Kaufleute werden es zu spüren bekommen und um Frieden flehen." Er hatte mit beiden Voraussagen recht. Die Korsaren betrogen die Behörden tatsächlich, und die Kaufleute in London, Liverpool und Glasgow bildeten Interessengemeinschaften und beschwerten sich darüber, daß sie „von einer Horde amerikanischer Schiffe" beraubt würden. Sie verlangten entschieden die Beendigung des Krieges. Um nicht ganz das Gesicht zu verlieren, behaupteten die Zeitungen und die Parlamentsabgeordneten, der Erfolg der Korsaren sei nur der Tatsache zuzuschreiben, daß sie englischer Abstammung seien und „das Blut Drakes" in ihren Adern fließe.

Nach dem Ende des Krieges lebte die illegale Piraterie wieder auf. Zehntausende von Matrosen wurden aus der britischen Flotte entlassen und hatten keine Beschäftigung mehr. Aus der Karibik, dem Atlantik, dem Golf von Guinea und aus dem Arabischen Meer trafen Nachrichten ein, daß Schiffsbesatzungen gemeutert und ihre Offiziere umgebracht hatten, um ihre eigenen Führer zu wählen und ihr Leben als Piraten fortzusetzen. Sogar auf der Themse vor London

Oben: Der Hafen von Muskat am Eingang zum Persischen Golf, dessen Südwestufer seit Jahrhunderten als „Seeräuberküste" bekannt ist.

wimmelte es von Räubern. Ein Kutter mit acht Mann Besatzung stoppte bei Greenwich das aus Ostindien kommende Handelsschiff *Lady Campbell* und raubte zwei mit Münzen gefüllte Kisten.

In Westindien, wo vierzig Jahre lang französische, britische, spanische und amerikanische Freibeuter ihr Unwesen getrieben hatten, lebten jetzt etwa 10.000 ehemalige Piraten. Einige von ihnen ließen sich von den neu aufgestellten Flotten der rebellierenden spanischen Kolonien anheuern, andere traten in spanische Dienste. Viele unternahmen jedoch auf eigene Faust Raubzüge. Die Nachlässigkeit der Behörden auf Kuba und Puerto Rico machte es ihnen leicht genug. Mit kleinen, schnellen Brigantinen, Schonern und Schaluppen, ähnlichen Fahrzeugen, wie sie schon die *boucaniers* verwendet hatten, gingen jetzt Piratenkapitäne wie Diabolito, Charles Gibbs und Benito de Soto auf Kaperfahrt und setzten die Tradition der Raubzüge von Montbars und Lolonois' in verkleinertem Maßstab fort. Vielleicht waren sie sich ebenso wie Ali Khoja des Umstandes bewußt, daß ihnen nur noch eine kurze Zeit blieb, die es zu nützen galt.

Gibbs, der aus Rhode Island stammte, hatte sich im Krieg 1812 bis 1814 auf Freibeuterschiffen ausgezeichnet und verspürte keine Lust, jetzt das Leben eines beschäftigungslosen Seemannes zu führen. Er ließ sich auf einem argentinischen Freibeuterschiff anheueren, übernahm das Kommando und begab sich auf einen Raubzug in die Karibik. Den Besatzungen der von ihm gekaperten Schiffe ließ er die Wahl, sich entweder an seinen Unternehmen zu beteiligen oder getötet zu werden. Wie man behauptete, brachte er sie gelegentlich auch aus reiner Mordlust um. Aber das größte Piratenunternehmen jener Zeit war die Kreuzfahrt der *Black Joke* unter dem spanischen Kapitän Benito de Soto. De Soto hatte als Maat auf dem portugiesischen Sklavenschiff *Defensor de Pedro*, das 1827 von Buenos Aires auslief, angeheuert und sich in den Besitz des Schiffes gesetzt, während der Kapitän an Land gegangen war. Die Mannschaften, die sich der Meuterei nicht anschließen wollten, wurden in einem kleinen Boot ausgesetzt. Er taufte das Schiff auf den Namen *Black Joke* um und kreuzte auf dem Atlantik. Nach wenigen Wochen kaperten er und seine Mannschaft das der East India Company gehörende Schiff *Morning Star*. Sie vergewaltigten Frauen und Töchter von Soldaten und Beamten, die sich auf einer Urlaubsreise in die Heimat befanden,

Oben: Die britische Fregatte *Nereid* greift ein Geschwader von Dhaus der Joasmi an (ca. 1809).

und sperrten dann alle überlebenden Passagiere und Besatzungsmitglieder in den durchlöcherten Schiffsrumpf, wo sie im eindringenden Wasser ertranken.

Im Seegebiet um die Azoren kaperte er einige weitere Schiffe, massakrierte die Besatzungen und ließ die Schiffe versenken. Alle in die Heimat fahrenden Schiffe der East India Company erhielten nun die Anweisung, sich bei St. Helena zu sammeln und im Geleitzug weiterzufahren. De Soto ging vor La Coruña, wo er geboren war, vor Anker, kaufte falsche Papiere und nahm dann Kurs auf Cadiz, wo er seine Beute verkaufen wollte. Doch sein Schiff lief in einem Sturm vor Cadiz auf einen Felsen auf. Als sie an Land kamen, taten er und seine Männer so, als seien sie die Besatzung eines Handelsschiffes, dessen Kapitän bei dem Schiffbruch ertrunken war. Die Verhandlungen zum Verkauf des Schiffswracks waren schon eingeleitet, als einige Besatzungsmitglieder, die im betrunkenen Zustand zuviel geredet hatten, festgenommen wurden. De Soto floh nach Gibraltar, wo er in einer eleganten blauen Uniform mit weißen Hosen und einem weißen Sombrero den feinen Mann spielte, bis ein neugieriges Zimmermädchen in seinem Gepäck belastende Beweisstücke fand und er festgenommen, vor Gericht gestellt und gehängt wurde.

Jean und Pierre Lafitte, zwei Brüder aus St. Malo, waren die Chefs eines Piraten- und Schmugglerzentrums auf der Insel Grande Terre bei New Orleans. Auch sie verstanden es, die damals so unruhigen Zeiten auszunützen. Als der Gouverneur von Louisiana auf den Kopf von Jean Lafitte eine Belohnung von 5000 Dollar aussetzte, schrieb Lafitte höhnisch für die Gefangennahme des Gouverneurs ein Kopfgeld von 50.000 Dollar aus. Im Krieg von 1812 bot man ihm eine hohe Summe und ein Offizierspatent in der königlichen Flotte an, falls er auf britischer Seite kämpfen wolle. Er als amerikanischer Patriot stellte sich jedoch samt seiner Bande bei der Belagerung von New Orleans dem General Jackson zur Verfügung. Sie verteidigten die Stadt mit solchem Erfolg, daß Lafitte eine Art Nationalheld wurde. Seine Belohnung bestand offenbar in der stillschweigenden Duldung seiner privaten Unternehmungen. Gemeinsame Operationen der amerikanischen und britischen Flotte machten seinen Raubzügen 1823 ein Ende und schalteten auch die Piraten in der Karibik aus. Angeblich wurde Jean Lafitte bei einem Gefecht gegen eine Schaluppe der britischen Flotte getötet. Nach einer anderen Version soll er nicht gefallen, sondern nach Paris geflohen sein. Dort führte er, wie es in diesem Bericht heißt, ein sehr angenehmes Leben, blieb aber bei der Unruhestifterei und beteiligte sich an der Finanzierung eines großsprecherischen Manifests, dessen Verfasser der talentierte literarische Korsar Karl Marx war.

Zur Zeit von Gibbs, de Soto und Lafitte entstanden zahlreiche Piratenballaden. Die Geschichte der *Flying Cloud*, eines Sklavenklippers aus Guinea, der in der Karibik als Piratenschiff operierte, ist einer Temperenzlerschrift entnommen, die angeblich die Beichte eines Mitglieds der Schiffsbesatzung von de Soto enthält:

Ich heiße Edward Hallahan, das ist dir wohlbekannt,
Geboren bin ich in Waterford, in Erins glücklichem Land.
In Gottesfurcht und Ehrlichkeit die Eltern mich erzogen;
Daß einst auf Kuba ich sterben soll, das hab' ich nie erwogen.

Wir raubten dort und plünderten die Schiffe ohne Zahl,
Den Witwen und den Waisen brachten wir bittere Qual.
Die Matrosen liefen über die Planken hinein ins nasse Grab;
„Ein Toter schweigt", sagte der Kapitän und stieß sie alle hinab.

Die Ballade *Bold Manning* erzählt von einem Desperado, der auf einem gekaperten Handelsschiff aus Liverpool ein Blutbad anrichten läßt und auf brutale Weise einen Streit unter seiner Mannschaft schlichtet:

Die tapferen Piraten
Mit dem Säbel in der Hand,
Enterten sie das Segelschiff
Und erschlugen jeden Mann.
Sie suchten gründlich alles ab,
Das taten sie sehr genau,
Und drunten in der Heckkajüte
Da fanden sie eine Frau.

Oben: Die *Dido* vom Chinageschwader im Gefecht gegen eine Eingeborenen-befestigung an einem Fluß auf Borneo.

Da stampften sie und fluchten,
Und jeder wollte sie nehmen;
„Zurück, zurück!“ spricht Manning da,
„Jetzt brauchst du dich nicht mehr zu schämen.“
Wie ein Wilder springt er auf sie zu
Mit seinem Entermesser,
Mit einem Hieb trennt vom Rumpf er den Kopf
Und ruft: „Jetzt hast du es besser!“

Was in Afrika und Asien als Piraterie anzusehen sei, das entschieden nun die Regierungen Europas und schickten ihre Kriegsflotten aus, um damit aufzuräumen. Dieser Prozeß hatte mit dem Erscheinen der Portugiesen in den östlichen Gewässern begonnen, aber der Zusammenstoß zwischen Piraten und Imperialisten erreichte seinen Höhepunkt erst, als die königlich-britische Flotte, gelegentlich von den USA unterstützt (und in Zusammenarbeit mit ausreichend bezahlten und daher einigermaßen ehrlichen Kolonialbeamten), weltweit das erreichte, was Pompejus achtzehn Jahrhunderte vorher im Mittelmeer gelungen war.

Beispielhaft dafür sind die Vorgänge an der „Piratenküste“. Etwa zwei Jahrhunderte lang begünstigte die mörderische Rivalität zwischen Portugal, Holland und England im Ringen um die Beherrschung der Handelswege eine Piraterie großen Stils am Persischen Golf. Im Jahre 1798 unterzeichnete der Sultan von Muskat und Oman einen Vertrag mit Großbritannien, der sich gegen den französischen und holländischen Handel richtete. Aber die immer wieder aufflammenden Bürgerkriege machten die Erfüllung dieses Vertrags unmöglich. Eine fanatisch fremdenfeindliche, von Mohammed ben Abdul Wahab gegründete religiöse Bewegung, die zum Krieg gegen alle Ungläubigen aufrief, breitete sich über ganz Arabien aus, ihre

Anhänger hatten Mekka und Medina erobert und wurden von den seefahrenden Stämmen an der Küste unterstützt. Die Joasmis, Khalifahs und Jalahamahs dehnten ihre Raubzüge bis nach Bombay aus und griffen die Handelsschiffe der East India Company und sogar britische Kriegsschiffe an. Einige gefangene britische Offiziere und Mannschaften wurden 1804 in die Hauptstadt der Joasmi, Ras-al-Khaima, gebracht und dort als Sehenswürdigkeiten zur Schau gestellt. Nach einem zeitgenössischen Bericht ließ sich der Forschungsdrang der Damen dieses Stammes kaum zügeln, denn „sie waren nicht zufrieden, bevor sie endlich festgestellt hatten, in welcher Hinsicht sich ein nicht beschnittener Ungläubiger von einem Rechtgläubigen unterschied".

Diese und andere Ungeheuerlichkeiten wurden 1809 durch eine Strafexpedition gerächt. Von Bombay aus setzten sich zwei Fregatten, neun Kreuzer, anderthalb britische Regimenter und 1000 indische Soldaten in Marsch. Ras-al-Khaima wurde gestürmt, geplündert und gebrandschatzt. Sechzig im Hafen liegende Schiffe wurden vernichtet. Aber 1816 begannen die Joasmi einen neuen Feldzug im Roten Meer. Auf eine scharfe Note aus Bombay antwortete Scheich Hassan von Ras-al-Khaima, da man seinen Männern ihr altes „Privileg" verwehre, indische Schiffe aufzubringen, hätten sie nichts mehr zu rauben, und wenn er versuchen wollte, sie daran zu hindern, dann würden sie ihn umbringen. Im Verlauf der folgenden zwei Jahre hatten die *baggalas* und *batils,* so hießen die Dhaus der arabischen Korsaren mit ihren großen Segeln, hohen Masten und kunstvoll geschnitzten Hecks, ihre letzte große Zeit. Die Gefangenen wurden fast immer getötet, denn Lebende zu berauben war für die Araber eine Todsünde. Im Westen mißverstand man allerdings dieses quasi-rituelle Massenmorden als Ausdruck brutaler Blutgier.

Bis auf den heutigen Tag erzählen alte Männer auf den Märkten und in den Cafés an der arabischen Küste Geschichten von Rahmah ben Jabr, der fünfzig Jahre lang als Pirat die Meere befahren hatte. Als Angehöriger des Stammes der Jalahamah griff er nur selten britische Schiffe an, denn er hoffte, bei seinen Stammeskämpfen gegen die Khalifahs von der britischen Flotte unterstützt zu werden. J. S. Buckingham, der britische Resident in Bushire, gibt folgende Beschreibung von ihm: „Er ist mager, sein Gesicht und seine dünnen Glieder sind von Narben bedeckt, die Säbel, Speere und Gewehrkugeln ihm beigebracht haben. Das Fehlen eines Auges verstärkt den wilden, häßlichen Eindruck. Dieser Räuberhauptmann, der angeblich zweihundert Frauen hat, zeigt ein bescheidenes Auftreten. Seine Kleidung wirkt sogar abstoßend ärmlich. Sein Hemd trägt er so lange, bis es ihm in Fetzen vom Leibe fällt. Die Beine läßt er unbekleidet, den Körper wickelt er in ein schwarzes Ziegenfell. Um den Kopf bindet er ein enganliegendes Tuch."

Durch einen Kartätschenschuß war sein linker Arm so zerschmettert worden, daß er nur noch durch welke Haut und Sehnen, die mit Silberdraht verstärkt waren, an der Schulter hing. Auf die Frage, ob er mit diesem Arm noch einen Feind erschlagen könne, ergriff er einen Dolch und „fuchtelte damit herum. Dabei sagte er, er könne immer noch ein paar Kehlen durchschneiden". Kapitän Loch von der *Eden,* der 1819 mit Rahmah gesprochen hat, erzählte, daß dieser, klein und gebeugt, mit seinem watschelnden Gang und dem eng um den Kopf

Oben: Die Dyak in Sarawak waren Piraten und Kopfjäger – hier bei einem Kriegstanz.

geschlungenen Tuch aussah „wie ein höllischer Hexenmeister". Auf der Straße „starrten alle ihm nach, und ständig lief eine Horde Kinder hinter ihm her".

Ein starkes Flottengeschwader brach 1819 den letzten Widerstand der Joasmi. Mit Unterstützung einiger Kreuzer der East India Company und der Flotte des Sultans von Muskat beschoß es Befestigungen an der Piratenküste bis nach Bahrein und landete einen aus britischen, indischen und arabischen Truppen bestehenden Verband, der das Werk der Zerstörung vollendete. Obwohl Kapitän Loch ihm sagte, er müsse seine Raubzüge einstellen, weil die meisten Schiffe britische oder britisch-indische Waren geladen hätten, auch wenn sie nicht unter britischer Flagge fuhren, setzte Rahmah von seinem Stützpunkt Katif aus seine Unternehmungen fort und bemannte seine Fahrzeuge mit Arabern, Negern und Beludschistanis.

Im Alter von siebzig Jahren und völlig erblindet fuhr er 1826 zum letztenmal mit einem Schiff, der *Ghatrusha,* auf See hinaus, um sich der Flotte seines Khalifah-Rivalen, des Scheichs Suleiman von Bahrein, zu stellen. Die *Ghatrusha* wurde von einer *baggala* gerammt. Ihr Kapitän war Scheich Ahmed, der Sohn Suleimans. Der blinde Rahmah stand am Heck und erhielt von seinem Lieblingssklaven einen laufenden Bericht über die Gefechtslage. Das Blut floß über die Deckplanken und färbte die See. Der Feind enterte die *Ghatrusha.* Als der letzte Mann seiner Leibwache fiel, ergriff Rahmah eine Fackel, warf sie in das Pulvermagazin und sprengte sich selbst, seinen achtjährigen Sohn und viele Khalifahs, unter ihnen auch Ahmed, in die Luft. Das großartige Finale der Piraterie, das die europäischen Seeräuber bei ihren Zechgelagen für sich selbst vorausgesagt hatten, wurde hier von einem mohammedanischen Antialkoholiker vollzogen, der sich nur von seinem Stolz und Haß hatte berauschen lassen.

Rechts: Beschießung von Algier durch eine englisch-holländische Flotte (1816).

Im ersten Jahrzehnt des 19. Jahrhunderts wimmelte es in den Gewässern vor Kanton, Makao und Hongkong von Piratendschunken, aber hier hatte die Piraterie einen revolutionären Anstrich. Die Besatzungen von Freibeuterschiffen, die aus einem Krieg gegen Annam zurückgekehrt waren, verbündeten sich mit Horden verarmter Fischer und Hafenarbeiter, um gegen eine korrupte Mandarinenherrschaft zu kämpfen, und um die Kosten für diesen Kampf aufzubringen, kaperten sie europäische Schiffe. Tsching Jih befehligte 1807 eine aus sechshundert Kriegsdschunken bestehende Flotte, nachdem er es abgelehnt hatte, sich als kaiserlicher Stallmeister kaufen zu lassen. Nachdem er mit seinem Schiff untergegangen und ertrunken war, vergrößerte seine Witwe, Tsching Jih Saou, die Flotte auf achthundert große Dschunken und fast tausend kleinere. Sie gliederte sich in sechs Geschwader, die von 70.000 Männern – und Frauen – bemannt wurden. Die Matrosen durften ihre Frauen mit an Bord nehmen, und sie bewährten sich als ebenso tüchtige Seeleute wie ihre Männer.

Die Mannschaften gekaperter Schiffe hatten die Wahl, sich entweder den Piraten anzuschließen oder eines grausamen Todes zu sterben. Richard Glasspoole, Offizier auf einem ostindischen Handelsschiff, das 1809 auf dem Fluß Kanton gekapert wurde, erlebte eine solche Zwangsrekrutierung. „Wer sich weigerte, wurde gefesselt und an einem vom Mast herabhängenden Tau ein paar Fuß nach oben gezogen. Sechs Mann prügelten den in der Luft Hängenden mit geflochtenen Peitschen, bis er kein Lebenszeichen mehr von sich gab. Dann wurde er bis zur Mastspitze hinaufgehievt und blieb dort etwa eine Stunde hängen. Die Prozedur wiederholte sich, bis der Mann tot oder sein Wille gebrochen war."

Bei den chinesischen Piraten galten die gleichen strengen Gesetze wie bei Bartholomew Roberts. („Wenn ein Mann ohne Erlaubnis an Land geht, werden ihm die Ohren durchstochen. Wenn er seinen Ungehorsam wiederholt, soll er sterben.") Diebstahl und Vergewaltigungen waren ebenso verboten. („Niemand darf sich an gefangenen Frauen vergehen. Er soll zuerst die Erlaubnis des Steuermanns einholen und dann mit ihr in den Laderaum gehen. Gewalttätigkeit gegen Frauen wird mit dem Tode bestraft.") Doch Tsching Jih Saou

Umseitig:
Britische Matrosen entern ein algerisches Piratenschiff. Illustration aus dem 19. Jahrhundert im damals verbreiteten Bilderbogenstil.

TB

Links: Robert Newton als Long Silver in dem Walt-Disney-Film *Schatzinsel* (1950).

selbst soll sich eine ganze Reihe von Liebhabern gehalten haben. Schließlich kauften sie und eine Reihe ihrer Offiziere eine kaiserliche Amnestie und leiteten ein großes Schmuggelunternehmen.

Die Piraten im Seegebiet vor Hongkong begegneten keinem nennenswerten Widerstand, bis das China-Geschwader nach 1840 an die Befriedung dieser Küste ging. Ausschlaggebend war vor allem der Entschluß der britischen Regierung, den Kaiser daran zu hindern, den Opiumhandel unter seine Kontrolle zu bringen, denn Indien war der größte Opiumproduzent und China der Hauptmarkt dafür. Die Opiumkriege und die „Zession" von Hongkong waren daher klassische Beispiele für den freibeuterischen „freien Markt". Viele Chinesen sahen das Aufbringen von Opiumschiffen als eine patriotische Pflicht an, und ein Korsarenkapitän, Shap-ng-Tsai, wurde 1849 zum Mandarin befördert, nachdem seine Flotte in einem Gefecht gegen das China-Geschwader besiegt worden war. Die Taktik der Kriegsdschunken bestand vor allem darin, an den Gegner heranzukommen und zu entern. Mit ihren leicht brennbaren Segeln aus Bambusmatten und ihrer geringen Feuerkraft waren sie aber für die Breitseiten europäischer Kriegsschiffe bequeme Ziele. Innerhalb weniger Wochen wurden fast hundert Dschunken vernichtet und zweitausend Piraten getötet, ohne daß die Briten einen einzigen Mann verloren. Die Kaufleute in Hongkong schenkten Kapitän John Hay und seinen siegreichen Offizieren silbernes Eßgeschirr, und das Schatzamt zahlte für jeden getöteten oder gefangenen Piraten 20 Pfund, das waren insgesamt also 40.000 Pfund Kopfgeld.

Die Befriedung wurde nun auch anderen eingeborenen Stämmen zuteil, die sich dem Fortschritt widersetzten. Den Piraten im malayischen Archipel mit ihren prächtigen Prauen, die von Sklaven gerudert und mit Kriegern in schweren Rüstungen und rotbefiederten Helmen bemannt waren, blühte ein ähnliches Schicksal. Die räuberischen Flotten unterstanden einer Vielzahl von Herrschern. Wie die chinesischen, japanischen und indischen Korsaren hatten sie in früherer Zeit Bündnisse mit europäischen Eindringlingen geschlossen, aber Anfang des 19. Jahrhunderts, als die Europäer ihnen den Sklavenhandel und gelegentliche Raubzüge verwehren wollten, unternahmen sie zu spät den Versuch, sich gegen den gemeinsamen Feind zusammenzuschließen. Fast zwanzig Jahre lang führte der „Fürst der Piraten", Ragal, einen sehr erfolgreichen Krieg gegen die europäische Schiffahrt in der Straße von Makassar. Hier kaperte er etwa fünfzig Schiffe und erfüllte pünktlich einen Racheschwur, die Besatzungen entweder in die Sklaverei zu schicken oder zu töten. Besondere Freude soll es ihm gemacht haben, englischen Offizieren eigenhändig den Kopf abzuschlagen. Dann aber setzte die amerikanische Fregatte *Potomac* an der Küste von Sumatra Truppen an Land, die seinen Stützpunkt Kuala Batu vernichteten und dem Piratenspuk ein Ende machten. Ein Engländer, der den Bazar in Kuala Batu besuchte, erregte mit seinem Bericht öffentliche Empörung, denn er teilte darin unter anderem mit, daß hier Bibeln, europäische Damenunterwäsche und europäische Prostituierte verkauft würden. Der selbsternannte weiße Radscha von Sarawak, James Brooke, beklagte sich bald über „furchterregende Piratenhorden" (zu ihnen gehörten auch Angehörige des Stammes der Dyak, die ihr Räuberhandwerk mit der traditionellen Kopfjagd verbanden), denen man erlaubte, „ungestraft die schlimmsten Greuel-

Umseitig: Szene an Bord eines Sklavenklippers. 1834 wurde in Großbritannien ein Gesetz erlassen, das den Sklavenhandel der Piraterie gleichsetzte. Die Flotte versuchte, die afrikanische Westküste zu blockieren, aber im Verlauf der folgenden dreißig Jahre wurden Hunderttausende von Afrikanern durch die Blockade gebracht.

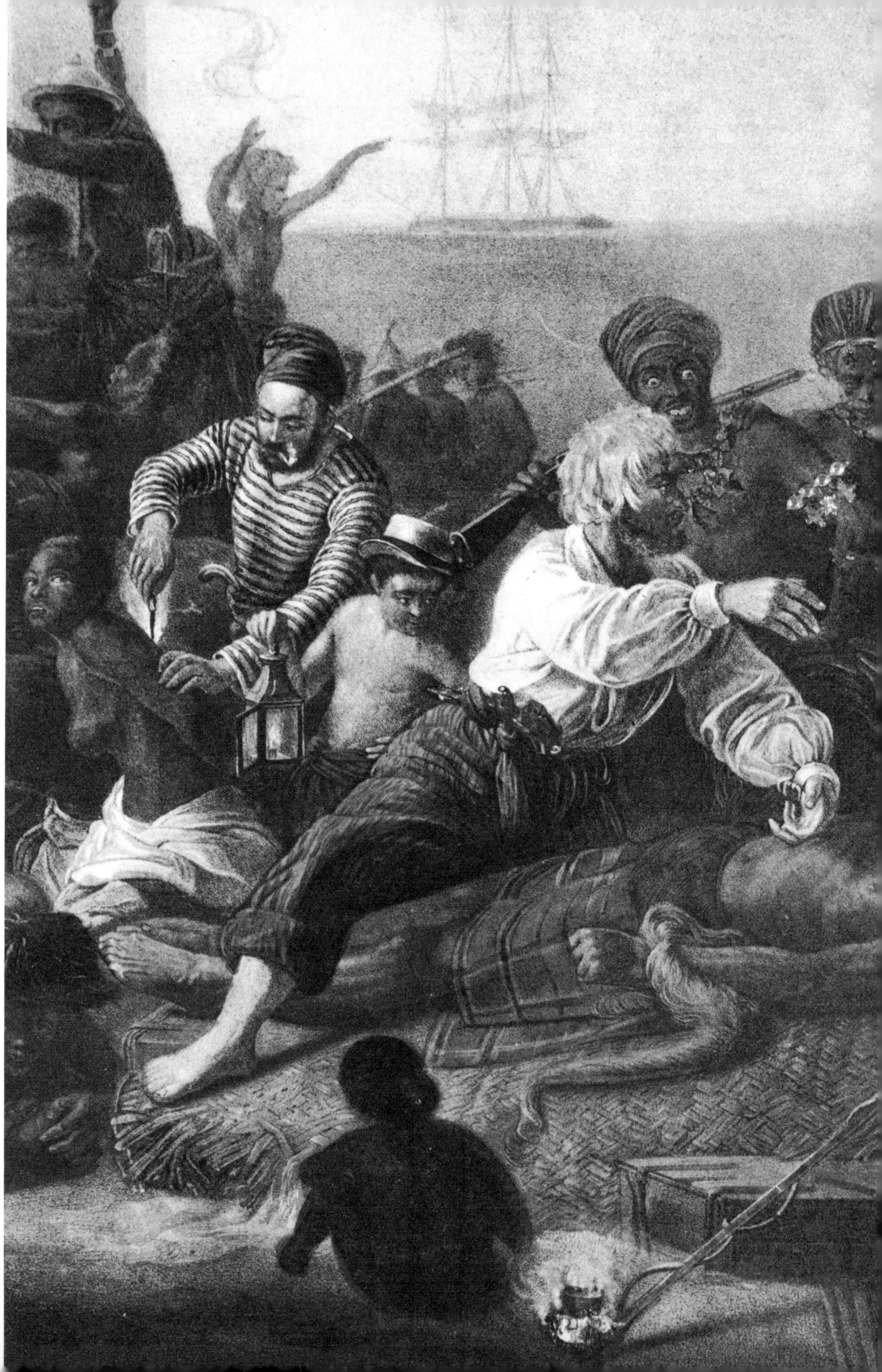

taten zu verüben, da es keine Seestreitkräfte gab, die sie in Schach halten konnten". Brooke traf 1843 in Singapur mit Kapitän Sir Henry Keppel zusammen, um einen Feldzug zu planen. Sie waren beide davon überzeugt, daß „die einzige Möglichkeit, das Übel an der Wurzel zu packen, darin bestünde, die Stützpunkte der Piraten im Inneren Borneos zu zerstören". In den folgenden sechs Jahren ruderten Hunderte von Prauen, besetzt mit beutegierigen Eingeborenen, hinter den Kanonenbooten her den Fluß hinauf, um in den von den Europäern zerstörten Piratensiedlungen Beute zu machen.

Der Höhepunkt des Feldzugs kam 1849 mit einem starken Angriff gegen den Stützpunkt der Dyak in Batang Maru am Fluß Saribas. Brooke leitete die Expedition in seiner eigenen Prau, der *Singh Radscha* (Löwenkönig). Zu seinen Streitkräften gehörte auch das Dampfschiff *Nemesis* der East India Company. Angreifende Schiffe der Dyak wurden zu Dutzenden durch gezieltes Geschützfeuer vernichtet, und die *Nemesis* richtete mit ihren Schaufelrädern große Verwirrung unter den feindlichen Fahrzeugen an. Als Commander Farquhar als Belohnung für einen nur wenige Stunden dauernden Einsatz 2757 Pfund erhielt und Kopfgelder in Höhe von 20.700 Pfund für 500 getötete oder gefangene und 2140 „verjagte" Piraten forderte, protestierte die antiimperialistische Lobby im Unterhaus dagegen, weil dies eine empörende Verschwendung öffentlicher Gelder sei. Man behauptete, solche Belohnungen stünden in keinem Verhältnis zu den damit verbundenen Risiken. War diese Kopfjagd nicht viel abstoßender als diejenige eines ehrlichen, wenn auch noch unaufgeklärten Eingeborenenstammes der Dyak? Weshalb sollten Männer, die mit Bogen, Speeren, Messern und Blasrohren bewaffnete Eingeborene abschlachteten, viermal soviel dafür bekommen als diejenigen, die einen Sieg gegen einen wohlgerüsteten europäischen Gegner erfochten? Wenn die Zahlenangaben stimmten, dann handele es sich hier um ein grausames und nutzloses Gemetzel, wenn nicht, dann zeige sich darin eine korrupte Einstellung, die der Blutgier unwissender Massen bei der Verfolgung eigennütziger Ziele Vorschub leiste. Man behauptete sogar, viele Dyak seien friedliche Händler und wirtschaftliche Konkurrenten, die Brooke nur aus diesem Grund aus dem Weg räumen wolle. In China und auf Borneo, so hieß es, sei die Seepolizei gefürchteter „als die Piraten, die sie so erbarmungslos jagt". Vier Jahre später erhielt Brooke eine scharfe Zurechtweisung von einer königlichen Kommission – für „unziemliches Verhalten", da er sich mit Wilden verbündet habe . . .

Rechts: In den zwanziger und dreißiger Jahren dieses Jahrhunderts kaperten chinesische Seeräuber bei gewagten Unternehmungen zahlreiche Schiffe. Diese auf einem Kriegsschiff unter Bewachung gehaltenen Männer hatten weniger Glück.

Die Blockade des westafrikanischen Geschwaders gegen die Sklavenschiffe war vielleicht ebensosehr durch wirtschaftliche Überlegungen inspiriert – die Zuckerproduktion in Westindien war zurückgegangen, weil man den Zucker billiger in Brasilien kaufen konnte – wie durch William Wilberforce und andere Befürworter der Sklavenbefreiung. Sie war jedoch eine harte und verhältnismäßig edle Aufgabe. Im Jahre 1834 wurde die Sklaverei im ganzen britischen Empire abgeschafft und der Sklavenhandel auf eine Stufe mit der Piraterie gestellt. Aber die Gewinne im Sklavenhandel waren bedeutend: Ein Afrikaner, den man an der Goldküste um 1,50 Pfund erwarb, konnte in Brasilien um 125 Pfund verkauft werden, und die Nachfrage nach

Sklaven in den Südstaaten von Nordamerika, in Brasilien, Kuba und der arabischen Welt sorgte dafür, daß die Bekämpfung der Sklavenhändler viel größere Anstrengungen erforderte als die Vernichtung von Kuala Batu und Batang Maru.

Sklavenklipper ließen sich leicht an dem Gestank erkennen, der aus den Luken strömte, und an den Haien, die diesen Schiffen folgten. Wenn sie aufgebracht worden waren, verbrannte oder zersägte man sie in der Destruction Bay in Sierra Leone. Manchmal dauerte die Jagd mehrere Tage, denn die Klipper waren schnelle Schiffe. Enttäuschte Geschäftsleute in Liverpool und Bristol kritisierten Palmerstons „Lieblingspolitik“ mit aller Schärfe und sahen verächtlich auf die Arbeit des „sentimentalen Geschwaders“ herab, dessen Einsatz die Regierung fast 2 Millionen Pfund kostete und das von 1810 bis 1864 nur etwa 150.000 Sklaven auf der Fahrt von Afrika nach Amerika befreien konnte. Das waren höchstens zehn Prozent der Gesamtzahl. Der Sieg der Nordstaaten im amerikanischen Bürgerkrieg brachte nur eine Verlagerung dieses großen Marktes. Die Blockade fing erst an zu wirken, als das Wettrennen um die afrikanischen Kolonien ernsthaft begann und auch andere Kolonialmächte die billigen Arbeitskräfte lieber im eigenen Land behielten und sich an den britischen Flottenpatrouillen beteiligten.

Unter den Blockadebrechern gab es einige besonders wagemutige und geschickte Männer. Der Amerikaner Philip Drake nahm den Namen Don Felipe Drax an und gab sich, nachdem der Sklavenhandel in den britischen Einflußgebieten verboten worden war, als Brasilianer aus. In dem Buch *Enthüllungen eines Sklavenschmugglers,* das 1860 erschien, behauptet er, in fünf Jahren mehr als 70.000 Sklaven befördert zu haben: „Das Geschäft wird jedes Jahr besser. Wollte man alle Yankeekaufleute hängen, die sich daran beteiligen, würden sehr bald andere an ihre Stelle treten." Die Gewinne waren mindestens so hoch wie zur Blütezeit der Piraterie im Roten Meer. Drake war Eigentümer einer Insel im Golf von Mexiko. Dort hielt er ständig bis zu 2000 Negersklaven zum Verkauf an Händler aus Havanna, New York und Rio de Janeiro bereit. Zwei Jahre nach Veröffentlichung seines Buchs wurde das 1808 verabschiedete amerikanische Gesetz, nach dem die Einfuhr von Sklaven mit der Piraterie gleichzusetzen war, endlich auch zur Geltung gebracht. Der Sündenbock war Nathaniel Gordon aus Portland in Maine, dessen Schiff mit einer Ladung von fast tausend Negern von dem amerikanischen Patrouillenschiff *Mohican* aufgebracht wurde. Als Gordon in New York wegen Piraterie vor Gericht gestellt wurde, gab es eine Sensation. Auf einem Plakat hieß es: „Bürger, kommt zu Hilfe! Soll es in eurer Mitte zu einem Justizmord kommen? Kapitän Gordon soll nach einem Paragraphen zum Tode verurteilt werden, der seit vierzig Jahren in der Praxis nur aus toten Buchstaben besteht!"

Als Gordon am 8. März 1862 im Tombs-Gefängnis gehängt wurde, war die Erregung unter der Bevölkerung so groß, daß ein starkes Aufgebot von Marinesoldaten für Ordnung sorgen mußte. Er war der letzte Weiße, der als Pirat am Galgen starb.

Im Nigerdelta stellten sich afrikanische Piraten unter dem Kommando eines gewissen Abokko, der sich als „Aufseher des Schiffsverkehrs auf dem Fluß" bezeichnete, den weißen Eindringlingen entgegen. Sie kaperten eine Reihe von Schiffen, und dabei fiel ihnen auch Samuel Crowther, der erste von der anglikanischen Missionsgesellschaft ernannte afrikanische Bischof, in die Hände. Abokko verlangte ein Lösegeld von tausend Säcken Kaurimuscheln und Korallenperlen. Doch bald wurden gegen diese Unruhestifter Kanonenboote eingesetzt, und auch auf dem Kongo kam es zu einem Einsatz von Kanonenbooten und Marineinfanterie gegen einen verschlagenen Gegner. Hier hatte der ehemalige portugiesischen Sklavenhändler Manuel Vacca schon seit fünf Jahren eine afrikanische „Freibeuterflotte" befehligt, die von Stützpunkten im dichten Urwald aus operierte. Vaccas Krieger brandschatzten 1875 den auf eine Sandbank aufgelaufenen britischen Schoner *Geraldine.* Der Commodore des westafrikanischen Geschwaders, Hewett, erhielt den Auftrag, mit 250 Matrosen und Marinesoldaten eine Strafexpedition durchzuführen und den Piraten „einen Denkzettel zu geben, damit sich solche Ausschreitungen nicht wiederholen". Vierzig Dörfer wurden niedergebrannt, Hunderte von Kanus zerstört und Palmen- und Bananenpflanzungen verwüstet. Als endlich Friede eintrat, hielt man ein feierliches Palaver, an dem acht Häuptlinge teilnahmen. Marschmusik einer Kapelle der englischen Marineinfanterie umrahmte das Ereignis.

Das Ende der Piraterie ist sicherlich dem zeitlichen Zusammentreffen verschiedener zum Teil weltweiter Entwicklungen zuzuschreiben: der multinationalen Abschaffung der Freibeuterei und des Sklavenhandels; dem damals zunehmenden religiösen Bewußtsein der breiten Massen; der Besteuerung des Alkohols; der industriellen Revolution, in deren Gefolge stählerne Dampfschiffe die Meere zu befahren begannen; den Strafrechts- und Sozialreformen, die eine bessere Bezahlung und bessere Lebensbedingungen der Seeleute mit sich brachten; der erhöhten Effizienz zentralisierter Regierungen und, nicht zuletzt, der Erfindung der Telegraphie, die das Nachrichtenwesen revolutionierte.

Die Piraten ihrerseits hatten im Zeitalter des Segelschiffs wesentlich zur Verbesserung der Marinetechnik beigetragen. Ihr Nachrichtendienst war im allgemeinen dem staatlichen überlegen gewesen, und ebenso wie die Räuber zu Lande waren sie oft geschickte Geschäftsleute, kannten die Gesetze von Angebot und Nachfrage und wendeten sie zu ihrem Nutzen an. Freibeuterei und Piraterie gingen stets Hand in Hand und brachten manchmal hohe Gewinne zu geringen Risiken.

Bereits 1815 brauchte die britische Flotte, die stärker war als alle anderen Seestreitkräfte zusammen, keine Hilfskräfte mehr. Nachdem eine große Kriegsflotte aufgestellt worden war, erwies sich die Verwendung umgebauter Handelsschiffe als unpraktisch. Im Krimkrieg verzichteten beide Seiten darauf, Freibeuter in Dienst zu stellen. Das war kein großes Opfer, denn die Russen hatten diese Möglichkeit nie gehabt, und die Briten und Franzosen brauchten sie nicht mehr. Auf der Pariser Friedenskonferenz von 1856 verpflichteten sich Großbritannien, Frankreich und Rußland feierlich zur Abschaffung des Freibeutertums, und sehr bald folgten die Vereinigten Staaten und die meisten anderen Länder ihrem Beispiel.

Je wirksamer die Flottenpatrouillen mit ihren Polizeiaktionen wurden, desto größer wurden die Risiken für die Piraten und desto geringer ihre Gewinne. Der von den Deutschen in zwei Weltkriegen geführte uneingeschränkte U-Boot-Krieg wurde propagandistisch oft als Wiederaufleben der Piraterie bezeichnet. Er glich jedoch viel eher den gegen den Handel gerichteten Taktiken französischer und amerikanischer Freibeuter während der britischen Seeblockade in den Jahren 1793 bis 1814, und seine traurige Technisierung nahm ihm jeden Reiz des Abenteuers. Die chinesischen Seeräuber der zwanziger und dreißiger Jahre waren in all ihrer Verwegenheit keine echten Piraten. Es waren Räuber, für die das Schiff nicht Lebensraum, sondern nur Werkzeug darstellte. Manchmal waren es auch nur marxistische Studenten, die den westlichen Imperialismus ablehnten und ihre Wut an den Passagieren der Luxusdampfer auslassen wollten. Die letzten Seeräuber, die der alten Tradition der Piraten folgten, waren wahrscheinlich Eli Boggs, Bully Hayes und Ben Pease.

Der Amerikaner Boggs ließ sich nach dem Modell der Opiumklipper eine Flotte von Piratendschunken bauen, mit der er Polizei und Seestreitkräfte jahrelang an der Nase herumführte. Er hatte angeblich einen reichen chinesischen Kaufmann in Stücke geschnitten und die Stücke in einem Eimer an Land bringen lassen mit der Warnung, wenn nicht sofort ein hohes Lösegeld gezahlt würde, werde er die Mandarine, die noch seine Gefangenen waren, ebenso behandeln.

Seine Grausamkeit und Verschlagenheit waren in den Jahren um 1850 die Lieblingsthemen in den Bars und Billardsälen von Hongkong, und seine 1857 erfolgte Gefangennahme war so dramatisch, daß sie in der ganzen Welt Schlagzeilen machte. Die Prisenkommandos in zwei Kuttern kamen fast ums Leben, als Boggs seine Dschunke in die Luft sprengte. Er selbst war über Bord gesprungen, um an Land zu schwimmen. Als ein besserer Schwimmer ihn einholte, griff er seinen Verfolger mit dem Messer an, doch der andere war wendiger und stärker und schlug ihn mit einem Boxhieb auf das Kinn bewußtlos. Der Gerichtssaalreporter der *Times* berichtete: „Es war fast unmöglich zu glauben, daß dieser gutaussehende junge Mann mit dem sorgfältig gescheitelten Haar, dem mädchenhaften Gesicht, dem gewinnenden Lächeln und den zarten Händen so kühne und blutige Taten vollbracht hat."

Der Held des Tages, der diesen Dandy-Räuber k. o. schlug, war Kapitän Henry „Bully" Hayes, der Skipper einer amerikanischen Handelsbarke von zweifelhaftem Ruf. Er strich für sein Husarenstück nicht nur eine Belohnung von 1000 Dollar ein, sondern stahl von Boggs sinkender Dschunke auch noch zwei Kisten mit Silbermünzen. Er war ein Mann von bemerkenswertem Charme und als Alleinunterhalter in Nachtlokalen recht gut bekannt. In Neuseeland hatte er einer Gruppe reisender Varietékünstler angehört. Das ihm nun zugekommene Geld verwendete er dazu, mit einer kleinen Gruppe von Gesinnungsgenossen als Schmuggler und Sklavenhändler zu arbeiten und einsam gelegene Handelsposten in der Südsee zu überfallen. Zusammen mit Ben Pease, Paunchy Bill und Paddy Coney (Typen, wie sie Stevenson in seinen Büchern beschrieben hat) führte er ein gefährliches und gesetzloses Leben, bis sich die Missionare und die englische Flotte in den Jahren nach 1870 zusammentaten, um dieses „Räubergesindel" aus dem Pazifischen Ozean zu vertreiben.

Pease wurde bekannt durch seinen Ausspruch: „Nimm nie mehr als zwei Frauen auf eine Reise mit, und suche sie dir sorgfältig aus!" Er brachte es fertig, den britischen Konsul in Samoa am Geburtstag der Königin Viktoria mit 21 Salutschüssen zu beeindrucken und Hayes, der unter Arrest stand und als Pirat vor ein australisches Gericht gebracht werden sollte, zu befreien. Fünf Jahre später saß Hayes wieder im Gefängnis, diesmal in Manila. In seiner Zelle studierte er mit großem Eifer religiöse Traktate. Seine Frömmigkeit beeindruckte den Bischof so sehr, daß er nicht nur in die Kirchengemeinde aufgenommen, sondern auch aus dem Gefängnis entlassen wurde. Doch bald darauf schlug ihm ein skandinavischer Maat mit einer Eisenstange den Schädel ein und warf seinen Leichnam ins Meer. Dort treibt er in der Vorstellung vieler Seeleute noch umher, ein Räuber und Schurke, der als Symbol der Piraterie auf ewig mit der See verbunden bleibt, was immer er vorher auch an Land getrieben haben mochte.

10 Libertalia – eine Alternative?

Es ist erwiesen, daß ganze Piratengemeinwesen und wohlorganisierte Piratensyndikate ökonomisch funktionieren konnten. Ist es aber „echten" Piraten, also den wenigen, die sich entweder aus Neigung oder unter dem Druck der Verhältnisse von der „Zivilisation" abwandten, gelungen, eine Alternativgesellschaft zu schaffen? Haben sie jemals diese Absicht gehabt?

Der einzige Fall, von dem die Geschichte weiß und mit dem sich zahlreiche Autoren beschäftigt haben, ist der des Kapitäns Misson. Man erzählt, diese edle Seele habe sich, empört über die Habgier und Ungerechtigkeit in der Welt und bitter enttäuscht von einem Besuch Roms, der korrupten Stadt seines Glaubens, im Geist eines moralischen Kreuzritters der Piraterie zugewendet. Misson und sein Mentor Caraccioli, ein ehemaliger italienischer Mönch, der seinen Orden verließ und zum lautstarken Apostel der Vernunft wurde, haben um 1690 angeblich die Mannschaft der *Victoire* dazu überredet, für die menschliche Brüderlichkeit und Aufklärung zu kämpfen, nachdem der Kapitän und andere Offiziere in einem Gefecht mit dem englischen Kriegsschiff *Winchester* vor Martinique gefallen waren. „Da sie keine Piraten waren, sondern Männer, die sich entschlossen hatten, die Freiheit zu verwirklichen, die Gott und die Natur ihnen gegeben hatten", weigerten sie sich, einem Vorschlag des Bootsmanns zu folgen, die schwarze Flagge zu hissen und sich als Seeräuber zu betätigen. Es wurden zwar wilde Reden gehalten, aber mit dem Ruf „Lang lebe der tapfere Kapitän Misson und der edle Leutnant Caraccioli!" einigte man sich, eine weiße Flagge zu hissen, auf welcher das Motto „Für Gott und die Freiheit" eingestickt war.

Man mußte zwar Schiffe kapern, um das Geld für das zu gründende Piratenreich zusammenzubringen, und wir erfahren, daß Caraccioli bei einem Gefecht mit einem portugiesischen Schiff vor Sansibar ein Bein verlor; man beachtete aber stets die Regeln der Höflichkeit und Zurückhaltung. Der Kapitän eines englischen Schiffs, dem Misson einen Teil seines Proviants abgenommen hatte, lobte die „Sanftheit und Freundlichkeit" der Räuber und ließ sie dreimal hochleben, als sie davonsegelten. Auf einem holländischen Sklavenschiff, das sie im Golf von Guinea aufbrachten, befreiten sie die Neger und zogen ihnen die Kleider ihrer Unterdrücker an. Dazu erklärte Misson: „Obwohl sie sich von Europäern durch ihre Hautfarbe, ihre Bräuche und ihre religiösen Riten unterscheiden, sind sie doch die Geschöpfe desselben allmächtigen Wesens und mit der gleichen Vernunft begabt. Wir bekennen uns nicht zu unserer eigenen Freiheit, um dann andere zu versklaven."

Als Misson und Caraccioli auf die Insel Johanna kamen, praktizierten sie die von ihnen gepredigte Gleichheit der Rassen, indem sie die Töchter von eingeborenen Häuptlingen heirateten. Schließlich segelten sie mit den Mannschaften, die sich ihnen freiwillig anschlossen, nach Madagaskar. Dort gründeten sie eine „Bruderschaft der Küste" mit dem Namen Libertalia, die, wie sie hofften, zum Beispiel wahrer Brüderlichkeit und für die Mitglieder der Bruderschaft zu einem Ort werden würde, „den sie als ihren eigenen betrachten konnten und wohin sie sich zurückziehen durften, wenn das Alter oder ihre im Kampf davongetragenen Narben sie daran hinderten, weitere Strapazen zu ertragen, und wo sie schließlich die Früchte ihrer Mühen genießen und in Frieden ins Grab sinken konnten".

Man beschloß, allen materiellen Besitz zu teilen und das Geld in eine gemeinsame Kasse zu legen, um es je nach den Bedürfnissen auszugeben. Die beiden Schiffe *Childhood* und *Liberty* umsegelten die Insel, um die Küste kartographisch aufzunehmen und befreite Sklaven und freiwillige Eingeborene als Seeleute auszubilden. Man baute ein Versammlungshaus, und bei der ersten Zusammenkunft wurden Misson zum „Lord Conservator" und Caraccioli zu seinem Stellvertreter für eine Amtszeit von drei Jahren gewählt. Die Ratsmitglieder wurden, ohne Rücksicht auf ihre Rasse oder Religionszugehörigkeit, nur nach ihren Fähigkeiten bestimmt. Angeblich haben sich mehrere Mannschaften von Schiffen der Piratenrunde dieser Gemeinschaft von Libertalia angeschlossen, darunter auch die von Thomas Tew, der zum Admiral der gemeinsamen Flotte ernannt wurde. Den Verständigungsschwierigkeiten begegnete man damit, daß man eine gemeinsame Sprache erfand, die aus französischen, englischen, portugiesischen und holländischen Elementen bestand. Misson nannte sein Volk die „Liberi", weil er „wünschte, damit die Unterschiede zwischen Franzosen, Engländern, Holländern, Afrikanern usw. zu verwischen".

Dennoch kam es in diesem embryonalen Utopia zu Streitigkeiten zwischen Männern verschiedener Nationalitäten und Angehörigen verschiedener Schiffsbesatzungen. Deshalb sah sich Misson gezwungen, eine gewisse Disziplin einzuführen und die Beachtung des Eigentumsrechtes zu verlangen. Doch die Gesetze vermehrten sich ebenso wie die Prozesse, und das Ideal der Brüderlichkeit welkte dahin. Notstandsversammlungen und Moralpredigten versagten gegenüber weniger zartbesaiteten Männern, die sich private Machtbereiche aufbauten und die Eingeborenen ausbeuteten. Dies wiederum führte zu einer Negerrevolte, die, wie wir hören, mit dem Abschlachten der meisten Liberi endete. Misson und eine Handvoll Männer, die mit ihm flohen, kamen um, als ihr Schiff in einen Hurrikan geriet und sank.

Wir brauchen wohl kaum zu sagen, daß Libertalia nie existiert hat außer in der Phantasie ihres Erfinders, Defoe, oder vielleicht in der Vorstellung einiger ehemaliger Piraten, die er in Wapping und Rotherhithe kennengelernt hat. Defoes ausführlichen Beschreibungen dieses Piratenstaates fehlt nicht nur die psychologische Glaubwürdigkeit, sie sind auch voller Widersprüche. In der antipapistischen Bekehrungsgeschichte Missons werden viele protestantische Vorurteile deutlich. Defoe behauptet, „was das Leben dieses Gentleman betrifft, verfügen wir über gewisse Einzelheiten, weil wir durch großen Zufall in den Besitz eines französischen Manuskripts gelangt sind, in dem er selbst seine Unternehmungen im einzelnen darstellt". Defoe verwischt jedoch die Spuren, indem er behauptet, Misson habe den Namen seines Vaters verheimlicht, der „in der Provence ein sehr vermögender Mann gewesen ist". Weitere Fehler runden das Bild ab:

Um 1690 war es noch nicht der Brauch, eine schwarze Flagge zu zeigen, und das Tagebuch von Baldridge – das Misson nicht erwähnt – sowie andere Quellen sagen aus, das zwar Tews Steuermann und fünfundzwanzig andere Piraten auf Madagaskar zurückblieben, Tew selbst sich ihnen aber nicht anschloß, sondern im Dezember 1693 St. Mary verließ und wenige Monate später mit „100.000 Pfund in Gold und Silber und einer großen Ladung von Elefantenzähnen" in Rhode Island eintraf.

In seiner phantastischen Erzählung über die Piratenvereinigung Libertalia hat Defoe vielleicht seinen eigenen Wunschtraum beschrieben. Vergleicht man die von ihm erfundenen puritanischen Reden Missons und Caracciolis mit dem groben Ausspruch von Kapitän Bellamy – „Wärest du nicht besser bei uns geblieben, anstatt all diesen Schurken in den Arsch zu kriechen, um bei ihnen eine Anstellung zu ergattern?" –, dann klingt dieser erfrischend wirklichkeitsnah oder wenigstens viel wahrscheinlicher.

In anderen Kapiteln sind Defoes Berichte über die Piratensiedlungen auf Madagaskar viel überzeugender. Er erwähnt, daß Kapitän Halsey, der dort am Fieber starb, mit einem „Salut von ebenso vielen Schüssen wie er Lebensjahre hatte, nämlich sechsundvierzig, aus kleinen Geschützen" ins Grab gesenkt wurde und daß sein Grab „in einem Wassermelonengarten lag, der von Palisaden umgeben war, damit die Wildschweine ihn nicht aufwühlten". Viele Piraten starben an Malaria, Geschlechtskrankheiten und Trunksucht. Manche wurden von den Eingeborenen massakriert oder fielen in den Stammeskriegen, die sie selbst entfacht hatten, um ihre Herrschaftsbereiche zu erweitern. Wer diese Risiken überstand, „lebte in viel Schmutz und Pracht" und heiratete die schönsten Negermädchen, „nicht eine oder zwei, sondern so viele er wollte". Die Behausungen dieser Leute waren „eher Festungen als Häuser. Es waren tief im Urwald gelegene, gut getarnte Hütten, von Erdwällen umgeben, und der Zugang war ein enger, im Zickzack verlaufender Pfad, der durch lange Dornen gesichert wurde, die mit der Spitze nach oben aus dem Boden ragten, um nächtliche Besucher abzuhalten". Sie lebten daher „wie Tyrannen, die sich vor jedermann fürchten und von allen gefürchtet werden". Dieser Umstand erklärt unter anderem, weshalb so viele lieber in die Heimat zurückkehrten und riskierten, dort an den Galgen zu kommen.

Clement Downing, der 1722 an der Piratenjagd des Commodore Matthews teilnahm, schreibt in seinem Tagebuch von einer Begegnung mit John Plantain, dem selbsternannten König der Ranter-(Antogil-)Bucht. Plantain gehörte zu den Männern, die ein solches Dasein am längsten ausgehalten haben und bedenkenlos alles mitnahmen, was das Leben ihnen bot. Er wurde als Sohn englischer Eltern in Chocolate Hole auf Jamaika geboren und behauptete, er sei zunächst mit der Absicht Pirat geworden, genügend Kapital zu erwerben, um sich nach seiner Begnadigung als ehrlicher Geschäftsmann niederzulassen. Aber nachdem er sich mit Condent, England und Taylor an den drei lukrativsten Raubzügen in der Geschichte der Piraterie beteiligt hatte, beschloß er, in Madagaskar zu bleiben. Er hielt es für klüger, sich eine Zeitlang unsichtbar zu machen, besonders als er von den unverschämten Kaperfahrten hörte, die Bartholomew Roberts in der Karibik unternommen hatte.

Ein Versuch, Plantain festzunehmen, der in einer schmutzigen Höflingsuniform mit zwei Pistolen im Gürtel auftrat, wurde von seiner Leibwache verhindert, die aus ein paar kräftigen, schwerbewaffneten Negern bestand. Der Piratenkönig lebte in einer Palisadenfestung mit zwei anderen ehemaligen Seeräubern, einem Schotten und einem Dänen, und hatte „viele Frauen, die er in völliger Abhängigkeit von sich hielt und denen er die englischen Namen Molly, Kate, Sue und Peg gegeben hatte . . . Sie trugen prächtige Seidenkleider, und einige von ihnen hatten Diamanthalsbänder". Nachdem er Hüte, Schuhe, Kleiderstoffe und Arrak gegen Gold und Diamanten eingetauscht hatte, hißte Plantain die St.-Georgs-Flagge und lud Matthews mit seinen Offizieren zu einem Festmahl ein. Stolz zeigte er ihnen seine Lieblingsfrau, Holy Eleanora Brown, die Halbbluttochter eines mit ihm konkurrierenden Piratenkönigs, der in einem Gefecht gefallen war. Sie konnte das Vaterunser, das Glaubensbekenntnis und die zehn Gebote aufsagen und war für diese Leistung mit Juwelen überschüttet und mit zwanzig Haussklaven belohnt worden.

Downing berichtet, daß Kapitän England „von schweren Gewissensbissen wegen seines verwerflichen Lebenswandels geplagt, was bei dieser Art von Männern nur selten vorkommt", dem Tod schon sehr nahe gewesen sei und von Plantain eine Rente erhielt. Plantain wurde, nachdem er alle seine Rivalen umgebracht hatte, „seines Königtums überdrüssig und beschloß, sein Reich aufzugeben". Downing sagt, er sei mit Eleanora Brown in einer Schaluppe an die Malabarküste gesegelt und habe seine Dienste dem dortigen Piratenkönig Tulaji Angria angeboten, „der, als er erfuhr, welches Leben Plantain geführt hatte und welch tapferer Kämpfer er war, ihn großartig aufnahm und bewirtete".

Der Zynismus der Piraten kommt gut zum Ausdruck in Defoes Bericht über Kapitän Anstis und seine Mannschaft. Sie desertierten im Golf von Guinea aus Roberts' Geschwader, überquerten den Atlantik und richteten sich auf einer kleinen, unbewohnten Insel in der Karibik ein. Von dort sandten sie ein in bombastischen Worten abgefaßtes Gnadengesuch an „Seine geheiligte Majestät, den König Georg", in dem sie schrieben, „daß wir, die wir unter der Schande leben müssen, als Piraten angesehen zu werden, in unsere Heimat zurückkehren und unserer Nation dienen wollen, ohne die Verfolgung durch diejenigen zu fürchten, die wir geschädigt haben und deren Besitz durch besagten Bartholomew Roberts und seine Komplizen während unseres zwangweisen Aufenthalts bei dem besagten Roberts gelitten hat". Sie verbrachten viele Monate mit allerlei Vergnügungen wie „Tanzen und anderen Ablenkungen, die solchen Leuten gefallen. Unter anderem setzten sie zum Spaß ein Gericht ein, vor dem sie sich gegenseitig als Piraten anklagten. Wer heute den Angeklagten spielte, durfte am andern Tag Richter sein". Defoe behauptet, „die Schilderung einer dieser lustigen Verhandlungen zu besitzen . . . Nachdem das Gericht und die Angeklagten ernannt worden waren, dazu auch der Verteidiger, ließ sich der Richter auf einem Baumstumpf nieder, ließ sich ein schmutziges Stück Segeltuch als Robe um die Schultern legen, das mit einem Pechfaden befestigt wurde, setzte eine Kappe auf den Kopf und eine große Brille auf die Nase . . . Neben ihm nahmen die Büttel mit allerlei Werkzeugen anstelle von Zeremonienstäben Aufstellung. Der Angeklagte wurde

Rechts: Illustration zur *Schatzinsel* von Mervyn Peake. „. . . jener alte Schlag von Räubern, deren Bestimmungshafen immer noch ein Stück weiter lag."

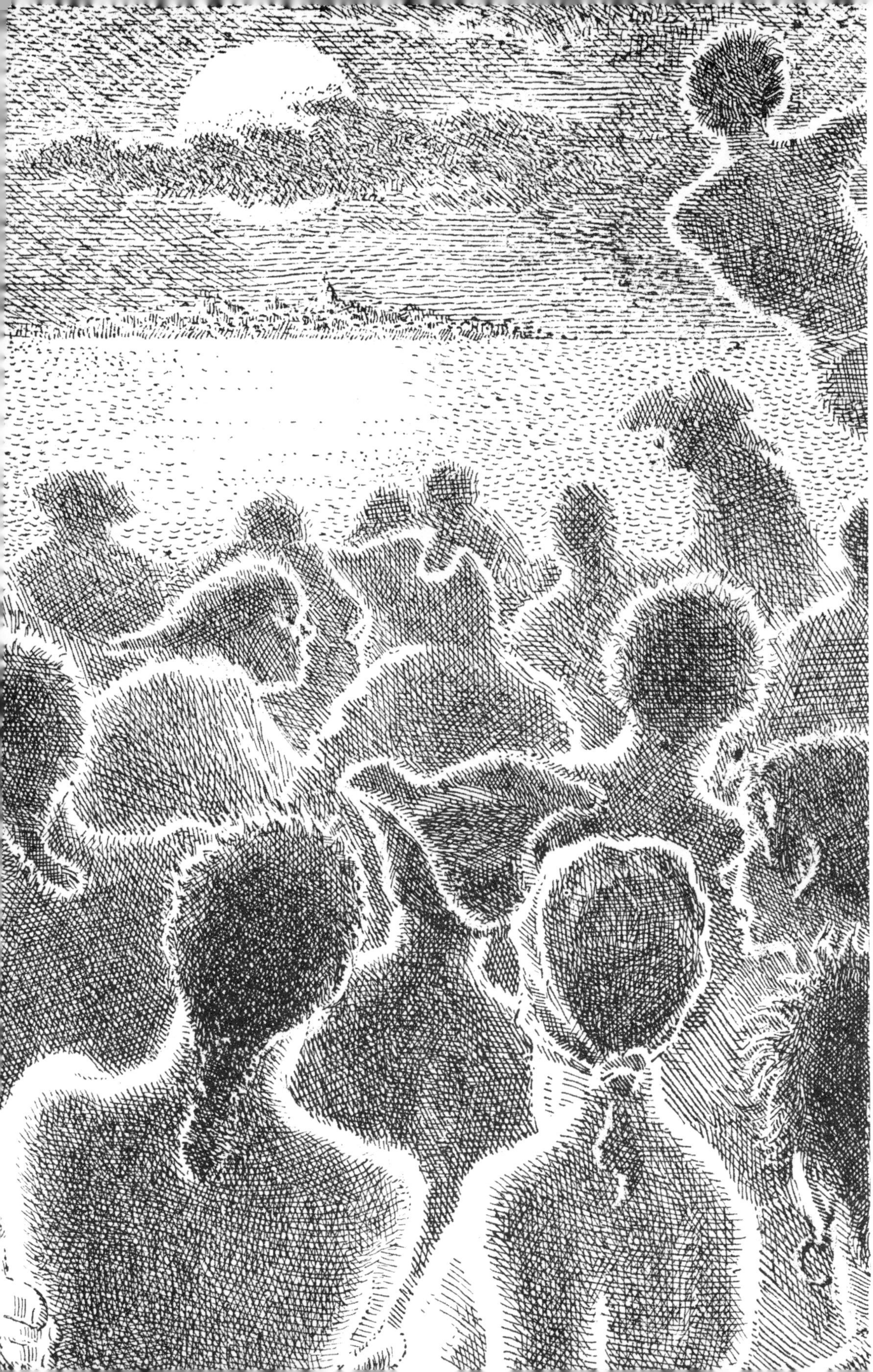

dem Richter vorgeführt und schnitt saure Grimassen. Ein Pirat, der die Rolle des Anklägers übernommen hatte, begründete nun die Anklage“.

Das ging „etwa folgendermaßen vor sich“:

Ankläger: Hohes Gericht, meine Herren Geschworenen! Hier steht ein Bursche, der in der Tat ein ganz trauriger Hund ist, und ich hoffe in aller Bescheidenheit, Eure Lordschaft werden befehlen, daß er sofort aufgehängt wird. Er hat sich des Verbrechens der Piraterie auf hoher See schuldig gemacht . . . Er hat geraubt und Männer, Frauen und Kinder bestohlen. Überall hat er Schiffsladungen geplündert, Schiffe gebrandschatzt und versenkt, als sei der Teufel in ihn gefahren . . . Ich hätte mich vielleicht einer vornehmeren Ausdrucksweise befleißigen sollen, aber wie Eure Lordschaft wissen, haben wir keinen Rum mehr, und wie könnte ein Mann ein gutes Plädoyer halten, der nicht das notwendige Quantum getrunken hat?

Richter: Hör mir zu, Sirrah, du lausiger, elender, häßlicher Hund; was hast du zu sagen, und weshalb solltest du nicht sofort aufgeknüpft werden und wie eine Vogelscheuche in der Sonne verdorren?

Angeklagter: Hohes Gericht, Eure Lordschaft, ich bin ein ehrlicher, armer Bursche, wie es zwischen Bug und Heck eines Schiffes noch nie einen gegeben hat . . . Aber ich wurde von einem gewissen George Bradley (das war der Richter), einem notorischen Piraten, einem bösen und brutalen Kerl angeheuert, der selbst an den Galgen gehört. Er hat mich gepreßt, wenn das hohe Gericht mir diese Aussage erlauben will . . .

Auch in Westafrika gab es einige Piratenenklaven. Bartholomew Roberts kaperte vor der Küste von Senegal zwei französische Patrouillenschiffe und brachte sie nach Sierra Leone, um sie dort umzubauen. Dabei stellte er fest, daß er hier einen geeigneten Schlupfwinkel gefunden hatte. Auf einem kleinen Handelsposten lebten „Männer, die irgendwann in ihrem Leben Freibeuter oder Piraten gewesen waren . . . und immer noch das Abenteuerliche und Fröhliche dieses Daseins lieben. Mit den Eingeborenen kommen sie gut aus und haben zahlreiche einheimische Diener beiderlei Geschlechts. Die Männer sind treu und die Frauen so gehorsam, daß sie gern bereit sind, sich jedem hinzugeben, wenn ihr Herr es befiehlt“. Die Händler machten ihre Geschäfte mit englischen Kaufleuten, besonders mit solchen aus Bristol, und tauschten Sklaven und Elfenbein gegen Bier, Obstschnaps, Wein, Brandy und Rum ein, so daß sie, wie sie das nannten, „ein angenehmes Leben“ führten. Besonders bemerkenswerte Persönlichkeiten waren, wie Defoe erzählt, Benjamin Gun aus Rio Pungo und Kapitän Crackers, ein ehemaliger *boucanier*, „der das beste Haus am Platze hat und zwei oder drei Geschütze besitzt, mit denen er Salutschüsse abgibt, wenn die Piraten in den Hafen einfahren, und er macht ihnen den Aufenthalt so angenehm wie möglich“.

Aber die vielleicht beste Beschreibung des Lebens in einem Piratengemeinwesen stammt von William Dampier. Im Jahre 1675 lief er mit einem Besankutter aus Port Royal aus, um in einem Holzfällerlager an der Moskitoküste Zucker und Rum gegen Bauholz einzutauschen. Dampier gefiel die selbstverständliche Kameradschaft der ehemaligen Seeräuber im Lager One Bush Key an der Terminuslagune bei der Insel Trist so gut, daß er bald zurückkehrte, um sich selbst dort niederzulassen.

Die Holzfäller, insgesamt etwa 250 Engländer, arbeiteten in Gruppen zu vier bis zwölf Mann zusammen und lebten in Zelten oder mit Palmwedeln gedeckten Hütten. Negerinnen oder Indianerfrauen bereiteten das Essen über offenem Feuer zu, gewöhnlich „Schweinefleisch und Erbsen oder Rindfleisch mit Klößen". Einige Männer hatten sich in Jamaika weiße Frauen zum Preis von 30 Pfund gekauft. Sie schliefen in Hängematten und benützten Tische und Bänke aus Baumstämmen und Brettern. Das Holzfällen in den Mangrovensümpfen und der Transport der gefällten Stämme in der heißen tropischen Sonne war eine ungeheuer schwere Arbeit. Nach dem Fällen mußte die weiße, saftige Rinde abgeschält werden, bis die Scharlachfarbe zum Vorschein kam, die dem Holz in Europa seinen Wert verlieh.

Hände und Arme der Männer waren rot gefärbt, und ihre Kleider rochen intensiv und süßlich nach den gelben Blüten des Blauholzbaumes. Samstags ließen sie Sägen und Äxte liegen und gingen zu viert auf die Jagd. Wenn sie ein wildes Rind schossen, zerlegten sie es in vier Teile, lösten die Knochen aus und schnitten in jedes Viertel einen tiefen Schlitz. Jeder der vier Jäger steckte den Kopf durch dieses Loch, „hängte sich das Fleisch über die Schultern wie eine Jacke" und trabte damit zum Lager zurück, das „wegen der angenehm kühlen Seebrise" möglichst nahe am Strand lag. Dort wurde das Fleisch über dem Feuer geräuchert oder in der Sonne getrocknet.

Von den Handelsschiffen, die hier anlegten, erwartete man, daß sie die Holzfäller mit Getränken bewirteten. Dampier erzählt, wenn ein Kapitän geizig mit seinem Rum war, „bezahlten sie ihn mit ihrem schlechtesten Holz", nämlich mit hohlen Baumstämmen, die sie mit Erde gefüllt hatten. Wenn er sich aber als einer der „alten *boucaniers* zeigte, als tüchtiger, braver Saufkumpan, als Trumpfkarte und echter Lump", dann waren die Holzfäller großzügig, „soffen und feuerten drei oder vier Tage lang Freudenschüsse ab".

Als Dampier nach Jahren dazu kam, seine Tagebücher zu redigieren, korrigierte er so manches. Nun behauptete er, die Holzfäller an der Terminuslagune seien ein bedauernswerter, verlorener Haufen gewesen, Leute, „die darauf aus waren, ihr Leben zu vergeuden". Jeder, der als braver, nüchterner Mann hinkam, wurde bald durch die alten Füchse verdorben. Einige verkommene Subjekte, denen die Holzarbeit zu schwer war, überfielen Indianerdörfer, behielten die Frauen „für sich zum Trost" und verkauften die Männer als Sklaven. Aber auch diese Strolche hatten kein bequemes Leben. Sie waren ständig vom Fieber, vom Guineawurm (der sich tief ins Bein bohrte und eiternde Geschwüre verursachte), von Wirbelstürmen und Überschwemmungen bedroht. Von Zeit zu Zeit brannten spanische Kommandos die Lager nieder und verschleppten die Holzarbeiter als Sklaven in die Silberminen. Kapitän Buckenham, der zu den ältesten Veteranen dieser Gesellschaft gehörte, mußte sein Leben als Sklave in Mexiko City beschließen. „Ein Holzklotz, der mit einer Kette an seinem Bein befestigt war, hinderte ihn am Fortlaufen, und mit einem Korb voll Brot auf dem Rücken mußte er für seinen Herrn, einen Bäcker, die Straßen entlanglaufen und die Ware anpreisen."

Wie andere, die sich gleich ihm zur Abwechslung mit dem Holzhandel beschäftigten, mußte auch Dampier, von Guineawürmern geplagt und von einem Hurrikan aus seinem Zelt geblasen, feststellen, daß das Leben eines Piraten den Anstrengungen im Lager von One Bush Key vorzuziehen sei.

Der Jesuitenpater Labat, der 1694 nach Westindien kam, fand, daß die *boucaniers* nicht schlimmer und manchmal sogar besser waren als die meisten französischen Beamten und Pflanzer. Er schrieb: „Man würde nichts als Mulatten auf unseren Inseln sehen, wenn der König nicht eine Strafe von zweitausend Pfund Zucker dafür festgesetzt hätte, nachgewiesenermaßen einen solchen gezeugt zu haben ... Aber bei dem Bemühen, diese skandalösen Verhältnisse zu ändern, hat man dem Verbrechen der Abtreibung die Tür geöffnet. Sie wird von weiblichen Sklaven ausgeübt, die dazu noch die Unterstützung ihrer Herren finden." Priester, die zu neugierig waren, mußten damit rechnen, der Wollust beschuldigt und vor Gericht buchstäblich ausgelacht zu werden. Labat stellt diesem unmöglichen Verhalten die offensichtliche Frömmigkeit einiger englischer Freibeuter gegenüber, die mit zwei gekaperten Schiffen nach Martinique kamen und sich sofort zur Beichte anmeldeten: „Es wurde die feierliche Messe der Heiligen Jungfrau gehalten. Der Kapitän und seine Offiziere waren, begleitet von Trommlern und Trompetern, zum Gottesdienst erschienen, und ich segnete die großen Brotlaibe, die sie gespendet hatten. Zu Beginn der Messe schoß ihre Korvette einen Salut mit allen Geschützen. Bei der Wandlung feuerte sie eine zweite Salve, beim Segen eine dritte und schließlich eine vierte, als wir das Tedeum sangen. Alle *flibustiers* spendeten 30 Sol für die Sakristei ... Im allgemeinen geben sie einen Teil ihrer Beute den Kirchen, besonders wenn sich darunter Kirchengeräte oder Leinen befinden."

Doch manchmal störte ein alter, unbußfertiger Pirat die Zurschaustellung goldener Herzen, etwa als einmal „ein Pirat bei der Wandlung den Narren spielte und, vom Kapitän zurechtgewiesen, mit einem fürchterlichen Fluch antwortete. Kapitän Daniel zog sofort die Pistole, erschoß ihn und schwor bei Gott, daß er das gleiche jedem antun werde, der sich gegenüber dem heiligen Opfer respektlos benähme". Als die Messe (die an Bord eines Schiffes zelebriert wurde) zu Ende war, wurde die Leiche ins Meer geworfen, und Daniel bezahlte den Priester „mit einigen wertvollen Geschenken", zu denen auch ein junger Negersklave gehörte, der allerdings, wie sich später herausstellte, dem Pflanzer Vambel auf Martinique gestohlen worden war. Pater Labat, der dafür sorgte, daß Vambel für den Knaben eine Bezahlung erhielt, spielte in dieser und in anderen Angelegenheiten großzügig den Vermittler und hatte offensichtlich Freude an seiner diplomatischen Tätigkeit in den Seeräubergemeinwesen, wo niemand saubere Hände hatte, obwohl viele das behaupteten.

Im Jahre 1698 schrieb er: „Die Seeräuberei, die Plünderung von Cartagena, die Beute aus den Raubzügen auf Jamaika, das alles hat Santo Domingo mit Gold und Silber angefüllt. Als ich in Léogane war, habe ich viele Chaisen und Karossen gesehen, und nur die allerärmsten Siedler ritten auf einem Pferd. Sie sind alle übermäßig dem Glückspiel ergeben und suchen sich im Zurschaustellen ihres Reichtums gegenseitig zu überbieten. Jeder will vergessen, was er war, als er auf die Insel kam, und ich könnte eine ganze Reihe von

Männern nennen, die als Strauchritter und Habenichtse gekommen sind, aber heute als große Herren keinen Schritt zu Fuß gehen können, sondern immer in einer sechsspännigen Kutsche mit einem Negerkutscher und einem Postillion fahren müssen."

So schildert er das Leben, das Morgan und einige seiner Freunde auf Jamaika, Condent und seine Männer auf Mauritius und vielleicht auch John Taylor und seine Bande in Portobello oder auf Kuba führten, nachdem sie aus dem Indischen Ozean zurückgekehrt waren. So zu leben und nicht etwa nach dem Muster von Libertalia war der Ehrgeiz der meisten, wenn nicht aller Piraten gewesen, die sich irgendwo hatten niederlassen wollen. Die Karibik, das Mekka und die Kinderstube der Piraterie, hatte sich in den zwei Jahrhunderten nicht wesentlich verändert, seit Columbus sich über die Faulheit der ersten spanischen Einwanderer beschwerte, „die als Bergleute, Landarbeiter und Stallknechte hergekommen sind und sich jetzt nicht aus ihren Häusern rühren, wenn man sie nicht in Sänften heraustrāgt".

Wie viele Kolonisten träumten auch die Piraten von einem Leben in süßem Nichtstun, das nur durch Sklavenarbeit ermöglicht wurde. Der Pflanzer aus Surinam, dem auf dem Weg zur Kirche eine eingeborene Dienerin folgt, bereit, ihm die Zigarre anzuzünden und ihm das Kissen, auf dem er knien will, vor die Füße zu legen, mag für viele ein erstrebenswertes Vorbild gewesen sein. In der folgenden Strophe aus *Der letzte Freibeuter* fängt Charles Kingsley diese Stimmung prächtig ein:

> Wie herrlich war's in Avès, wenn die Brise kam von See,
> Zu rauchen zwischen zwei Bäumen im Netz in luft'ger Höh';
> Ein Negermädchen den Fächer rührt, du aber liegst und lauschst,
> Wie an den Klippen weit vor dem Strand die Brandung mächtig
> rauscht.

Solche müßige Träume haben Menschen auf der Flucht vor dem Alltag seit Tausenden von Jahren stets gehabt. Die Piraten waren keine Ausnahme. Es ist modern, den Gedanken, daß manche von etwas mehr als bloßer Beutegier motiviert waren, kurzweg abzutun. Doch diese Art von einschränkender Banalität sagt mehr über jene aus, die sie aussprechen, als über jene, die durch sie verächtlich gemacht werden sollen. Vor siebzig Jahren schrieb John Masefield, der die Hälfte seines Lebens zur See gefahren war: „Die Männer gehörten zu jenem alten Schlag von Räubern, deren Bestimmungshafen immer noch ein Stück weiter lag. Wenn sie ein wüstes Leben geführt haben, dann laßt uns zu ihren Gunsten sagen, daß sie es wenigstens lebten . . . Wir halten sie für grausam. Das Leben selbst ist grausam. Aber für sie war es das nicht, denn sie waren Kameraden und hatten die Kraft, ihr Leben selbst zu formen. Wer sie haßt und verdammt, weil ihm selbst diese Kraft fehlt, über den werden sie nur lachen."

Ist das Schönfärberei oder romantisierendes Gerede? Vielleicht – aber der Mensch lebt nicht allein vom Brot, von der Resignation oder von programmierten Spielen. Mehr als je suchen die Menschen von heute, eingeengt von dem Netz der Kontrollfunktionen, mit denen sie sich selbst umzingelt haben, nach Möglichkeiten, die persönliche Freiheit und das Abenteuer zu erleben, und sie greifen dabei nach jedem Strohhalm. So launenhaft und unsicher ihr Leben auch gewesen sein mag, die Piraten haben vielen Gefahren getrotzt und sich damals schon, lange bevor die breiten Massen ehrlicher Arbeiter gegen freibeuterischen Kapitalismus und schwächliche Priester in den Kampf zogen, mit rebellischer Wildheit gebärdet, die heute, in der Rückschau, freilich liebevoll romantisierend übertrieben wird.

Man könnte behaupten, daß die wahren Erben der Piraten die Terroristen seien, freiwillige Außenseiter der Gesellschaft, die für die verschiedensten Ideen auf die Barrikaden gehen und die schwarze Flagge des Untergrundkämpfers gehißt haben, der die etablierte Gesellschaft verhöhnt. Aber am ähnlichsten sind den Piraten vielleicht doch die völlig unpolitischen Individualisten, die ihren Kampf mit einer Art Freibrief führen.

Die Piraten waren nicht sadistischer oder lüsterner als andere Menschen, aber es wäre töricht zu leugnen, daß sie Freude daran hatten, über die Stränge zu schlagen und zu huren. Der jugendliche Lüstling Alex sagt in *Uhrwerk Orange:* „Na schön, ich hau' daneben mit Sauereien und Toltschoks und Trips mit der Britva und dem alten Rein-und-Raus . . . und du kannst ein Land nicht regieren, wenn jeder Tschelowjak sich so benimmt wie ich in der Nacht. Das Schlechte kommt aus dem Selbst, dem einen, dem Du oder dem Ich, wenn wir verrückt spielen . . . Aber das Nichtselbst kann nicht schlecht sein, nämlich die von der Regierung und die Richter und die Lehrer, weil sie das Selbst nicht zulassen können. Und ist es nicht unsere moderne Geschichte, meine Brüder, die Geschichte braver kleiner Selbste, die gegen diese großen Maschinen kämpfen? Ich meine es ernst, Brüder; damit meine ich es ernst. Aber was ich tue, das tue ich, weil ich es gern tue."

Die legendäre Geschichte der Piraterie weckt die Erinnerung an einen alten Traum: von Verantwortungslosigkeit, von lebensgefährlichem Wagemut um des Spaßes willen, vor allem aber von herrlicher Ungebundenheit! Von einem Leben, das so frei war von irgendwelchen Verpflichtungen, wie der Rumpf eines liebevoll gereinigten Piratenschiffs frei war von Algen und Muscheln, die seine Fahrt hätten verlangsamen können.